U0114253

闽南文化丛书

闽南区域发展史

总主编　陈支平　　徐　泓
主　编　施伟青　　徐　泓

福建人民出版社

总　　序

在社会各界的关心支持下，《闽南文化丛书》终于与读者见面了。我们之所以组织撰写这套丛书，主要基于以下的三点学术思考。

一、闽南文化是中华文化的一个重要组成部分，同时又是中华文化中的一个极具鲜明特色的地域文化。闽南文化的形成及其发展，是经过了漫长的历史演变与文化磨合，以及东南沿海地带独特的地理环境等多种因素逐渐造就的。中华文化的核心价值培育了闽南文化，而深具地域特色的闽南文化又使得中华文化的整体性显得更加丰富多彩。当今，区域文化研究已经成为世界性的一个学术热点，从中华文化整体性的角度来考察区域文化，闽南文化的研究理应引起学术界的高度重视。

二、闽南文化是一种二元结构的文化结合体。这种二元文化结合体既向往追寻中华的核心主流文化，又在某种程度上顽固地保持边陲文化的变异体态；既依归中华民族大一统政治文化体制并积极为之作出贡献，又不时地超越传统与现实的规范与约束；既有步人之后的自卑心理，又有强烈的自我表现和自我欣赏的意识；既力图在边陲区域传承和固守中华文化早期的核心价值观念，却又在潜移默化之中造就了诸如乡族组织、帮派仁义式的社会结构。这种二元结构的文化结合体，可以把许多看似相互矛盾、相互排斥的人文因素，有机地磨合和交错在一起。也许正是这种二元文化结合体，在一定程度上滋生了闽南区域文化及其社会经济的持续生命力，从而使得闽南社会及其文化影响区域能够在坚守中华文化核心价值的同时，有所发扬，有所开拓。我们通过对于闽南二元结构文化结合体的研究，应该有助于对于中华文化演化史的宏观审视。

三、闽南文化是一种辐射型的区域文化。从地理概念上说，所谓闽南区域，指的是现在福建南部包括泉州、厦门、漳州所属的各个县市。然而从文化的角度说，闽南文化的概念远远超出了以上的区域。由于面临大海的自然特征与文化特征，使得闽南文化在长期的传承演变历程中，不断地向东南的海洋地带传播。不用说祖国大陆的浙江温州沿海、广东南部沿海、海南沿海，以及祖国的宝岛台湾，深深受到闽南文化的影响，形成了带有变异型的闽南方言社会与乡族社会，即使是在东南亚地区以及海外的许多地区，闽南文化的影响所及，都是不可忽视的社会现实。因此，闽南文化既是地域性的，同时又是带有一定的世界性的。在当今世界一体化的趋势之下，研究闽南文化尤其显得深具意义。

闽南文化的内涵是极为丰富深刻的，其表现形式是多姿多彩的。为了把闽南文化的整体概貌比较完整地呈现给读者，我们把这套丛书分成十四个专题，独立成书。这十四本书，既是闽南文化不同组成部分的深入剖析，同时又相互联系、有机地成为宏观的整体。我们希望通过这套丛书的出版，一方面对于系统深入地研究闽南文化有所推进，另一方面则更希望人们对于闽南文化乃至中华文化有着更为全面的了解和眷念，让我们的家园文化之情，心心相印。

最后，我们要再次对于众多关心和支持本套丛书的写作和出版的社会各界人士，深致衷心的谢意！

陈支平　徐　泓

2007 年 10 月

目　录

导　论

钱穆先生在其《中国历史研究法》之第七讲《如何研究历史地理》中，对学界存在的"历史等于演戏，地理则是历史的舞台"的观念进行了批判，并就历史与地理之间的辩证关系进行了深刻的揭示。他指出："有人说，历史等于演戏，地理则是历史的舞台。此譬实不切合。一群演员，可以在任何戏台上演出同样的戏来。但历史演员，则正在此特定的地理上演出。地理变，历史亦变。在这一舞台上演的戏，不一定能在另一舞台上演。上帝创世，先造地，后才造人。这世界各处地理不同，人生长在各地上，也就得不同。各地的气候、物产、交通情况等各不同，于是人亦因地而异。非洲人固不同于埃斯基摩人，希腊人亦迥异于蒙古人。地不同，人不同，因此历史演变亦不同。孔子不能出生在印度，释迦牟尼不能出生在耶路撒冷，耶稣亦不能出生在中国，此有地理和历史的双重限制。"各异的地理孕育了各异的历史，不同的文明植根于不同的区域，区域文明乃是地理和历史双重因素互动的结果。闽南的区域发展也遵循此规律，地理和历史交互作用形成了闽南区域开发的独特脉络。

需要强调的是，我们所提出的闽南的"地理"并不是指历史时期以来整个闽南区域一直同一不变的地理环境，我们所提出的闽南的"历史"也不是指历史时期以来整个闽南区域一直同一不变的地域文明，"地理变，历史亦变"，人地交互作用的规律适合任何时期任何区域的发展。从远古至今，闽南的"地理"和"历史"均呈现出多变的特质，本书在展现多变的闽南发展史之前，有必要对该地区地理环境的历史变迁作概括性的说明。

一、闽南现今的地理环境概况

较远处西北的武夷山，近处北部的戴云山、南面的莲花山以及东临之台湾海峡大体决定了闽南区域的空间范围。在这面积24989平方公里的土地上，九龙江、晋江蜿蜒而过，直入大海，构成了闽南区域物质能量循环的两大动脉。在两大动脉的下游河口，形成福建省两大著名的三角洲平原——漳州平原和泉州平原，它们和厦门岛一起构成了今天闽南乃至福建的区域发展中心。两大动脉的两岸串联着众多的河谷盆地，这些河谷盆地成为一个个相对独立的地理单元，它们是闽南区域发展的物质依托，历史上闽南的府、州、县、镇大多散布于这些河谷盆地之中。

闽南的地表结构错综复杂，从平原到低丘、高丘，再至低山、高山的层级地貌于本区均有充分呈现；附着于层级地貌之上的土壤和植被类型的多样性特征在本区也表现得较为典型。

闽南的海岸属基岩港湾淤泥质海岸，海岸线曲折且港湾与岛屿众多，厦门、泉州、漳州均为水深港阔的天然良港。

闽南属于亚热带季风气候，季风的流动对本区的影响较为显著。闽南气候的总体状况可用一句唐诗来进行概括——"四季有花常见雨，一冬无雪却闻雷。""四季有花"指闽南的四季温差不大，比较适合四季长绿植物的生长。"一冬无雪"指闽南远离产生冬季风的西伯利亚，西、北方向又有武夷山、戴云山等天然屏障，削弱了冷空气的入侵势头，所以冬季气候比较温暖。"常见雨"、"却闻雷"指闽南靠近生成夏季风的太平洋，夏季风的频繁光顾为闽南带来了丰沛的雨水，同时由于东临开阔的大海，源源而来的温湿气流在冬季也会带来降雨。此外，闽南的降水还有着明显的地区性和季节性特征。就地区性而言，内陆多于沿海，高处多于低处；就季节性而言，雨季和干季较为明显。3～6月是雨季，先是春雨，继而转为梅雨，这4个月的降水量占全年降水总量的50%～60%；7～9月多台风，地处沿海的闽南地区受其影响最为明显，这一阶段的降水可达全年降水总量的35%～40%。雨季过后，属于干季的10月至明年2月，降水量仅为160～380毫米。[①] 如果雨季和干季出现极端情况，则会给闽南区域带来一定程度的危害。

二、闽南地理环境多变的历史特质

闽南地理环境多变的历史特质大致由两类因素造成：一类是自然界自身的作为，一类是人类施加的作为。对自然界自身作为的考察，有利于我们掌握闽南区域变化的宏观背景及深层原因；对人类施加作为的探讨，有利于理解人类活动对闽南区域微观变化的具体影响。当然，人类的作为和自然界的作为往往是交互进行的，因此在具体涉及闽南地理环境多变的历史特质时，往往将二者结合起来予以说明。

（一）地质变动

闽南的大地轮廓构造基本定型于中生代的燕山运动，这对闽南的巨地貌格局具有决定性意义，所以要追述地质时期闽南的自然环境变迁就得从中生代开始。

中生代后期发生了著名的燕山运动。我国东南地区整体上呈

---

① 　陈支平、詹石窗：《透视中国东南：文化经济的整合研究》，第40～41页，厦门大学出版社，2003。

现出显著的褶皱形成、强烈的断裂作用、广泛的岩浆侵入、活跃的火山喷发等特点，这对大地构造产生了深刻而普遍的影响。闽南在这个时期受到大规模断层作用的影响，形成东北、西北两组断裂，泉州就处在这两条断裂层的交会处；厦门和大陆分离，成为海中岛屿，并在岛的周围发育成许多构造断裂带，由此形成今日环绕厦门岛四周的深水航道；经过此次剧烈的地壳运动，闽南山河、海岸的轮廓基本成形。[①]

如果说闽南现在的地貌格局是由燕山运动奠定的话，那么现在闽南的巨地貌结构的最终形成则是新生代喜马拉雅运动的结果。

发生在新生代第三纪的著名的喜马拉雅造山运动，是我国最新一次的地壳造山运动。在这次造山运动中，台湾岛从海底升起，青藏高原抬升形成。而这时的闽南，则以地壳上升为主，大地震频频发生。此后，新构造运动继续发展，海水从太平洋向西侵入，福建以继承性的断裂活动和区域性的断块差异活动为主要特征，以间歇性的缓慢上升为总体趋势。泉州南部平原原来属古泉州湾的一部分，因为海岸上升、晋江沉积和海岸沉积形成平原，这个沉积作用至今都没有停止，600多年来，泉州平原向大海延伸了4公里。[②] 地壳上升，辅之以河流的剧烈下切，河谷地带形成阶地，原来的较高之处甚至形成陡峭山坡。地壳上升，还迫使海岸线东移，岛屿与陆地靠拢，形成陆连岛。沿海很多村落都有浦、浔、渚、埭等名，就是海岸上升和沙流堆积而成的平原；沿海丘陵普遍有的海蚀穴和附着在岩石上的贝壳，也都是海

---

① 　陈支平、詹石窗：《透视中国东南：文化经济的整合研究》，第33页，厦门大学出版社，2003。

② 　同上书，第34页。

岸上升的标志。

晚近以来，因为冰期和地壳运动的影响，海岸线一直在无休止地变化着。距今 2 万年前后，发生过一次大海退，海面降到最低点，很多为海水阻隔的陆地都连接起来。而到了大约 6000 年前，冰川消融，发生了全球规模的大海侵，海面扩大，沿海大片陆地逐渐被海水淹没，台湾岛也为海水阻隔。海水可以一直到达现在的内地山麓，沿海岸变成浅海、海湾以及溺谷，福建地区的许多海湾都是此时形成的。① 据学者研究，厦门的海陆位置也是在距今约 5000～6000 年才稳定下来，与今天的海陆位置接近。此后，闽南的地质活动相对稳定，海面的升降幅度不大，所以我们可以大体确定今天闽南区域的地理载体在 6000 年前就已经确定了。

（二）气候波动

从某种意义上说，气候条件就是生命条件，气候条件的变化将会直接或间接决定生命条件的变化，并在一定程度上影响生命的变化。所以，关于气候状况的考察，也是地理环境研究的重要内容之一。同时，需要特别注意的是，当前的气候状况和过去的气候状况差异很大，未来的气候状况和今天的气候状况也会有很大的不同，所以了解历史时期乃至地质时期以来闽南区域的气候环境变化状况，以及这种气候变化对闽南区域发展的影响，对于我们了解今天闽南区域经济、文化等各方面的发展均有积极意义。

地质时期的气候变化与冰期的变化联系密切。冰川好像天空的云彩，时而出现，时而消失，它们记录着气候的冷暖与变化。

---

① 陈支平、詹石窗：《透视中国东南：文化经济的整合研究》，第 35 页，厦门大学出版社，2003。

据研究表明，在漫长的地质年代，地球上至少出现过三次大规模的冰期，也就是 5 亿～6 亿年前的晚元古代大冰期，2.8 亿年前的晚古生代大冰期和我们现在还生活在其中的晚新生代大冰期。冰期与冰期之间，属于气候比较温暖的时期。即使是在大冰期中，气候本身也是冷中有暖的。每一次大冰期，都可以分成若干冰期和间冰期：冰期是大冰期中真正寒冷的时期；各冰期之间的间冰期，则是大冰期中的温暖时期。目前已经发现，在最近的晚新生代冰期里，至少出现过七次冰期。10 万年前开始的离我们最近的玉木冰期，大约延续了 9 万年，到 1.2 万年前左右，这次冰期宣告结束，历史便进入了冰后期，也就是我们现在生活于其中的这次间冰期。①

当冰后期开始时，气候比较凉爽。以后，全球温度逐渐上升。在距今 7000 年前，地球上的温度要比现在高 2℃～3℃，植被带向北推移约 2～4 个纬度。这个时期一直延续了三四千年，冰川学上称它为"高温期"。在我国，高温期正好与仰韶文化时期（距今 6000～3000 年）大致相当，所以又称为仰韶温暖期。这种温暖的气候环境一直延续到我国历史文明的早期——夏商时期。在此后的数千年里，我国东部地区的气候发生过多次寒暖的变化。据学者的研究，其中公元前 11 世纪到公元前 8 世纪中叶的西周时期，公元前 5 世纪中叶至公元前 2 世纪中叶的战国至西汉初年，公元 3 世纪初至 6 世纪中叶的魏晋南北朝时期，公元 8 世纪中叶至 10 世纪中叶的中唐至五代初期，14 世纪初至 19 世纪末的元后期至清末属于寒冷期；而公元前 8 世纪中叶至公元前 5 世纪的春秋时代，公元前 2 世纪中叶至公元 2 世纪末的西汉中

----

① 费金深：《冰川的故事》，第五节《地球史上的冰川》，科学普及出版社，1979。

期至东汉末年，公元 6 世纪中叶至 8 世纪初的隋、盛唐时期，公元 10 世纪中叶至 13 世纪末的宋元时期为气候温暖期。[①]

就明清以前而言，涉及闽南乃至福建气候变迁的资料不多，研究也不够深入，不过对上述气候变迁状况的考察，仍可以为闽南气候变迁的研究提供一个宏观的坐标框架。关于明清以降的气候变迁，已有学者作过初步探讨。鹿世瑾等依据明清以来福建的省志、县志等文史材料，探讨了近 500 年（1501～1930 年）来福建气候的波动规律和总体趋势。近 500 年来，福建经历了三次偏暖期和两次偏冷期的冷暖交替变化，其中三次偏暖期分别出现在 16 世纪（约 1501～1600 年）、18～19 世纪（约 1761～1840 年）和 20 世纪（约 1910～1930 年）；二次偏冷期分别出现在 17～18 世纪（约 1601～1760 年）和 19 世纪（约 1841～1909 年），福建冷暖变化似乎有 200 年左右的振动周期。其变化的总体趋势是：寒冷期占主导地位，暖期只是短暂出现，温暖程度越来越低。福建整体区域的气候规律对闽南有一定制约作用，如 1656 年 1 月 12 日至 16 日全省普降大雪，闽南的漳浦雪深高达二尺（约 0.7 米）；但闽南的气候也具有自身的一些独特因素，如从"三寒"出现的空间分布来看，21 个春寒年中，闽中北地区占 16 个，闽南仅 5 个；18 个秋寒中，闽中北地区占 16 个，闽南仅 2 个；而五月寒则均出现在闽中北地区，可见闽北为"三寒"的频发区和多发区，闽南出现"三寒"的机会则不是很多。[②]

---

① 竺可桢：《中国近五千年来气候变迁的初步研究》，《考古学报》1972 年第 1 期；邹逸麟：《中国历史地理概述》，第二章《历史时期气候的变迁》，上海教育出版社，2005。

② 鹿世瑾：《福建气候》，第 296 页，气象出版社，1999。

（三）人类活动

人类活动也是影响闽南区域地理环境变化的一个重要方面，虽然其作用没有地质变动、气候波动的作用那么显著，但是也会对区域的植被覆盖、区域气候、水体伸缩、港口兴废、城镇盛衰等诸多方面产生较大的影响，这种影响是广泛的，它不仅影响区域内部而且会对周边的地区产生影响；这种影响是持久的，不仅影响了现在，也会影响未来。

南朝以前，人类活动对闽南区域产生的影响是不显著的，史籍也缺乏这段时期人类改造闽南区域地理环境的记载。南朝时期，闽南区域内开始出现县级以上的治所，这说明闽南区域的农耕经济已有较大程度的进步。农耕经济的进步在很大程度上是由人口增殖和土地垦殖所激发的，而人口增殖和土地垦殖也必然会引起地理环境上的微观变化。虽然南朝及其以后的地理环境变化状况同南朝之前已有所不同，但是传统的农业作物、传统的生产方式对闽南区域地理环境产生的影响是有限的。

闽南区域的开发同沿海港口的兴衰是同步的，其步骤大体是由沿海向内陆逐步推进的，闽南区域地理环境的变化也是如此，所以港口的兴衰对闽南地理环境的变化有特别重要的意义。历史时期，闽南港口兴衰有多重因素，既有自然本身的因素，也有人为的因素。这两重因素也往往互为诱因，表现为复杂的因果关系。历史时期的泉州港就是一个显例。泉州的海外交通有着悠久的历史，9世纪被外国商人称为泉府港，为唐代全国大港之一；10世纪起，有刺桐城之称；11世纪宋建市舶司，管理对外贸易事业，泉州与广州、杭州、明州（今宁波）齐名，合称全国四大港口；14~15世纪马可·波罗与伊本·巴都他誉之为世界最大的港口之一，实为世界第一大港。宋元时代泉州港的港区分布甚广，主要在泉州湾、深沪湾和围头湾。当时的泉州帆樯云集、商贾四至，外侨甚多，极一时之盛。15 世纪后期因海疆不靖，贸易顿衰。明成化十年（1474 年）撤销泉州市舶司，泉州港遂渐降低为一般港岸。近两三百年来，港口淤浅加速，过去曾为主要港区的安海、法石、后渚、吴宅等地，岸线外涨，滩涂宽阔，难于行舟。以洛阳江口的后渚为例，元代沉船上覆了 3 米泥沙，而昔日此港可千舸并泊，今日水面但余 700～800 米宽度。其原因就是自然和人为两重因素相互作用的结果。就自然因素来看，闽南的海岸属于基岩海岸，基岩海岸轮廓稳定、岸线曲折、多优良深港，但由于受海浪的动力作用，具体岸段都会经历侵蚀或淤积的变化，所以常使一些曾为良港的口岸因水深不足而见弃。就人为因素来看，一是人口的快速增长；一是玉米、甘薯、马铃薯等山地作物的引进。人口的快速增长和山地作物的引进必然会加速人类活动从沿海走向内陆的步伐，从而导致人类活动对闽南区域地理环境的影响在更广阔的空间里展开，而这又会导致沿海地区的森林砍伐、水土流失。如此，港口的淤浅也就在所难免了。①

　　上述为人类活动对闽南区域地理环境影响消极的一面，其实人类活动对闽南区域地理环境的影响也有其积极的一面。如东山为海岛县，历来风沙、干旱危害严重。自 20 世纪 60 年代开始植树造林以来，气候环境已发生明显改变。东山在沙地上建起了一条长 30 公里、宽 60～100 米的基干林带和 166 条总长 184 公里的防护林带，在 6 万多亩的荒山上植树造林，林木覆盖率由新中国成立初期的 0.6% 提高到 37.0%，既减少了岛上的风沙，又改善了林带小气候。据福建省林科所测定：风力减弱 41.3%～61.0%，冬季温度提高 1.15℃，蒸发量减少 22%，相对湿度提

　　①　中国科学院《中国自然地理》编辑委员会：《中国自然地理·历史自然地理分册》，第 246～247 页，科学出版社，1982。

高 10%～15%。此举使全县扩大耕地面积 6000 多亩，改良农田 47 平方公里。"一根芦笋，富了东山"，环境的优化、气候的改变是重要原因之一。①

_____

① 李修池：《福建气象五十年》，第三十九章《福建气候变化》，气象出版社，1999。

第一章

史前时期的闽南

传统看法认为，史前时期的历史是指自人类活动开始，直至夏朝建立以前这一阶段的历史。这一阶段时间跨度较大，大约从170万年前到公元前21世纪。[①]

考古学家把从人类起源开始到农业出现以前的漫长时代称作"旧石器时代"，其时间同地质上的更新世[②]大致相当。就宏观而言，旧石器时代约占人类历史总长度的99.9%以上。在这样漫长的时间段内，人类体质有了很大的进步，先后经历了直立人、早期智人和晚期智人三个阶段，体态由猿人向现代人过渡，脑容量也有了很大程度的增加。

旧石器时代以打制石器作为主要标志，故而旧石器时代考古也以打制石器的发现为基础。我国的旧石器考古开展较晚，中国第一批有正式记录的旧石器是1920年由法国神父桑志华在甘肃庆阳县发现的一块人工打制的石块及两块石片。而闽南地区乃至整个福建省的旧石器发现则更晚至1989年9月，时任漳州市文

---

① 为了文章叙述的连贯性，本属于史前时期的传说时代与先秦时期的历史一并归入下一节讨论。

② 地质年代名称，第四纪的第一个世，距今约200万至1万年前。

化局文物科科长的曾五岳在漳州北郊的莲花池山首先发现了打制石器。在这以前，福建在我国旧石器文化分布地图上尚属盲区，曾五岳先生的这次"凿空"般的发现揭开了福建旧石器考古的序幕，对福建的旧石器时代考古具有极其重要的意义。随后，考古人员又在漳州北郊调查发现了含113处地点的旧石器遗址群，并进行了较大规模的发掘和系统研究。

福建境内旧石器文化的发现何以较其他各省为迟呢？总结起来大致有以下几个原因：一则华南古人类的迁徙扩散是由西而东，最终到达福建的，而福建东濒大海，因而成为古人类在华南大陆扩展的最后一站，古人类分布的时代必定相对较晚；二则由于第四纪全球性气候波动，尤其是更新世末期至全新世早期冰后期的到来，海平面迅速上升，即使那时沿海地区的古人类有遗物留存，也必定被海侵地层埋藏在地下深处或被海水淹没而难觅踪迹；三则由于缺乏应有的重视，考古人员的实际调查工作迟迟未系统展开，也延误了旧石器文化在福建的发现。[①]

第一节　以"漳州文化"为代表的闽南旧石器时代文化

闽南旧石器的典型地点为漳州市北郊的莲花池山。漳州市北郊莲花池山的旧石器又可分为上下两个文化层，被埋藏于1～8米的地下。

通过对莲花池山剖面的沉积—剥蚀过程与海平面的升降作对比来进行年代分析，推测下文化层的年代为距今5万～7万年。

---

① 参考蔡保全：《闽南旧石器的发现与研究》，《东南考古研究》，第一辑，第31～37页，厦门大学出版社，1996。

在下文化层中发现的打制石器所表现的内容并不丰富，据推测，当时活动在这一带的远古居民，先从河床中或河漫滩上捡取石料，再搬运到这里的台地顶部进行加工，以制作简单的石制工具。石制品的原材料主要为脉石英砾石和水晶晶体，打片时利用天然砾石面或晶面作为台面，受原材料限制，石片多不规则，短而宽，经过第二步加工的石器少，加工比较简单，器物类型也相对单调，加工部位主要在前端和两侧，向背面修理为主。以向背面修理为主的特点与华南以小石器为主的文化相类似，但从总体面貌来看，又像是华南常见的砾石石器传统。若要对其性质进行准确的分析还需要更多的遗物。

距今约 10000～8500 年的上文化层，是莲花池山遗址及漳州地区各旧石器遗址所普遍具有的。从石质到类型，其特征一致，文化内涵单一，石制品的类型丰富多样，有石核、石片、刮削器、尖状器、镞形器、石钻、石杵、雕刻器和石弹等。其中，尖状器与北方小石器传统中尖状器相比，显得比较单调，加工方法变化较少，但其周边几乎都经过修理，且绝大部分是复向加工，这是中国其他遗址的尖状器所不具备的特点。石弹的出现，说明这时的远古居民已经学会用弹弓击打鸟兽。凹缺刮器、镞形器、石钻、石弹和小石杵构成具有地方特色的石器组合，因此被命名为"漳州文化"。距今 10000～8500 年的"漳州文化"被认为是代表福建沿海地区旧石器时代和新石器时代过渡阶段（或者说是中石器时代）的文化。

以莲花池山为代表，此后还在漳州市区附近的平和县、龙海市、诏安县、东山县、漳浦县、长泰县、南靖县、华安县等地发现多处具有共同特征的旧石器文化遗址。"漳州文化"除分布在闽南的九龙江流域及其以南的漳州其他地区外，还在粤东有一定的分布。而从这些遗址来看，其地点不是在河岸边就是在海边，其中又以九龙江的西溪与北溪间的隆起地带最为集中也最为丰富。

"漳州文化"的主人生活在亚热带滨海丘陵和平原地区，当时气候略显干燥，所以他们多近水而居。其地物产丰富，野果、咸淡水鱼贝以及各种野生动物为他们提供了足够的食物和生活来源，这样，去寻求和尝试更新、更复杂的经济生活似乎并不显得急迫，故而很大程度上抑制了农牧业经济的发展。

根据"漳州文化"所表现出来的性质和特征，学者们认为应将其归入小石器传统之中，由于沿海的特殊环境，"漳州文化"的石器组合显示出地方特色，而有别于这一传统的其他文化。但细石器是从小石器发展而来的，在旧石器时代的晚期就已经产生了细石器的雏形。"漳州文化"正处于旧石器时代与新石器时代之交，其在发展程度上比之北方同时期诸文化虽略不及，但从区域的角度来看，它对揭示闽南地区原始先民的生活状态具有重要意义，也使闽南地区人类活动的历史提前到了旧石器时代。[1]

此外，考古工作者还在漳州发现了一些古人类化石，如1987年在东山发现的距今1万年前的人类肱骨残片，被称为"东山人"；1990年曾五岳在漳州市北郊甘棠东山的台地地表上采集到的距今约1万年的男性个体的一段胫骨，被称为"甘棠人"。这些发现也在一定程度上丰富了漳州旧石器时代考古的内容。

那么，为什么"漳州文化"以前的旧石器文化发现较少呢？我们知道，海平面的升降是影响沿海地区人类活动的重要因素。"漳州文化"正处于冰后期到来的时期，海平面迅速上升，漳州古人类栖息地被迫逐渐向高处迁移，所以今天我们才可能在地表或地下不深处找到一些古人类的文化遗物。而在这之前，距今12000～23000年前的晚玉木冰期是更新世最大的一次冰期，海平面

---

[1] 　参考蔡保全：《闽南旧石器的发现与研究》。

下降可达 130 米，人类栖息地便很自然地追逐着海岸线向低处迁移。冰后期海平面上升后，一些有人类居住的相对低洼的地方就被淹没了，因此我们要寻找这时的人类遗迹，恐怕只能到海底去找了。

　　说到这里，不能不略叙闽南地区在旧石器时代与台湾的联系。40 多年前，已故著名考古学家、厦门大学教授林惠祥就认为，一衣带水的闽台两省可能早在石器时代就有了文化上的关系。他的这一推测在今天已经为闽台两地的考古发现所证实。旧石器时代所处的更新世地质活动频繁，致使台湾海峡几次发生重大变化，闽台两地几次相连。在发生于距今 5 万年的晚更新世后期，全球又进入一次冰期，这是更新世的最后一次冰期，也是最大的冰期。这次冰期在距今 2 万~1.5 万年前是最盛时期，海水下降幅度约 120 米，台湾海峡的大部分地方几乎全部出露成陆，出露最高的地方高出海面达 50~60 米，台湾与福建最后一次相连，海峡之间的岛屿成为大大小小的山丘，其他地方成为陆架平原或沼泽。"东山陆桥"成为连接海峡的过境通道。[①] 在这一时期，生活在大陆东南的古人类伴随着大批古动物进入台湾。台湾已发现的"左镇人"和"长滨文化"的主人，大约就是这个时期迁移到台湾的。[②] 今

―――――――――

　　① 台湾海峡自古横着一道浅滩，发端于东山岛，向东延伸到海峡中部的台湾浅滩，一般深度不超过 40 米，在海平面下降到一定程度时，这条浅滩便露出海面，成为连接祖国大陆与台湾的陆桥，因而这道浅滩被命名为"东山陆桥"。距今约 8500 年，"东山陆桥"才最后被淹没。

　　② 台湾岛形成时间较晚，大致在中生代早期以前，台湾原被海水淹没，沉积了厚达 6000 米的南澳群，到中新世，由于喜马拉雅运动才逐渐形成陆地，以后很长时期地质状况都很不稳定，早期的灵长类动物和人科成员不可能进入台湾，台湾至今也没有发现任何灵长类动物和人科成员，因此，可以肯定台湾不具备从猿到人进化的自然地理条件，台湾的古人类只能从岛外大陆迁入。台湾东临浩瀚的太平洋，南临水深数百米的巴士海峡，人类根本无法逾越，所以台湾的古人类只能是从我国大陆东南进入的。（陈存洗：《旧石器时代闽台文化关系》）

天，在台湾海峡进行渔业作业的福建渔民经常会在深水拖网作业时打捞上来很多骨骼化石，其中有一些被送去进行鉴定，考古学家和古生物学家从中找到了野马、四不像鹿、熊、象、野猪、梅花鹿、水牛等远古动物的化石。这些化石证明，数万年前的台湾海峡确实曾经是陆地和沼泽。① 因此，在旧石器时代，闽南与台湾曾经是连在一起的陆地，无论是自然环境还是古人类文化都紧密相连且极为相似。

在南太平洋及印度洋上的众多岛屿上，分布着大约 2.7 亿属于"南岛语族"的居民。这些以海洋为生，与海洋共存的人们如何在海上交通工具极不发达的旧石器时代渡过波涛汹涌的大海，散落在两个大洋的岛屿上？他们的祖先又是如何生活的呢？自 20 世纪 30 年代起，这一课题就引起了国际考古学界的兴趣，存在着许多观点各异的假设和推论，其中以著名考古学和人类学家张光直先生为代表。② 近三年来，经过中美两国考古学者的联手考察，获得了大量宝贵的证据。他们的初步分析表明，南岛语族极有可能是中国东南沿海一带经由台湾海峡向大洋岛屿传播扩散的。美国夏威夷大学人类学系教授贝瑞·罗莱特更明确指出，太平洋岛屿上的原住民从人种、语言发音到使用的石器都与闽南地区相似，很可能是当时生活在沿海的福建原住民的后裔。这样的推测无疑又给闽南及我国整个东南沿海的历史增添了新的内容，生活在闽南的史前人类已开始向海外未知的大陆进行探索，尽管这种探索有主动也有被动，但无疑都体现着这些原始先民的勇气

---

① 参考陈存洗：《旧石器时代闽台文化关系》，《东南考古研究》（第一辑），第 25～30 页，厦门大学出版社，1996。

② 参考张光直：《中国东南海岸考古与南岛语族起源问题》，《南方民族考古》，第一辑，第 1～13 页，四川大学出版社，1987。

和智慧。向外洋移民很可能也成为当时东南先民们生活的一个组成部分，这个勇于向海外探索的传统一直延续到今天，闽南地区也一直是著名的侨乡。

第二节 闽南新石器时代文化

就考古发现而言，比之旧石器时代的闽南，新石器时代的闽南似乎给今天留下了更多的内容。新石器时代的遗迹几乎遍布闽南及毗邻的闽江下游地区。就闽南而言，有金门之富国墩遗址、东山之大帽山遗址、惠安之小岞遗址、漳州之覆船山遗址、诏安之腊洲山遗址等等，基本覆盖了整个闽南。福建沿海所发现史前文化遗址多由贝壳等堆积起来，所以又被称为贝丘遗址。贝丘遗址依山傍水，山上覆盖有茂密的森林，大海临近居址，这就为贝丘居民提供了良好的渔猎场所。当时的先民们就以采集贝类及海生软体动物作为食物的主要来源，把吃剩下的齐足类或腹甲类等海生动物的甲壳丢弃在居住遗址的附近，久而久之便堆成了小丘。这些被食弃的蛤蜊、牡蛎、蚬、蚶等贝壳，有的竟厚达3米多，这说明在贝丘居民的日常食物中，贝类占据重要地位。《逸周书·王会解》所说的"东越海蛤"正为此提供了佐证。

与在福建沿海其他地区所发现的遗址类似，闽南地区所发现的新石器时代早期的遗址中很难见到与农业有关的遗存或遗物。这些表明当时人们的食物主要来源于捕捞和狩猎。生产工具的构成也可反映上述情况。遗址中所发现的生产工具均为渔猎工具，没有农业生产工具。如长不足3厘米、厚2厘米的小石锛是主要器类，还有打制的砍砸器、刮削器及箭镞、网坠等，未见大型的磨制生产工具。砍砸器和刮削器多为采集挖掘所用，小石锛则用于对动物的切割，这些石器显然不能适应农业生产。由于缺乏稳定的农业经济，以之为基础的聚落形态和陶器制作便相当原始落后。遗址所见陶器火候低、制作和器类简单，多夹砂粗陶和圆底器。遗址的面积也小，约为 3000 平方米左右，均未发现明确的房屋遗迹，墓葬为长方形竖穴土坑，几乎无随葬品。这些特征反映了新石器早期闽南地区生产力低下、原始农业尚未出现的状况。

属于新石器中期的贝丘遗址，闽南地区有大帽山遗址，其年代为距今 5000～4000 年左右，文化堆积特征与早期相同，多为贝壳。但是，与新石器早期不同的是，中期遗址的生产工具、手工业及聚落形态均有明显的进步，反映了经济生产方式的变化，如生产工具以石器为主，通体磨光，有长方形锛、有段石锛、凹刃石镰、长方形石刀、石铲、石斧等，这些石器为刀耕火种农业进行耕作和收割的代表性工具，证明了贝丘的原始先民们已进行了原始农业的生产。但是，由于此时期的贝丘遗址中还发现了大量石箭镞、石球、骨镞和陶网坠等渔猎工具，野生动物残骸十分丰富，有虎、象、鹿、牛、猴、熊等，结合出土的大量贝类来看，说明中期贝丘遗址的居民是过着以渔猎和捕捞为主、农业和家畜为辅的经济生活，农业生产所占比例十分有限。

属于新石器晚期的贝丘遗址，在闽南有龙海市的万宝山、惠安县的蚁山，年代在距今 4300～3000 年左右，遗址的性质同样表明其经济以渔猎为主、农业为辅的形态，但是文化内涵表明此时的农业生产较以前发达。与农业逐渐发展形成对比的是，此时期贝类等海产品的捕捞逐渐衰弱。贝类种类从早期的 20 多种变为现在的蚬和牡蛎等几种，贝壳文化层由早期的广泛分布变为现在的局部分布，其厚度从早期的数米变为现在的几厘米，这些变化折射出新石器晚期贝类资源的枯竭，捕捞经济所占比例下降。①

新石器遗址虽然遍布闽南，而且数量不少，但在闽南的区域内还没有发现内涵特别丰富的大规模的新石器遗址。

① 参考吴小平：《先秦两汉时期福建的农业经济发展状况》，《中国农史》2004 年第 1 期。

第二章

先秦秦汉时期的闽南

在中华文明孕育发展的初期，黄河、长江流域的文明是领先而且活跃的，但文明向四周扩展与融合的节奏相当缓慢，《尚书·禹贡》所示的九州疆域，直到夏商时期仍主要限于黄河、长江中下游之间的平原一带。早期华夏对南蛮的了解和认识受到地理条件的限制，故而出现于史籍中的南蛮也只是毗邻北方文明的一些南方部族，而我们今天所定义的南方大部地区都还在史籍记载之外。

闽南地区乃至整个福建在夏商时期还是沉寂在东南的一块不为华夏所知的"草莽"之地，但这里并非渺无人烟。在这群山万壑之中生活着很多土著民族，相比北方的华夏文明，他们还过着十分原始的生活，文明程度相去华夏甚远，以致文献记载往往不涉及今福建地区，更不用说闽南了。受文献资料的限制，要了解这样长的一段时间内闽南区域发展的详细情况，几乎是无法做到的。本节只能通过文献记载和考古发现这两个途径对这一时期闽地整体上的发展做概括性、推测性的粗略描述，闽南地区也只能极为泛泛地包括在闽地的历史发展之中。

第一节　三苗——东南土著民族的代表

我们今天能在史籍中找到的东南最早的民族是传说时代至夏

代的三苗。《帝王世纪》载，帝尧时"诸侯有苗氏处南蛮而不服"。《淮南子·坠形训》载："自西南至东南方，结胸民、羽民、灌头国民、裸国民、三苗民、交股民、不死民、穿胸民、反舌民、豕喙民、凿齿民、三头民、修臂民……"① 此中所提及的南方民族大多无从考证，古人或出于臆想，或过分夸张，似不死民（不食也）、三头民（身有三头）之存在则断无可能。三苗见于多处记载，且其行迹略可考查，基本可以肯定的是比较早就居于南方的古老民族，也可视其为当时东南原始民族的最早代表。从文献中追溯闽南区域发展的历史也只有由考查三苗的活动开始。

《史记·五帝本纪》载："三苗在江淮、荆州，数为乱。于是舜归而言于帝……迁三苗于三危，以变西戎。"② 但仍有一部分三苗没有西迁而留在原居地，至禹时仍强大于东南。《战国策·魏策》载："昔者三苗之居，左彭蠡之波，右洞庭之水，文山在其南，衡山在其北。恃此险也，为政不善，而禹放逐之。"③ 彭蠡即今鄱阳湖一带，衡山在江北而非今湖南衡山，文山尚不确定，但至禹时三苗仍活动在鄱阳、洞庭两湖之间是很明显的。

三苗虽是目前文献所记载的东南地区的最早居民，但上古时期的东南先民却非仅有三苗，只因三苗所居地位于东南地区的西北角，最靠近文明的中心，最容易与北方诸文明建立联系，这才率先出现于史籍。不能否认那时彭蠡以东、以南的广大地区有原始居民的活动和相应文化的存在，只不过因为那些地区远离文明发达的北方，又因山水阻隔，封闭性强，所以在传说时代还不为

① 《淮南子》卷四，《坠形训》，《淮南鸿烈集解》，中华书局，1989。
② 《史记》卷一，《五帝本纪》，中华书局，1982。
③ 《战国策》卷二二，《魏策一》，上海古籍出版社，1985。

北方诸文明所知。福建就是如此。但到了商周时期，情形有了很大改变。

第二节 七闽——三苗以后的 诸蛮文化之一

商周时期，随着南北间政治、军事与文化交往的增多，华夏对东南民族有了进一步的认识，比之先前仅有的东南民族三苗，汉文史籍中又"新增"了十蛮、越沤、七闽、八蛮等东南民族成分。这些史籍中新增添的民族并非新民族，他们实际上都是东南地区原有的土著民族，只是在三苗时代的后期才为华夏所认知。

商代，华夏对东南民族的认识有了明显的进展，不再限于先前小范围的三苗。《逸周书·王会解》："伊尹朝献商书，汤问伊尹曰：'诸侯来献……其为四方献令。'伊尹受命，于是为四方令曰：'臣请正东符娄、仇州、伊虑、沤深、九夷、十蛮、越沤，鬎发文身，请令以鱼皮之鞞、乌鰂之酱、鲛瞂、利剑为献。正南，瓯邓、桂国、损子、产里、百濮、九菌，请令以珠玑、玳瑁、象齿、文犀、翠羽、菌鹤、短狗为献。'"① 东部的越沤为汉文献中明确出现的最早以越为称谓的民族，应是江浙吴、越文化的先民；十蛮也是当时东南的土著居民；南面的瓯推测即是后来岭南西瓯、骆越的先民。从他们各自的贡物来看也符合当地的自然条件。

至周代，文献中的东南民族就更多了，区分也更为明确，地

---

① 黄怀信、张懋镕、田旭东：《逸周书汇校集注》卷七，《王会解》，《逸周书汇校集注》（修订本），上海古籍出版社，2007。

域范围更大。《周礼·秋官司寇》载："象胥掌蛮、夷、闽、貉、戎、狄之国……"① 又《夏官司马》曰："职方氏掌天下之图，以掌天下之地，辨其邦国、都鄙、四夷、八蛮、七闽、九貉、五戎、六狄之人民……"② 这里的四、八、七、九、五、六虽非确数，但也能说明此时华夏对周围各民族的认识进一步加深，已能够把他们分为不同的族群，以致有以上四、八、七、九、五、六之分。

福建是唐以后的称呼。唐以前，称福建为闽。《山海经·海内南经》载："闽在海中。"③ 那么何谓七闽？汉代经学家郑玄援引《国语·郑语》中"闽芈蛮矣"一句解释道："闽为蛮之别种，而七乃周所服之国数也。"可见闽这个大族群之中包含部落众多，七也许只是个概数。闽之部落众多与福建特殊的地理环境有关，福建境内山峦重叠、深溪与急流环绕，天然地把一个个地区分隔开来，很容易形成不同的人类生活群体。《山海经》"闽在海中"的说法表面上看有些费解，推测起来，一是由于《山海经》成书之时，闽地还是不为人所了解的地方，仅知其方位而已；二是闽地多山且靠海，沿海岛屿众多，山海相连，容易给人以山在海上的印象。

七闽所分布的地域包括了今天福建省的全部。宋欧阳忞《舆地广记》卷三十四《福建路沿革》记云："福、建、泉三州，春秋时为七闽地……"④ 卷三十五《广南东路》又记曰："潮州，

---

① 《周礼》卷五，《秋官司寇》，《周礼正义》，中华书局，1987。

② 《周礼》卷四，《夏官司马》。

③ 《山海经》卷十，《海内南经》，《山海经校注》，上海古籍出版社，1980。

④ 《舆地广记》卷三四，《福建路沿革》，《丛书集成初编》，中华书局，1985。

春秋为七闽地，战国为越人所居。梅州，春秋为七闽所居，战国时属越。"① 这说明七闽分布的地域很广，南至今广东东北部。这种分布使得广东东北部地区较早地与福建尤其是闽南地区建立了联系，直到今天，广东潮汕一带与闽南仍保留着这种亲密关系，地域文化特别相近。

第三节　越和百越——东南民族的泛称

民族是一个动态的概念。一个民族从无到有，再由盛转衰，不停地进行着迁徙、融合。商周时期有吴、越、粤、瓯、闽等诸蛮文化，到战国以来又出现于越、扬越、干越、东瓯、南越、西瓯骆越等百越，民族称谓上发生了较大的变化，这透露着东南土著民族文化发展变迁过程的重要讯息。越本是商周时期居于江浙一带的蛮族支系，而战国以来东南土著民族几乎都成为越的支系，这说明可能由于周秦间江浙越向外迁徙并与南方各地原住诸蛮融合，从而生成了百越民族。《吕氏春秋·恃君》道："扬汉之南，百越之际，敝凯诸、夫风、余靡之地，缚娄、阳禺、骓兜之国，多无君……"② 百越之名始见于此。高诱注曰："越有百种。"其中"敝凯诸、夫风、余靡之地"，缚娄、阳禺、骓兜之国，高诱认为"皆南越之夷无君者"。又据蒙文通先生考证，今广东、福建一带即是《吕氏春秋》所谓的"扬汉之南、百越之际"。

---

① 《舆地广记》卷三五，《广南东路》。
② 《吕氏春秋》卷二〇，《恃君览》，《吕氏春秋新校释》，上海古籍出版社，2002。

　　商周以前的诸蛮文化发展水平不一，其中以吴、越民族的文明程度最高，至少在周代已有吴、越王国的建立，这就决定了在东南诸蛮内部的文化互动中，吴越民族处于优势地位，形成江浙的吴越文化向东南其他地区扩展的原动力。关于越国的疆域，《国语·越语》中记载："南至于句无，北至于御儿，东至于鄞，西至于姑蔑。"① 其四至就是今天浙江的诸暨、崇德、鄞县、龙游四地。勾践灭吴后，扩地至余汉。② 马端临《文献通考》说，"台、处、温、婺"四州，春秋战国时并属越。③ 可见越国全盛时期的版图，还不包括福建在内。

　　文献中有先秦越族向南散迁的记载。根据史籍记载，周显王三十五年（公元前 334 年），越亡于楚。《史记·越王勾践世家》载："越以此散，诸族子争立，或为王，或为君，滨于江南海上，服朝于楚。"④《越绝书·越绝外传记地传》载："（楚）威王灭无疆。无疆子之侯，窃自立为君长。之侯子尊，时君长。尊子亲，失众，楚伐之，走南山。"⑤ 蒙文通先生在其《越史丛考》一书中对越国是否就此灭亡持异议，认为越国乃是亡于秦统一之时。但无论怎样，在越国垂危之际，越国王族、臣民开始大量流散外迁是在情理之中的，"走南山"即向南部迁移，闽地必然大量容纳越国流亡者。而此前在吴、越争霸的战乱中，四散迁徙的吴、越民族人民也必然不是少数。越族迁徙及其与诸蛮融合生成百越，这种迁徙融合在百越的族称上留下了鲜明的印记，原住福建的七闽与南来越族融合而成闽越。关于闽越一名的理解，蒙文通

　①　《国语》卷二〇，《越语上》，上海古籍出版社，1978。
　②　同治《余干县志》卷一，《沿革》。
　③　《文献通考》卷三一八，《舆地考》四。
　④　《史记》卷四一，《越王勾践世家》。
　⑤　《越绝书》卷八，《越绝外传记地传》，上海古籍出版社，1985。

先生说:"越本国名,其族为闽;后亦用为族称,泛指古东南沿海地区之民族。"自越王勾践灭吴称霸以后,越名大显于世。战国以后,又有百越一词,泛指古东南沿海暨岭南地区及其居民。①越之名之所以能冠于东南沿海及岭南诸土著民族之上而泛称为百越,其原因大致有三:蒙先生所说的勾践灭吴称霸而使越名大显于世是其一;② 东南沿海及岭南一带地理环境相似,均以山地为主,生活在其中的土著居民与北方文明的接触又都很少,从自然条件和外来文明影响程度上看都极为相似,以致他们都是"断发文身"、勇悍非常是其二;从族属渊源上看,整个东南民族间有着割不断的联系,有一些甚至就是直接的同源关系,这也使他们的共性更为明显,这是其三。正是由于他们共性明显,所以人们才会统称其为百越。闽越无疑也包括在百越之中。

　　战国后期,楚国逐渐吞并了越国的大部分领土,但越国依然存在。③ 越人还聚居于以会稽(今浙江绍兴市)为中心的浙东平原,并散布在今浙江中南部、安徽南部、江西中南部和福建这一广阔的区域内。直到秦始皇二十五年(前222年),"王翦遂定荆江南地;降越君,置会稽郡"。④ 直至这时,越才覆灭。而此前越所占有的地区大致就是秦所置的会稽郡。秦降越君后,兵锋南指。秦在今福建境内置闽中郡,可能就是降越君而置会稽郡后继续进行的军事活动的结果,即在公元前222年或稍后。

---

① 蒙文通:《越史丛考》,第1页,人民出版社,1983。
② 同上。
③ 同上书,第30～31页。
④ 《史记》卷六,《秦始皇本纪》。

　　传说中南方民族的共同祖先是祝融氏，即重黎。关于重黎究竟在炎、黄家族的谱系中居于怎样的位置，史籍中的记载相互矛盾之处甚多，但这并不影响祝融被认定为南方民族传说中之始祖的地位。① 徐旭生考祝融本出自华夏，禹灭三苗后才到南方并成为苗蛮的象征，② 《国语·吴语》记载："勾践，祝融之后，允常之子，芈姓也。"③ 又《国语·郑语》载："闽，芈蛮矣。"④ 按此记载，则闽、越同源。《史记·越王勾践世家》"正义"引《世本》曰："越，芈姓也，与楚同祖。"⑤ 楚之国姓为芈，则闽、越、楚皆同源。

　　这样看来，先秦时期活动地域包括今闽南地区的七闽、闽越与此时东南地区其他各土著民族之间有着千丝万缕的联系。他们之间经历了分散、融合、再分散、再融合的复杂历史过程，即使是地处偏僻的闽南地区也不能被排除出这个历史过程。

　　这时的东南诸土著民族间也存在明显的地域性差异。这种文明发展程度上的地域性差异总体上呈现出文明程度由北向南阶梯状减弱的特征，即最靠近北方华夏文明中心的南方地区与中原接触较多，联系较密切，故而文明程度较高，建立了国家文明，如

---

　　① 《山海经·海内经》说："炎帝之妻，赤水之子听沃，生炎居，炎居生节并，节并生戏器，戏器生祝融。"而《左传·昭公二十九年》载："颛顼氏有子曰黎，为祝融。"又《史记·楚世家》载："楚之先祖，出自帝颛顼高阳。高阳者，皇帝之孙，昌意之子也。高阳生称，称生卷章，卷章生重黎。重黎为帝喾高辛居火正，甚有功，能光融天下，帝喾命曰祝融。"这样一来，祝融在传说中的身份更难确定。

　　② 徐旭生：《中国古史的传说时代》，第66页，科学出版社，1960。

　　③ 《国语》卷一九，《吴语》。

　　④ 《国语》卷一六，《郑语》。

　　⑤ 《史记》卷四一，《越王勾践世家》。

楚、吴、越；再向南，苗蛮集团诸成员所处的广阔的东南沿海之山地、丘陵、海岛地带，则因远离华夏文明，文明程度较差，尚处于相对原始的状态。据《逸周书·王会解》所记商代四方贡献的诸侯中东南地区除越沤外，只有笼统而言的十蛮，而没有闽、粤、瓯，这说明当时落后的十蛮无论从经济还是文化上都还不能与江浙的吴越先民越沤相比。周秦间，百越文化逐渐形成，整个东南文化的同一性有所加强，但社会发展水平的地域性差异依旧存在。大越、内越、外越的区分正体现了百越内部的这种地域性差异。《吴越春秋·阖闾内传》："阖闾欲东并大越"；① 秦王嬴政二十七年"因徙天下有罪谪吏民，置海南故大越处，以备东海外越，乃更名大越曰山阴"；又"无余初封大越，都秦余望（山）南，千有余岁而至勾践，勾践徙治山北，引属东海，内、外越别封削焉"。② 大越为无余初封地，在山阴；外越在东海外；蒙文通考大越山阴即浙江绍兴，外越当为台湾。③ 以此推测内越在吴越以外，台湾以西的今闽、粤地区应不会错。即在东南土著民族的分布中，靠近北部、发展水平较高并至迟在商周时代已建立国家文明的江浙一带的吴、越称大越；以南的东瓯、闽越、南越等东南大陆、沿海为内越，而海上则为外越。④ 按照蒙氏的定义，

---

① 《吴越春秋》卷四，《阖闾内传》，《吴越春秋辑校汇考》，上海古籍出版社，1997。

② 《越绝书》卷八，《越绝外传记地传》。

③ 蒙文通：《越史丛考》，第102～108页。

④ 傅举有认为："'内越'最早的含义是指古越王直接统辖之区域，在无余为越王之时，内越就是大越"，"'外越'当是指越王勾践本国以外的越人。其中包括臣属于勾践的越人，如东瓯、闽越等……以及不臣属于勾践的越人，如南越、西瓯、扬越、干越、骆越等"。（傅举有：《内越、外越考》，载《百越史研究》，贵州人民出版社，1987。）

闽南地区在当时当属内越。①

第四节　秦统一后的闽南

闽南，地处福建之东南。秦汉史籍对我国东南地区的记载本就寥寥，对于东南腹地的今闽南地区则更没有直接记载。但关于闽南地区历史直接记载的空白并不等于那段历史不存在，这时的闽南地区实际上已经被卷入了秦汉历史发展的漩涡之中，尽管尚在漩涡的边缘，但已经和漩涡的中心，也就是秦汉王朝政治经济的中心建立了联系。

战国秦汉时期，先前活动于东南地区的土著诸蛮吴、越沤、瓯、粤、闽等逐渐从汉文献中消失，而代之以于越、闽越、东瓯（越）、南越、西瓯与骆越、干越、扬越等不同支系的百越民族。百越族名最早见于《吕氏春秋》、《史记》等战国以来的文献。如《吕氏春秋·恃君览篇》曰："扬汉之南，百越之际。"②（蒙文通考《吕氏春秋》"扬汉"乃"扬州之汉水"，不同于荆州之汉水，即《汉书·地理志》上豫章郡之湖汉水，豫章古属扬州，故湖汉即扬汉，即今赣江水系。③）《史记》沿用了这种称呼，如《秦始皇本纪》有"及到秦王……南取百越之地"。百越之中的闽越、东瓯（越）合称东越，是活动在今福建、浙南间的百越支系。闽南地区无疑属闽越。

秦王嬴政二十五年（公元前 222 年），设闽中郡，郡治东治

---

① 参考吴春明：《中国东南土著民族历史与文化的考古学观察》，厦门大学出版社，1999。

② 《吕氏春秋》卷二〇，《恃君览》。

③ 蒙文通：《越史丛考》，第 1～2 页。

在今福建省福州市，其统治范围已覆盖了福建，此外，浙江的旧温州、台州和处州三府，① 广东潮梅一带也是此前七闽分布的地区，可能也有部分属闽中郡。这时活动在闽中郡的基本都是这里的土著居民，间有外来者，但也入乡随俗地被同化于当地土著民族之中。

秦在统一天下的过程中虽并百越之地，但并未在此进行有效的郡县统治，仅空置闽中郡。《史记·东越列传》载："闽越王无诸及越东海王摇者，其先皆越王勾践之后也……秦已并天下，皆废为君长，以其地为闽中郡。"秦把闽越王无诸和东海王摇的王号去掉，降其名号为"君长"，仍令其留居原地，统领部属，秦却没有遣守令来闽中郡。西汉人对此举措看得很清楚，东越进攻南越，汉武帝问策于太尉田蚡，田蚡道："越人相攻击，固其常，又数反复，不足以烦中国往救也。自秦时弃弗属。"顾炎武在其《日知录》卷二十二"秦未灭二国"条中说："王翦定降江南地，降越君。汉兴有东海王摇，闽越王无诸之属，是越未尝亡也。"这也是说秦于闽中郡有置郡之名而无统治之实。南越则与闽中郡的情况不同，是设有守令的。

第五节　西汉时期的闽南

秦末，无诸和摇率越归番阳令吴芮，并成为吴芮手中的主力

---

① 《清一统志》卷三〇四"温州府沿革"："温州，秦属闽中郡。"宋《太平御览》引《十道志》："台州，秦属闽中郡，以抚其遗民。"清《浙江通志》卷八《建置》引陆广微《志胜》及《栝苍汇记》都说，处州在秦时属闽中郡。清代全祖望在《浙东分地录》中也说："浙之温、台、处三府，则实秦闽中郡之北土。"今江西铅山县。（清同治《广信府志》卷一〇一《地理沿革》载："铅山县，春秋时属闽越，秦属闽中郡。"）

部队，协助诸侯灭秦。项羽时未立无诸和摇等为王，至西汉高帝五年，"复立无诸为闽越王，王闽中故地，都东冶"。孝惠三年，"举高帝时越功，曰闽君摇功多，其民便附，乃立摇为东海王，都东瓯，世俗号为东瓯王"。①

闽越国在西汉时的辖地，除福建全部外，还领有今浙、赣越的部分地区，可见其国土不小。淮南王刘安曾上书说"越甲卒不下数十万"，虽然有夸张成分，但闽越国军力不弱可见一斑。

闽越国倚仗国力雄踞东南，与汉中央政权的关系常常很微妙。对朝廷心怀二志的西汉宗室王侯多与闽越暗中来往，相互勾结。淮南王长曾"令人使闽越、匈奴"。② 江都王建曾"遣人通越繇王闽侯，遗以锦帛奇珍"，繇王闽侯亦以奇珍回赠，如此多次往来，双方约定"有急相助"。③ 景帝三年（公元前 158 年），吴楚七国反，吴王濞遣使通闽越及东瓯，"闽越未肯行，独东瓯从吴"。吴王遣使邀闽越同反，无疑是因其实力可资一助，而闽越敢于不从吴王反，也是凭借其实力不弱，不必屈从于吴王去冒险。吴王兵败国灭后，吴太子驹逃往闽越。④ 吴太子驹怨恨东瓯杀其父，常劝闽越进攻东瓯。武帝建元三年，闽越终于发兵攻东瓯，东瓯被围，食尽欲降，向天子告急求救，武帝遣严助发会稽兵浮海救东瓯，兵未至而闽越已撤兵。东瓯惧怕闽越，请求内徙，从此东瓯徙居江淮间。东瓯迁走后，闽越的势力范围向北延

---

① 《史记》卷一一四，《东越列传》。又据《史记·越王勾践世家》："后七世，至闽君摇，佐诸侯平秦。汉高帝复以摇为越王，以奉越后。东越，闽君，皆其后也。"按此记载，则汉初高祖、惠帝时，两次封摇，待考。

② 《史记》卷一一八，《淮南衡山列传》。

③ 《汉书》卷五三，《景十三王传》。

④ 据《史记》卷一一四，《东越列传》。

伸至今浙江。

建元六年（公元前 135 年），闽越出兵进攻南越。南越守天子之约，不敢擅自发兵拒敌，于是向汉武帝告急。武帝派遣大行王恢和大司农韩安国任将军，率军分别由豫章和会稽出发进击闽越。① 闽越王郢"发兵距险"，准备抵抗汉军，但闽越内部发生了分裂。郢的弟弟馀善杀郢，汉军不战而胜，于是罢兵。武帝下诏封"不与谋"的无诸之孙繇君丑为"越繇王"，以"奉闽越先祭祀"。然而馀善杀郢后"威行于国，国民多属，窃自立为王"，越繇王实际上无法统领闽越。武帝不愿因一个馀善再兴师，于是顺势褒奖馀善诛郢之功，封其为"东越王"，与繇王共同管理闽越故地。②

这种局面维持了二十余年。元鼎五年（公元前 112 年），南越反，东越王馀善上书，请求以卒 8000 随楼船将军击南越吕嘉。军至揭阳，馀善借口海上风波停留不前，暗通南越，坐望成败，直至汉军攻破南越，馀善也没有率卒前往会师。楼船将军杨仆上书请求引兵击东越，武帝不许，令其屯兵豫章梅岭待命。元鼎六年（公元前 111 年），馀善终于反叛，刻武帝玺自立，封阻汉道。以驺力等为"吞汉将军"，连占白沙（今江西南昌东北）、武林（今江西余干东北）、梅岭（今福建武夷山市东南），杀汉三校尉。

武帝遣汉兵分四路出击东越。第一路，横海将军韩说出句章。句章故城为越王勾践所筑，在今浙江慈溪西南。第二路，楼船将军杨仆出武林。第三路，中尉王温舒出梅岭。第四路，以越侯为戈船、下濑将军，出若邪、白沙。

元封元年（公元前 110 年）冬，大军进入东越。如此大规模

---

① 据《汉书》卷六四上，《严助传》。
② 据《史记》卷一一四，《东越列传》。

的汉军入闽在福建历史上尚属首次。馀善筑六城以拒汉。① 馀善筑坚城如此，令其徇北将军守武林，一度击败楼船将军杨仆麾下数校尉，又杀长吏，却没有料到堡垒从内部攻破。

汉派被封为越衍侯并久居汉地的吴阳回来劝谕馀善，馀善不听，执意与汉为敌。横海将军率军先至，于是越衍侯吴阳举其邑700人反馀善，攻越军于汉阳。东越的大臣建成侯敖与这时的繇王居股密谋，认为馀善是首恶，逼迫他们与汉军为敌，汉兵强大，与汉为敌实是下策，不如杀掉馀善去投汉，也许可以免罪。于是，他们一起杀掉馀善，率众降横海将军韩说。繇王居股被封为东成侯，食万户。建成侯敖为开陵侯，越衍侯吴阳为北右侯，横海将军韩说为案道侯。横海校尉刘福因是宗室的缘故被封为缭嫈侯。当汉兵至，东越的将军多军弃其军而降，被封为无锡侯。

汉武帝认为东越交通不便，山隔水阻，闽越民多强悍，且反复无常，于是下诏军队把闽越之民迁徙到江淮间。这样，东瓯和闽越先后被迁徙到江淮之间，"东越地遂虚"。

闽越久居东南山地，确是悍勇异常。前闽越王郢为馀善所杀，馀善又为繇王和部下所杀，皆死于内乱，若非越人统治集团内部的内乱和倒戈，西汉要降服闽越也非易事，不知还要费多少周折。

闽越北迁江淮后，更多地参与到西汉王朝的经济、军事生活中来，并继续四散迁徙。汉武帝采纳河东守番系的建议，发卒数

---

① 何乔远的《闽书》引萧子开的《建安记》云："越王筑六城以拒汉。"据朱维幹考证，此六城：一为乌坂城（今邵武东三十里）、大潭城（建阳西南）、汉阳城（浦城北）、临江镇（浦城南），还有今浦城县城、崇安县城村古粤城。

万人"穿渠引汾溉皮氏、汾阴下，引河溉汾阴、蒲坂下"以为"渠田"。几年后，黄河改道，渠中无水，河东渠田遂废。迁徙至此的越人习于水利，于是汉政府把废渠田给越人耕种，稍减赋税，以收入归少府。越人祖居的南方水系发达，他们天然地习于水利，来到北方后，还继续发挥他们的优势，无疑对南北经济文化的交流起到了非常积极的作用。[①] 又据《汉书·匡衡传》记载，匡衡的封地，僮之乐安乡（今江苏盱眙东北），"南与闽佰为界"，[②]闽佰就是闽越人的田界。这说明东越被迁徙至江淮间后，即在这里开垦耕种，经济生活与汉人无异。

汉武帝置八校尉，其一为"越骑校尉"。《汉书》如淳注云："越人内附，以为骑也。"若此说成立，则越人又加入到西汉中央的武装力量中来。

武帝迁越人至江淮间而使"东越地遂虚"，并不意味着东越地从此基本没有人烟。被强制迁徙到江淮间的主要以东越贵族、官吏、军队等为主，这些人是东越统治集团的骨干和核心，他们被迁走后，东越对汉王朝的威胁随即解除。越人所生活的地区地形复杂，其间深山幽谷夹以急流湍溪，绝少平地，加之虫蛇猛兽甚多，汉王朝平越后仅靠军队来迁徙越人，是不可能在短时间内彻底搬迁的。因此，只能把人口相对集中的王城和一些城堡中的人迁走罢了。很多土著越人仍旧生活在他们世居的深山幽谷之中，汉王朝军队灭掉东越对他们的生活来讲也许并不构成什么影响。"东越地遂虚"，确切的意思应该是指东越作为一个实力不可小视的越人统治集团已经不复存在了，来自汉王朝东南方的威胁解除了，"虚"是实力上的空虚。

---

① 据《史记》卷二九，《河渠书》。
② 《汉书》卷八一，《匡衡传》。

据《宋书·州郡志》记载："建安太守，本闽越，秦立为闽中郡。汉武帝世，闽越反，灭之，徙其民于江、淮间，虚其也。后有遁逃山谷者颇出，立为冶县，属会稽。"①西汉之会稽郡，郡治在今苏州。东汉永建四年（129 年）始以钱塘江为界，江北为吴郡，治今苏州；江南为会稽郡，治今绍兴。

冶县于何时设置，正史没有明确记载。明代王应山《闽大记》卷二《闽记》云，汉孝昭始元二年（公元前 85 年），"闽越遗民自立冶县，属会稽南部都尉"。而王氏没有注明此说的来历，故而在找到其他证据之前，无法肯定这种说法是否正确。但可以肯定，在北迁越人而至"东越地遂虚"之后，今福建及其周边地区仍然有不少越人居住。

自东越北迁江、淮间而至"东越地遂虚"后，有关今福建地方的历史记载就基本没有了，从冶县设立，到东汉末，福建的历史几乎成为了文献记载上的空白。在这近 300 年的时间里，包括闽南在内的福建的土地上究竟发生了怎样的事情？那里的人们继续以怎样的方式生活？我们只有期待通过考古资料去了解，然而，目前能够填补这段历史空白的考古资料还相当匮乏。

第六节　东汉时期的闽南

福建再次进入人们的视野是在东汉末的建安时期。汉献帝建安元年（196 年），孙策进攻会稽，太守王朗弃郡，由海路逃往东冶，孙策亦遣大军追击而至。"时王朗奔东冶，候官（'候官'后被改写作'侯官'——编者注）长商升为朗起兵。策遣永宁

---

① 《宋书》卷三六，《州郡二》。

（今浙江永嘉县）长韩晏领南部都尉，将兵讨升，以齐为永宁长。晏为升所败，齐又代晏领都尉事。升畏齐威名，遣使乞盟。齐因告喻，为陈祸福，升遂送上印绶，出舍求降。贼帅张雅、詹强等不愿升降，反共杀升，雅称无上将军，强称会稽太守。贼盛兵少，未足以讨，齐住军息兵。雅与女婿何雄争势两乖，齐令越人因事交构，遂致疑隙，阻兵相图。齐乃进讨，一战大破雅，强党震惧，率众出降。"① 这是孙氏集团的第一次入闽。

建安五年，孙策去世，托国事于其弟孙权。候官既平，而建安、汉兴（今福建浦城）、南平又乱。建安八年，孙权遣贺齐进兵建安，立（南部）都尉府。这是孙吴集团第二次用兵闽中。时乱军洪明、洪进、苑御、吴免、华当等五人，各率万户，连屯汉兴。吴五率六千户，别屯大潭（今建阳西南），邹临率六千户，别屯盖竹（今建阳南二十五里）。② 贺齐率大军征讨汉兴，途经馀汗（今建瓯北）。贺齐以为敌众我寡，过分深入而没有策应，担心被叛军截断，故而令松阳长丁蕃留守馀汗以为策应。丁蕃不听指挥，为贺齐所斩，于是"军中震栗，无不用命"。贺齐"分兵留备，进讨明等，连大破之。临陈斩明，其免、当、进、御皆降。转击盖竹，军向大潭，将又降。凡讨治斩首六千级，名帅尽禽，复立县邑，料出兵万人，拜为平东校尉。（建安）十年，转讨上饶，分以为建平县（今建阳）"。

孙氏政权经过 10 年的东征西讨方才取得了闽江上下游的土地，但局势并未由此稳定下来，以至第三、四、五次用兵于闽。

第三次用兵的起因是，会稽东冶吕合、秦狼等起义。③ 孙权

---

① 《三国志》卷六〇，《贺齐传》，中华书局，1982。

② 同上。

③ 《三国志》卷六〇，《吕岱传》。

以吕岱为督军校尉，与将军蒋钦等出兵征讨，遂擒合、狼，于是五县平定。① 史籍没有记载平定五县的时间，根据《三国志·吴书·孙权传》的记载，建安十三年（208 年）使贺齐讨黟歙。可见吕岱与蒋钦平定五县应在建安十三年以前。

第四次用兵在嘉禾四年（235 年），这已在孙权称帝以后了。第五次则更晚，在吴主孙亮的太平二年（257 年）。②

孙氏用兵于闽中前后计五次，历时 62 年之久。孙氏政权为何对闽中如此重视并着意经营呢？原因大致有三：一则，孙权初为吴侯时，仅拥有会稽、吴郡、丹阳、豫章、庐陵五郡之地，占领闽中以开疆拓土是强大自身实力的必然选择；二则，闽中境内的崇山峻岭中生活着很多越人，他们的存在会对孙氏政权的后方随时造成威胁；三则，江南大部分地区地广人稀，劳动力非常缺乏，直接影响到孙氏政权的经济来源，占领闽中，把居住在山中的越人驱赶出山，编入户籍，无异于增加了数量可观的劳动人手。孙吴对闽中的经营使闽中正式纳入了强大政权的统治之下，开始融入江南经济发展的统一进程当中，为东晋南朝偏安江南奠定了经济和疆域的基础，更为唐宋时经济重心的南移埋下了伏笔。

① 《三国志》卷五五，《蒋钦传》。
② 参考朱维幹：《福建史稿》，福建教育出版社，1985。

第三章

魏晋至隋唐五代闽南的发展

第一节　中原人民迁入闽南的概况

一、魏晋南北朝时期移民

　　闽南地区濒临大海，九龙江和晋江贯穿其中，形成了泉州和漳州两个自然平原，拥有良好的农业生产环境。因此，闽南是南迁的汉民最先聚居的区域之一。在东汉末三国时代，中原人民便开始大量移居闽南。孙吴崛起于江东，为了扩大其势力范围，便着意向南发展，注重对闽中的经营，曾先后五次派遣军队入闽，因此也带动了大批北方汉民的南迁。孙吴军队五次入闽都有大批的将士参加，如建安八年（203 年），孙吴将军贺齐第二次入闽，"郡发属县五千兵，各使本县长将之，皆受齐节度"。[①] 战争结束之后，有的吴国将士就落籍福建，与当地人通婚，建立家庭。有些携带家眷的吴国将士也在福建定居下来，不复北向。例如，惠安县黄氏祖先黄兴，"三国时吴孙权将也，与妻曹氏弃官入闽，

---

　　① 《三国志》卷六〇，《贺齐传》。

居邑南之凤山"。① 经过东汉末及孙吴时代北方人民的南迁，闽江流域及沿海地区北方汉人的移民社会已粗具规模。

西晋惠帝时期爆发了"八王之乱"，导致匈奴、鲜卑、羯、氐、羌等少数民族入主中原，出现"五胡乱华"的局面，战乱频仍。于是，中原人民纷纷南下避乱，形成了西晋末永嘉年间（301～313 年）北方汉人入闽的一次小高潮。唐林蕴序《林氏族谱》云："汉武帝以闽数反，命迁其民于江淮，久空其地。今诸姓入闽，自永嘉始也。"乾隆《福州府志》引宋人路振《九国志》载："晋永嘉二年（308 年）中州板荡，衣冠始入闽者八族，林、陈、黄、郑、詹、邱、何、胡是也。以中原多事，畏难怀居，无复北向，故六朝间仕宦名迹，鲜有闻者。"虽然此条记录有值得商榷之处，但正如陈支平先生所言："大规模的北方汉人入闽是在永嘉年间及其以后，永嘉年间是北方汉人入闽的一个高潮。"② 20 世纪 60 年代在南安丰州狮子山遗址发现有西晋太康五年（284 年）的古墓；另外，据乾隆《泉州府志·坊庙寺观》记载，在府治南有西晋太康中（280～289 年）建造的白云庙，南安丰州九日山下有太康年间创建的延福寺；又据相关族谱记载："西晋时五胡入侵，北方又一次大举南迁。河南陈留一带蔡氏随众流入福建。时蔡大业之子蔡纪恭逃居福建龙溪。"③ 这都证实了伴随着大批北方汉人南迁福建，在当时亦有不少人来到闽南地区定居下来。

东晋时期，南北分立，中原人民更是大批地移居闽南。如"泉州秦汉土地与长乐同。东晋南渡，衣冠士族多萃其地，以求

---

① 嘉庆《惠安县志》卷三〇，《寓贤·黄兴》。

② 陈支平：《福建六大民系》，第 19 页，福建人民出版社，2000。

③ 同上书，第 95 页。

安堵，因立晋安郡"。① 晋江，"在县南一里，以晋之衣冠避地者
多沿江以居，故名"。② 1973 年在南安丰州发掘一座东晋宁康三
年（375 年）的墓葬，出土一颗"部曲将印"和有"陈文绛"字
样的长砖等物件。部曲是北方豪强的私人武装，可见此时北方士
族南迁时把众多的部曲也一起迁到了晋江流域，这无疑加速了对
该地区的开发。另外，唐欧阳詹为晋江县郑季实撰写墓志铭时
云："公讳晚，字季实，其先宅荥阳。永嘉之迁，远祖自江上更
徙于闽，今为清源晋江人。"③ 泉州《杨氏族谱》称"其先弘农
人，永嘉过江，迁于闽越。祖某漳州长史，父某泉州南安县丞"。
《梁氏族谱》称其祖先于"晋室乱离，梁芳以族随晋渡江，大衍
于钱塘、合浦间，孙遐仕安帝，桓玄篡，逃闽。……因家南
安"。④ 可见，晋江流域是当时北方汉人南迁的首选地之一。晋
江下游的南安县也是福建最早设县的地方之一。三国吴永安三年
（260 年）即在此置东安县，隋时始改名南安县。另外，也有不
少汉人在此时迁居九龙江下游的漳州地区。据陈寿祺《重纂福建
通志》载："王彦昌，其先琅琊人，自东晋肃侯彬迁于闽，居龙
溪，后析龙溪置漳浦，遂为漳浦人。"⑤

　　东晋末年元兴年间（402～404 年），不堪重负的农民在孙恩
领导下乘机由上虞登陆，号召起义，三吴八郡（吴、会稽、吴
兴、义兴、新安、东阳、临海、永嘉）同时响应。起义队伍很快
便扩大到了数万人，他们转战东南地区，坚持战斗了四年。东晋

---

① 乐史：《太平寰宇记》卷一〇二，《江南东道十四·泉州》。

② 王象之：《舆地纪胜》卷一三〇，《福建路·泉州·景物》。

③ 陈国仕辑录：《丰州集稿》卷一四，《有唐君子郑公墓志铭》。

④ 转引自陈支平：《福建六大民系》，第 93 页，福建人民出版社，
2000。

⑤ 道光《重纂福建通志》卷一七〇，《唐人物·列传》。

政府依靠以刘裕为首的北府兵才得以转败为胜，孙恩在临海的一次战斗中牺牲。余众二千余人公推孙恩的妹夫卢循为主，继续转战闽浙沿海。元兴二年（403年），卢循从临海至东阳，又由永嘉入晋安，与刘裕的军队相持达三年之久。义熙七年（411年）三月，卢循攻番禺不下，转至交州，四月，兵败自杀。卢循败亡之后，其余部便散居在福建沿海。据《太平寰宇记》记载："泉郎即此州之夷户，亦曰游艇子，即卢循之余。晋末卢循寇暴，为刘裕所灭。遗种逃叛，散居山海，至今种类尚繁。"① 可见，卢循起义军入闽之后，有大批的汉人在福建定居，而在闽南的泉州定居者尤为众多。

　　南朝包括宋、齐、梁、陈四个短命的朝代，自刘裕代晋（420年）至隋灭陈后主（589年），首尾共170年。这一时期，不断有中原人民移居闽南，而梁末"侯景之乱"时的那次南迁当为其中规模最大者。"侯景之乱"爆发于梁武帝太清二年（548年），叛军在江东一带烧杀抢掠，使江南社会遭到空前浩劫，"千里绝烟，人迹罕见，白骨成聚，如丘陇焉"。② 而当时的福建在江东人眼里俨然成了世外桃源，加之地理位置较近，故逃难之人纷纷迁居福建地区。据《陈书·世祖纪》载，陈世祖于天嘉六年（565年）三月乙未诏："侯景以来，遭乱移在建安、晋安、义安（即唐以后的潮州）郡者，并许还本土，其被掠为奴婢者，释为良民。"由此可见，当时遭"侯景之乱"迁居福建的汉人数量不在少数。经过孙吴及两晋移民的努力开发，闽南的社会经济获得了较快的发展，因而此时迁居闽南的汉人数量也不会很少。在近年的考古发掘中，屡屡发现南安及晋江流域的南朝墓葬，如20

---

① 　乐史：《太平寰宇记》卷一〇二，《江南东道十四·泉州·风俗》。
② 　《南史》卷八〇，《侯景传》。

世纪 60 年代发现的南安丰州狮子山遗址，已发掘的两晋、南朝的墓地共有 17 处，其中南朝墓地就有 12 处。

二、隋唐时期移民

隋唐时期，迁入闽南地区的北方汉民数量不断增多。隋初，就有不少失意的北方贵族迁入闽中。如陈后主的三个儿子及其宗族就流落到泉州一带。据《永春县志》记载："镜台翁，相传为陈后主叔宝之子，隋既平陈，镜台挈两弟及宗族引兵南奔，据（永春）桃林场之肥湖，一名毗湖，今称蓬壶。后隋帝有旨令释兵为民，仍令有司四时祭其祖，遂居肥湖之瑞峰。南安曾井曾氏以长女妻镜台，而以次女、三女妻其两弟。镜台生三子，曰鸣、曰珙，分处德化、仙游；曰缘，居肥湖。"而镜台之弟陈易任，为民后隐居永春陈岩之峭峰。死后"屡著灵异"，被当地人奉为神明。另一个弟弟陈易简"入闽为民后，居慕仁里之溪西"。[①]这些后裔都成为永春的大姓。

唐代前期，为了加强对南方蛮獠的控制，中央政府在总章二年（669 年）派遣陈政、陈元光父子率领数千府兵进驻漳江与九龙江流域，驻扎在泉、潮二州之间的故绥安县地方（今云霄一带），与蛮獠展开长期的争战。仪凤二年（677 年），陈政在军中病故，其子陈元光继续领兵作战。同年，元光率军收复被土蛮攻陷的潮阳。永隆二年（681 年），元光潜师入潮州突袭蛮獠营垒，"俘获万计，岭表率平，还军于漳"。泉、潮间的"啸乱"总算平定。[②]

---

① 民国《永春县志》卷二七，《流寓传》。

② 何乔远：《闽书》卷四一，《君长志》，第 1012 页，福建人民出版社，1994。

　　陈氏父子奉命率军入闽，不仅具有平定"啸乱"的目的，更具有移民闽南的性质，对闽南地区的开发发挥了巨大的作用。军中将士来到闽南，大都决心不复北向。如陈氏兄弟奉年迈的老母入闽，就是这种移民闽南决心的体现，其部属大都携带家眷一道南下。唐高宗在陈政出征之时就颁诏书令他到绥安之后，"相视山原，开屯建堡。靖寇患于炎荒，奠皇恩于绝域"。① 这次移民性质的进军，据说仅陈政亲率的首批 3600 名府兵将士，便有四十五姓。根据史料记载，这支军队中仅校尉以上的将领，就有三十余姓，其中包括"婿卢伯道、戴君胄，医士李始，前锋将许天正，分营将马仁、李伯瑶、欧哲、张伯纪、沈世纪等五人，军谋祭酒等官黄世纪、林孔著、郑时中、魏有人、朱禀英等五人，府兵校尉卢如金、刘举、涂本顺、欧真、沈天学、张光达、廖公远、汤智、郑平仲、涂光彦、吴贵、林章、李牛、周广德、戴仁、柳彦深等一十六人"。② 其后，陈政的两位兄长陈敏、陈敷奉其母魏氏率府兵 3000 入援闽中，亦有不少汉民随众前来。根据近人的统计，先后两批府兵共约 7000 余人，可考姓氏计有60 余种。这些府兵将士及从北方随军移民而来的汉民，在九龙江流域繁衍生息，形成了唐代开发九龙江流域的主要力量。据史料记载，今漳州各属及台湾、东南亚各地的陈、许、李、沈、方、吴、汤、柳、张等姓居民，许多都是当年陈元光部属的后裔。③

　　陈氏父子率军入闽，是北方汉民迁入闽南的一个高潮期。但并不能说在唐代的其他时期就没有北方汉人迁入闽南。事实上，

---

①　光绪《漳浦县志》卷一七，《艺文志上》，《诏陈政镇故绥安县地》。
②　光绪《漳浦县志》卷一九，《杂志·丛谈》。
③　民国《云霄县志》卷六，《氏族》。

从唐初直到唐代后期，北方汉人的南迁可以说是不间断的，只是数量和规模上不及陈氏父子率府兵入闽那样而已。闽南一些其他著名的姓氏，也大都是在唐代迁居闽南的。如现居住在泉州、厦门一带的陈姓家族，也大都是在唐代前期迁入的。现在闽南的陈姓，主要源于两大支派：一为陈元光；一为陈邕，称为太傅派，据载其祖籍"原居京兆府万年县，始祖陈忠在唐为高官，赠鄂国公，子陈邕，为中宗进士，任官太子太傅，与李林甫不合，被贬到闽地。最初居住在兴化枫亭井上，后来迁到漳州南驿路南厢山"，子孙繁多而遍布闽南、台湾及东南亚各地。施姓，"唐之中叶，始由河南光州迁徙入闽，有秘书郎承公者，宅居于泉州钱江乡……嗣是而子姓蕃衍，支分派别"。黄姓，唐初有黄岸、黄崖兄弟，分传两支，黄岸居莆田，黄崖迁泉州。崖子黄守恭于唐垂拱二年（686 年）放弃自宅捐建泉州名刹开元寺，寺成，据传常常见紫云盖顶的灵异，后代便以"紫云"作为该族的堂号。守恭生子四，长黄经分居南安，次黄纶分居惠安，三黄纲分居安溪，四黄纪分居同安，传至现在，黄姓与陈、林两姓并称闽南的巨族。再如张姓，除了唐初随陈元光入闽的将领张伯纪外，泉州的鉴湖张氏，在唐代后期已经成为这一带的大族了。据司马光《资治通鉴》等书的记载，唐末王潮率部入闽时，泉州鉴湖张氏张延鲁曾带领地方耆老前往迎接，"泉人张延鲁等以刺史廖彦若贪暴，帅耆老奉牛酒遮道，请潮留为州将，潮乃引兵围泉州"。如今泉州一带的张姓，大多为张延鲁的后裔。其他如泉州的李姓、吴姓、章姓、曾姓、傅姓、唐姓、庄姓、吕姓、欧姓、潘姓、董姓等，据族谱的记载，也都是在唐代时陆续迁入晋江流域的。①

---

① 陈支平：《闽南人——福建汉族民系研究之二》，《广西民族学院学报》（哲学社会科学版）1998 年第 3 期。

三、唐末五代移民

唐朝末年，军阀各据一方，中原地区战乱更加频繁，人民不断逃亡，北方人民被迫大量南迁，所以唐末五代也是北方汉民入迁泉州、漳州平原的一个关键时期。如许姓，"始祖许受仕唐，随王潮入闽，镇漳州之诏安，改而入泉，乔居晋江十七八都间石龟，后枝派分栖"，被称为"石龟许氏"。曾姓，"唐僖宗光启间，王潮由光州固始入闽，占原士民避难者皆徙以从，曾姓亦随迁于漳、泉、福、兴之间"。周姓、苏姓，"世居光州固始，唐末有苏益者，避黄巢之乱……随王潮入闽。……自是苏姓分布漳、泉"。蔡姓，"本周姬姓之后……唐时移迁河南光州固始县……唐末避黄巢之乱，迁于福建闽南"。廖姓，"唐昭宗时，官国子祭酒，朱全中篡唐，避乱入泉，隐于小溪场（安溪），后嗣蕃衍，居闽南者甚众"。高姓，"唐僖宗中和元年其入闽始祖钢，避黄巢之乱，挈眷由淮南西路光州固始入闽，占籍于福州怀安县风冈……其后遂迁安平，子孙蕃衍，瓜分散处，或居晋江永乐，或迁南安埕边，或赘同安高浦"。孙姓"先世居河南光州固始，唐末五季之乱，南迁入闽，居泉州东门，后迁银邑（同安）之嘉禾"。曹姓，"唐末避黄巢之乱，辗转入闽，定居漳州，其裔遍闽南"。经过唐、五代时期北方汉民的不断入迁泉州、漳州，闽南人的这一民系的基本格局已经形成，特别是泉州地区，除了惠安县的建县较迟之外（惠安县于北宋太平兴国四年，即 981 年建县），其余各县如南安、永春、德化、同安、安溪、晋江，均在宋以前皆已设立了行政县制。行政县制的设立，是与当地户口增长紧密相关的，由此可见在唐、五代之时，泉州各属已经遍布了汉民的聚居点。①

总之，地处闽南沿海一带的泉州、漳州由于优越的自然地理环境，自孙吴及魏晋时期以来，一直是中原人民南迁的首选地之一。中原人民向闽南移民，开始于东汉及孙吴时代，在两晋与南朝时期，因为"永嘉之乱"、"卢循入闽"及"侯景之乱"而达到三次小高潮；在唐代，陈元光率 3000 府兵进驻漳江流域，带来了大量的北方移民，为漳州地区的开发做出了巨大的贡献；唐末五代，黄巢之乱和王潮、王审知兄弟率乡兵入闽，带来了北方汉民移居闽南的又一次高潮。北方移民为闽南带来了先进的中原文化，加强了闽南与中原地区的政治、经济、文化交流，大大加速了闽南地区的开发进程。可以说，一部福建移民史就是一部福建发展史。

第二节　闽南社会经济的进步

一、农业的发展

闽北是福建开发最早的地域，早在汉朝时期，就是福建地区的经济中心。[①] 而闽南在当时仍处于地广人稀、生产技术比较原始的阶段。魏晋至隋唐五代的 700 多年间，闽南的农业生产进入了一个缓慢发展的阶段，早期的零星开发逐渐为沿江沿海的大规模开发所取代。

福建沿海平原面积总计有 1865.1 平方公里，漳州和泉州分别占有 566.9 平方公里和 345.1 平方公里，这些沿海平原在唐以前大部分还没有围垦。唐初，福建"户籍衰少，耒锄所至，甫迩城邑，穷林巨涧，茂木深翳，小离人迹，皆虎豹猿猱之墟"。安

---

① 梁克家：《三山志》卷三三，《寺观类·僧寺》。

史之乱后，北方藩镇割据，战乱频仍，闽南一隅于是成为中原人民避乱的乐土，因而人口迅速增长，部分地区甚至出现地狭人稠的状况。为了增加耕地面积，闽南沿海各县开始了大规模的围垦，即与海争地。尤其在晋江、洛阳江的入海口两岸，由于上游水土流失，大量泥沙夹流而下，在泉州两侧即晋江北部、惠安县东南部沿海一带形成大片泥滩地，这里是闽南人围海造田的主要地带。闽南人称沿海围垦之地为埭。惠安有 30 埭，漳浦有 40 埭，海澄有 73 埭，晋江有 120 埭，其中烟霞埭最大，在泉州市东南二十余里，上承 99 溪之水，广袤五六十里，襟带南乡 36 埭。① 其中较著名的尚有天水淮（埭）、陈埭等。天水淮（埭）在晋江县东南。唐大和三年（829 年），泉州刺史赵棨在泉州通淮门外濒海围垦大片埭田，并逐渐形成了大围、下围、后围等村落。这些埭田只要几天不下雨，便成咸卤，影响农作物的收成。赵棨便组织乡民开凿沟渠 36 条，引晋江水入滩，使这 180 顷农田不再遭受旱灾和碱害，大大提高了农作物的产量。陈埭在泉州城南三十余里，五代末，陈洪进率领陈姓族人家丁，筑堤围海造田，东至西霞美村，西连旧乌边巷，南接湖中，北距大海，用泥沙杂石筑成一条蜿蜒一二十里的镇海长堤，堤间附有七个闸门，称为"七星坠埭"，堤内开垦滩地，《泉州府志》称："其埭最大，合南浦诸水为陡门，通归大海，南洋田多仰焉。"因陈氏首居于此，遂称其为陈埭。自此以后，晋江下游，筑埭垦殖，日益增多，如今之苏埭、洋埭、吾埭、下埭等处，以前皆是海滩。随着围垦地不断扩大，周围村庄也日益增加，并以此命名，如江头、溪边、溜边、海尾、双沟、沟头、泽沟、下沟等地名，均与围垦

---

① 参考朱维幹：《福建史稿》，上册，第 99 页，福建教育出版社，1984。

有关。①

闽南内地,十之八九为山岭地区,平原极少。安溪、永春、德化等地的人民则通过开辟梯田来增加耕地面积。例如,在安溪、永春、德化等地,平原极少,多为山地。这些山县,自唐代开始大量开辟梯田,他们利用溪涧陡坡筑堤截流、凿渠灌溉,其中以安溪县最为著名。五代时有诗歌唱道:"晋江两岸趁春风,耕破云山千万重。"安溪在唐时尚为小溪场,到了五代便成为"地沃人稠、溪通舟楫"的县份了。

闽南的农业经营主要是种植水稻,人民生活以米食为主,闽南虽然属于亚热带气候,雨量充沛,但旱灾仍时有发生,为了确保农作物的产量,搞好灌溉工程极为重要。魏晋南北朝时期,闽南地多人少,生产技术落后,经济水平低下,没有条件兴修水利。到了唐代,随着人口的增加、生产的发展,闽南从唐代开始注重兴修水利,筑塘筑陂,"盖唐时为令者犹得以用一方之财,兴期月之役。……故常以百里之官而创千年之利"。② 在晋江县东关外有东湖,泉州诸湖,此为最大,唐时湖面可达 40 顷,是晋江地区重要的水利工程。席相常在东湖湖滨设宴招待士人,传为佳话。晋江县东一里有尚书塘,溉田三百余顷,本名常稔塘。贞元五年,刺史赵昌置。昌后为尚书,民思之,因以名塘。其塘上接清源山诸坑及东湖之水,下达于晋江。府北一里又有仆射塘,唐元和二年,刺史马总开浚灌田数百顷,总后赠仆射也,俗号白土塘。③ 唐朝末年,刘日新追赶黄巢军至今同安县,驻军宝

---

① 〔荷〕费梅儿、〔中〕林仁川:《泉州农业经济史》,第 35 页,厦门大学出版社,1998。

② 顾炎武:《日知录》卷一二,《水利》。

③ 顾祖禹:《读史方舆纪要》卷九九,《福建五·泉州府》。

胜山下，又令士卒兴修水利，于同安建石陂，溉田 1500 顷。五代时又在泉州南关外修五里陂，自二十七都至三十五都，永靖、和风、永福、永禄、沙塘、聚仁六里，内积山之源流，外隔海之潮汐，纳清泻卤，环数千里内，无田不资灌溉，[①] 是晋江县最大的水利工程。有了上述的湖、塘、陂，闽南地区的灌溉问题，大部分得到了解决。水利工程的兴建，大大促进了隋唐五代闽南水稻生产的发展。

埭田的围垦、山区的开发、水利的兴修，带来了闽南农业的巨大发展。闽南从唐代便开始种植双季稻，武后时漳州司马丁儒《归闲诗二十韵》有云："杂卉三冬绿，嘉禾两度新。"[②] 五代时泉州附郭堤上堤下"种稻三千顷，插柳百余株"。麦作在闽南也逐渐兴起，相传同安在唐宣宗时就有改麦地为稻田的故事。漳州也开始普遍种植小麦，丁儒在《冬日到泉郡决九龙江与诸公唱和诗》中云："麦陇披蓝远，榕庄拔翠雄。"[③] 除稻麦之外，此时闽南也普遍种植桑麻，五代后周时期，安溪"土之宜者，桑麻谷粟"。花果等经济作物的种植以漳州最为著名，丁儒《归闲诗二十韵》记述了漳州的荔枝、芭蕉、龙眼、柑、蔗、木棉、茉莉等的种植情况。

二、手工业的进步

福建是一个依山傍海的省份，发展手工业对开发经济具有极其重要的意义。对自然资源的开发是古代经济开发的重要内容，

---

① 〔荷〕费梅儿、〔中〕林仁川：《泉州农业经济史》，第 67 页，厦门大学出版社，1998.

② 光绪《漳州府志》卷四一，《艺文之一》。

③ 同上。

福建自然资源十分丰富，既有山区资源，又有海洋资源，同时境内山多田少，素有"八山一水一分田"之称，这两大特点决定了福建经济开发的多样化。农业是国民经济的基础，只有开发土地资源，发展好农业，才能为社会提供大量粮食，养活足够多的人口，维持社会的生产和再生产，但对福建来说，仅发展农业还不够，山区有矿物资源、森林资源、竹木资源，沿海有海洋资源，只有通过发展矿冶、制瓷、造纸、制茶、造船、渔盐等手工行业，才能开发和利用这些资源。总之，只有在重视农业的同时，也大力发展手工业，才能真正、全面地开发福建的自然资源，促进社会经济的进步。① 闽南作为福建的重要一部分，与上述情况基本一致，故闽南很早便依靠山区丰富的自然资源发展起矿冶、制瓷、制茶等行业；凭借海岸线长、良港多和取之不尽的海水资源，发展起渔盐业和造船业。

（一）矿冶业

福建矿冶业，可能始于无诸时代。秦汉时期，铜器、铁器已在福建大量出现。魏晋南北朝时期，史籍不载福建矿冶业，但这一时期大量墓葬的出土文物中，铁剪刀、铜镜、各类金属配饰件很常见，推测福建在六朝时应有冶铸业。② 闽南矿冶业的明确记载始见于唐代，据《新唐书·地理志》记载，当时南安产铁。与矿冶业密切相关的铸钱业，也首次出现于唐会昌年间（841～846年），③ 表明唐后期福建金银开采和冶炼专业化水平均有提高。闽南的矿冶业在五代时期有较快的发展，闽王王审知十分重视对

① 参见曾玲：《福建手工业发展史》"概论"，厦门大学出版社，1995。

② 参见曾玲：《福建手工业发展史》，第35页，厦门大学出版社，1995。

③ 道光《重纂福建通志》卷五三，《钱法志》。

矿产的开发。如在唐时有银、铁的小溪场，在后周显德二年（955 年）被升置为县，[①] 其置县的理由之一便是安溪"冶有银、铁"。1977 年在安溪发现的冶铁遗址有 14 处，在湖头、尚卿、长坑、祥华、剑斗、福前、感德等地都有古代冶铁遗址。直到现在，安溪仍然是福建的主要产铁区。在尚卿乡银场村还发现五代冶银的遗址。这些考古发现，证实了五代时安溪冶炼业的发达。当时，除安溪外，晋江、南安、惠安、德化等县也产铁。继王氏政权之后割据福建的留从效也十分注重发展冶铁业。据乾隆《晋江县志·寺观》的记载，泉州城西龙头山的铁炉庙，就是留从效的冶铁遗址。1974 年，在泉州南俊巷发现了五代时期的铸钱遗址，出土了"永隆通宝"钱范。"永隆"是闽国王延曦的年号（939～942 年）。这表明泉州在五代时还是闽国的铸币场。泉州的冶铸品，不仅供应国内市场的需求，还输至国外，"陶瓷铜铁，远贩于番国，取金贝而返，民甚称便"，成为五代时期重要的外贸商品。[②]

（二）造船业

福建的造船业历史悠久，从三国至唐末五代，统治者都极其重视福建的海外贸易，造船业也由此得到发展。孙吴政权在闽中设立典船校尉和温麻船屯，说明当时福建的造船技术已相当先进。西晋以后，官府造船机构虽然取消了，但民间造船仍在不断向前发展。南朝梁太清二年（548 年），印度僧人拘那罗陀由南海来到建康，后又来到南安丰州九日山翻译《金刚经》。后来他由泉州乘船要到棱伽修国（今马来半岛），中途遇风被迫停在越

---

① 道光《重纂福建通志》卷二，《沿革·安溪县》。

② 参考《泉州港与古代海外交通》编写组：《泉州海外交通》，第 22 页，文物出版社，1982。

南，天嘉六年（565 年）他又乘船到泉州，改乘大船回国。① 这说明在 6 世纪时泉州的造船技术水平已相当高了。到了唐代，泉州已是福建的两个造船中心之一。唐咸通年间（860～873 年），唐与安南发生战争，政府造千斛大舟，自福建运米泛海，不用一个月便至广州，这种大船至少有一部分是泉州建造的。唐时各国来我国的商船越来越多，但远海航行以中国船最为著名，我国唐代海船以船身大、载货量多、结构坚固、设备完善、抗风力强而著称于世，公元 9 世纪后，来往于中国和印度洋以西的大多是中国船。

五代时，王审知自海道入贡中原，并且积极从事海上贸易，进一步促进了造船业的发展。当时泉州的海舶北上可达辽东与新罗，南下可到三佛齐与天竺，如果不造出比以前更大更好的海船是不可能办到的。

（三）制瓷业

制瓷业的进步是闽南手工业日益发达的最显著表现。魏晋南北朝时期，闽南的青瓷生产已相当成熟。青瓷器不仅成了当时的实用生活器皿，而且也被作为墓葬中的主要随葬品。在古泉州地区发现的两晋至南朝的墓葬中，出土了大量造型美观、釉色晶莹的青瓷器。如东晋咸康元年（335 年）墓出土的青蛙水注；南安丰州东晋宁康三年（375 年）墓出土的天鸡壶；南朝元嘉五年（428 年）墓葬出土的青瓷器等。② 瓷器的品种多样，无论釉色、造型都极其精美，制作技术相对以前有很明显的

---

① 参考《泉州港与古代海外交通》编写组：《泉州港与古代海外交通》，第 22 页，文物出版社，1982。

② 福建省文管会：《福建南安丰州东晋、南朝、唐墓清理简报》，《考古通讯》1958 年第 6 期。

提高。闽南境内发现最早的瓷窑窑址是晋江磁灶的南朝溪口窑。晋江磁灶位于今泉州市西南郊、晋江市中部，窑址采集到的标本有盘、盘口壶、钵、罐、瓮、灯盏、灯座等产品，以及生产工具如陶垫拍、陶球、托座、垫饼等，[①] 出土的青瓷器残片与南朝墓出土的瓷器相似。这说明当时泉州已有规模较大的瓷器制作工场。根据文献记载，早在西晋武帝泰始元年（265 年），晋江磁灶就有"江南人来业于陶。至南朝、隋唐之后，施加工艺。釉彩青绿青瓷各色"，[②] 可见晋江磁灶的制瓷业受到外来技术的巨大影响。

隋唐时期，闽南制瓷业在制作技术和生产规模上继南朝之后又有所发展。根据调查，闽南地区可确认为唐代的瓷窑窑址主要分布在晋江、南安、永春、同安等地，所烧制的产品均为青瓷。[③] 可见此时，青瓷器仍是闽南瓷器生产的主流。当时越窑的产品，釉色青翠可爱，是我国南方青瓷的代表作。随着瓷器质量的提高和需求的增加，越窑瓷场迅速扩展，形成一个窑场众多、分布地区很广、产品风格一致的庞大的瓷业系统。[④] 闽南瓷器制作深受越窑影响，产品愈加精美，种类也愈加丰富，泉州地区唐墓出土的青瓷器便是极好的例证。1973 年，在晋江磁灶附近的童子山、狗仔山、后壁山、虎仔山等地，发现了数处唐代窑址，可见唐代泉州制瓷业已经相当发达。

---

①　陈鹏、黄天柱、黄宝玲：《福建晋江磁灶古窑址》，《考古》1985 年第 2 期。

②　转引自林仁川：《福建对外贸易与海关史》，第 7 页，鹭江出版社，1991。

③　曾玲：《福建手工业发展史》，第 41 页，厦门大学出版社，1995。

④　中国硅酸盐学会主编：《中国陶瓷史》第四章、第五章，文物出版社，1982。

五代时，福建的陶瓷制作水平较唐代又有提高。除青瓷外，还有白瓷、影青瓷和其他色釉，品种多样、造型美观。当时，泉州的瓷器不仅供应国内市场的需求，还用作外销，是五代时期闽国重要的外贸商品。

（四）纺织业

唐代福建的绢、绝布、蕉布已列为贡品，但质量不是很高，绢与绝均列全国第八等，产量也不高，但当时的泉州已是全国绢和绝的主要产地之一。与丝织业相关的养蚕和植桑，在泉州也有一定规模。唐初，仅泉州一个叫黄守恭的地主就有桑园七里。据《新唐书·地理志》记载，当时泉州有"土贡：绵、丝、蕉、葛"的定例。杜佑《通典》也记有"清源郡贡绵二百两"。这些都说明了唐代闽南纺织业的进步。

五代时，福建纺织业有明显的发展。首先是质量的提高和品种的增多。闽国向中原王朝进贡的物品中，有不少高级的纺织品如锦、绮罗等，这是唐时所不曾有过的。王延钧称帝后，设有"百工院"，曾命锦工制作"九龙帐"，这都说明了五代时期闽国纺织业技术的提高。其次是产量的增加。公元911年，王审知向后梁进贡葛布3.5万匹；① 公元929年，王延钧向后唐进贡锦、绮罗3000匹；② 公元941年，王延曦向后晋进贡葛布8000多匹。③ 这些贡品数量之大，远非唐代土贡所能比。泉州的蚕桑业在五代时也有明显的发展，如边远山区的安溪县就以农耕和养蚕并行。蚕桑已成为当时农村重要的农业经济之一，此时的泉州所

---

① 《旧五代史》卷六，《梁太祖本纪六》。

② 《十国春秋》卷九一《闽二·惠宗本纪》；卷九二《闽三·景宗本纪》，中华书局，1983。

③ 《十国春秋》卷九二《闽三·景宗本纪》，中华书局，1983。

产的绢已经远销国内外。

（五）制茶业和制盐业

福建是我国重要的茶叶产区之一，早在唐代长庆年间（821～824 年）已是全国重要的产茶区。唐代福建的茶叶产区主要是福州和建州两地。到了五代时期，泉州的安溪也成为福建的重要产茶地。

据史料记载，福建在唐代时期有六县出盐：闽县、长乐、连江、长溪、晋江、南安。唐朝后期，盐铁使刘晏因国家"税赋不足供费"，大力整顿盐法，重新设置了十监四场，候官被列为全国十监之一，这也是官府在福建设置官吏管理盐业的开始。宝历时（825～827 年）福建盐铁院官卢昂竟"坐赃三十万"，可见当时闽盐的生产规模已经不小。五代时闽盐的生产主要供本国食用，也是闽国政府的一项重要财政税源。

三、海外贸易及城乡商品经济的兴起

魏晋南北朝时期，福建战祸较少，社会相对安定。随着农业、手工业的发展，闽南的商业也逐渐兴起。

当时我国与南海十余国，甚至出现了"舟舶继路，商使交属"① 的盛况。公元 589 年，隋王朝灭陈，统一全国，结束了南北分裂的局面。隋朝虽极短暂，但政府对航海事业相当重视，海上交通在此时有了新的发展。当时国内各大港口之间有固定的航线，祖国大陆与台湾之间的交通往来也连续不断。据《隋书·流求国传》、《隋书·陈稜传》的记载，大业元年（605 年），有海师何蛮上奏，每逢春秋二季，天清风静时，向东方望去，依稀似有烟雾之气，也不知有几千里。大业三年（607 年），炀帝派羽

---

① 《宋书》卷九七，《夷蛮传》。

骑尉朱宽入海求访异俗，何蛮一同前往，到了流求，因言语不通，掠一人而返。炀帝雄心不已，次年，再派朱宽前往招抚，流求仍不服从，朱宽取其布甲而还。炀帝见招抚不成，决定以武力讨伐。大业六年（610年），炀帝派武贲郎将陈稜、朝请大夫张镇州，领兵万余人击流求。流求人初见船舰，以为是商旅到来，纷纷至军中贸易。这说明当时大陆与流求之间已有商业往来。在东亚，与朝鲜、日本的交往日趋频繁；在东南亚，与今日的越南、缅甸、柬埔寨等国联系也更加密切。这些都为闽南的对外贸易及泉州港的兴起奠定了基础。

唐代，商品生产日益发展，商业渐趋繁荣，国际贸易也有很大的发展。当时，我国对外交通有陆、海两线：陆路，从我国西北，越过葱岭到达中亚和小亚细亚等地；海路，由沿海诸港，东北至朝鲜，东至日本，南达南海诸国。由于陆路交通线上曾多次发生战争（如唐与东、西突厥的战争，阿拉伯与波斯的战争等），往往使交通堵塞。而且陆路运输主要靠骆驼，运量少、运费高。海上运输则没有这些弊病，所以海运事业得到迅速的发展。① 闽南负山临海，进入隋唐以后，海外贸易日益发展。到公元9世纪中叶，泉州已发展为唐代四大贸易港之一。当时，阿拉伯地理学家伊本考尔大贝著有《道程及郡国志》一书，书中所介绍的唐代四大贸易港分别是：交州（今河内）、广府（广州）、泉府（泉州）、江都（扬州）。② 当时兴起的阿拉伯帝国很重视与我国的贸易，因而南海交通异常活跃。来往我国与印度洋以西等国家的船

---

① 参考《泉州港与古代海外交通》编写组：《泉州港与古代海外交通》，第13页，文物出版社，1982。

② 转自唐文基：《福建古代经济史》，第184页，福建教育出版社，1995。

舶，由我国出发经越南东海岸，至新加坡过马六甲海峡，再经尼科巴群岛至今斯里兰卡，然后沿印度半岛的西海岸，经卡拉奇过霍莫兹海峡，进入波斯湾东岸，至幼发拉底河口的阿巴丹和巴士拉，然后到巴格达；或由卡拉奇沿波斯湾西出霍莫兹海峡，经阿曼的佐法尔和也门的希赫尔，到亚丁附近。这条远洋航线，沟通了亚非两洲，往返的中外船舶数以千计，出现了规模巨大的船队。

早在 7 世纪初，阿拉伯便正式派遣使节来中国，随后来者日多。武后天授年间（690～692 年），阿拉伯人住在广州、泉州、扬州诸港的数以万计。公元 8 世纪，阿拉伯帝国的阿拔斯王朝（750～1258 年）与我国的通商贸易更为频繁。我国对外贸易主要出口的货物是瓷器、丝绸等手工业品，进口货物有象牙、犀角、明珠、乳香、玳瑁、樟脑等。这些舶来品很多是通过阿拉伯商人从东非等地贩来的。阿拉伯人和波斯人来中国的愈来愈多，他们有不少人就侨居在泉州。中唐以后，侨居泉州的外国人更多，出现了"船到城添外国人"的景况。除阿拉伯人和波斯人之外，还有一些东南亚国家的商人也来到我国。当时的海上贸易，有的是通过使节往来的形式进行的。唐天祐元年（904 年），三佛齐曾派使节蒲阿粟来福建进行商业活动。这时，泉州港商贾云集，出现了"市井十洲人"的繁荣景象。他们从外国带来了香料和珠宝诸物，而贩回我国出产的丝织品和瓷器等。[①] 在外国商人来华贸易的同时，我国商人到东南亚及阿拉伯去的也不少。据爪哇之记载，唐同光元年（924 年），有中国大沙船一艘，在爪哇之三宝垄附近沉没，船客顺风漂流至岸，管舱者献宝物于直葛

---

① 参考《泉州港与古代海外交通》编写组：《泉州港与古代海外交通》，第 14、17 页，文物出版社，1982。

王，得王之允许，招集余众，定居其地。公元 10 世纪时，阿拉伯人麻素提曾游历非洲、锡兰、印度、南洋群岛及中国各地，著有《黄金牧地》一书，谓于 943 年经苏门答腊岛，"有多数中国人耕植于此岛"。①

为了促进海外贸易的发展，唐文宗于太和八年（834 年）下令保护岭南、广东、福建、扬州番客，称："南海番舶，本以慕化而来，固在接以仁惠，使其感悦。如闻比年长吏，多务征求，嗟怨之声，达于殊俗，况朕方宝勤俭，岂爱遐琛。深虑远人未安，税率犹重，思有矜恤以示绥怀。其岭南、福建及扬州番客，宜委节度观察，使常加存问，除舶脚、收市、进奉外，任其来往通流，自为交易，不得重加率税。"② 为此，唐王朝专门在泉州设立了"参军事四人，掌出使导赞"，③ 即专门负责接待和管理外国使节和商人。

五代时期，闽国东临大海，积极"招徕海上蛮夷商贾"，发展海外贸易，促使泉州海外贸易继唐朝之后又有发展。王审知任命其侄儿王延彬担任泉州刺史，"凡三十年，仍岁丰稔，每发蛮舶，无失坠者，人因谓之招宝侍郎"。④ 公元 945 年，闽国为南唐所灭。清源军节度使留从效据守泉州，"陶瓷、铜铁远泛于番国，取金贝而还，民甚称便"。⑤ 陈洪进统治泉州时期，仍继续发展海外贸易。宋太祖开宝九年（976 年），陈洪进遣其子漳州刺史陈文显上贡宋王朝瓶香万斤、象牙 2000 斤、白龙脑 5 斤等

---

① 中国海外交通史研究会、福建省泉州海外交通史博物馆合编：《泉州海外交通史料汇编》，第 11 页，1983。

② 《全唐文》卷七五，《太和八年疾愈德音》。

③ 陈懋仁：《泉南杂志》，第 13 页，中华书局，1985。

④ 《十国春秋》卷九四，《王延彬传》。

⑤ 《清源留氏族谱》卷三，《鄂国公传》。

大量国外进口商品。① 由于封建政府对海外贸易的重视，五代后
期出现了闽南海舶和商人出海贸易的盛况。五代福建莆田诗人黄
滔所作《贾客》诗云："大舟有深利，沧海无浅波。"② 诗中描绘
了闽商在大海上随波逐利的情形。

　　闽国政府从海外贸易中，增加了大量财政收入，"国用日以
富饶"。同时，大量的异国珍品如象牙、犀角、香料、珍珠、玳
瑁、龙脑等也都源源不断地输入福建。这些舶来品还通过闽商输
入中原地区，备受青睐，闽商也因此富裕起来，拥有一定势力。
闽王通过榷货务抽解也获得了大量舶来珍品，其中一部分归闽王
及其统治阶层自己享用。如泉州刺史王延彬"多艺，工诗歌，颇
通禅理，而性豪华，中节冠履，必日一易。解衣后辄以龙脑数器
覆之"。③ 闽国统治者也常用海外珍宝作贡品，讨好中原五代王
朝。如后梁开平二年（908 年），王审知向梁王朝进贡"玳瑁、
琉璃、犀象器并珍玩、香药、奇器、海味，色类良多，价累千
万"。④ 此后，王延钧、王继鹏、王延曦等也相继向北方朝廷进
贡犀角、象牙、香药、龙脑、珍珠等海外珍品。王继鹏一次向后
晋进贡的物品中就有真珠 20 斤、犀 30 株、银装交床 50 副、牙
20 株、香药 1 万斤等。⑤ 可见当时闽国对外贸易的数量是多么
巨大。

　　由于对外贸易的不断发展，泉州城市逐渐繁荣起来。唐开
元元年（718 年），泉州治由南安丰州移设于近海港的今泉州
市。唐天宝年间（742～755 年），泉州总户数达 23806 户，比

---

① 《宋会要辑稿》番夷七之六。
② 《全唐诗》卷七〇四，黄滔：《贾客》。
③ 《十国春秋》卷九四，《王延彬传》。
④ 《旧五代史》卷四，《太祖纪》。
⑤ 《十国春秋》卷九一，《闽康宗本纪》。

晋代南渡后的晋安郡户数增加近 6 倍；人口则增至 160295
人。① 唐元和元年（811 年），泉州从中州升为上州，成为唐代
四大贸易港之一。当时海内外富商大贾云集于此经商贸易，而
且南海诸国朝贡唐廷也多由泉州上岸。但唐代泉州城只有子城
一重，周围仅三里，设四门。乾元元年（758 年），晋江令赵
颐正首开晋江，凿通沟渠，引水通舟楫于城下，为人民带来很
大方便。五代时期，先后统治泉州的王延彬、留从效、陈洪进
相继扩展了泉州城。唐天祐年间（904～906 年），王延彬首先
扩大了西门城。闽国末年，留从效在城外筑罗城，周 23 里 286
步，城高 1 丈 8 尺，有 7 个城门，"泉城市，旧狭窄，至是扩
为仁风、通淮等数门，教民间开通衢，构云屋……岁丰，听买
卖，平市价"。② 陈洪进在入宋以后又扩展了东北面的城墙，
但基本上是五代后期的规模。因在初筑城时环城绕植刺桐，所
以泉州城别称为"刺桐城"。从此，刺桐城和刺桐港名扬海
内外。

漳州自置州之始，便在"开漳圣王"陈元光的带领下"剪荆
棘，开村落，收散亡，营农积粟，兴贩陶冶"，③ 实行"通商惠
工"的政策，商业逐渐兴起。移民漳州的北方地主和商人也带来
了一定的资本与经商经验。唐朝实行对外开放的政策，旧志书中
有胡商到漳浦洗温泉的记载，可见自唐初就有海外商人来到漳
州。五代时期，王审知奉行较为开明的工商政策，也促进了漳州
商业的进步。南唐保大十六年（958 年），三佛齐镇国李将军就

---

① 《旧唐书》卷四〇，《地理三》。

② 转引自唐文基：《福建古代经济史》，第 176 页，福建教育出版社，
1995。

③ 光绪《漳浦县志》卷一四，《名宦志·刺史》。

因为贩卖香药而来到了漳州，并建了一座普贤院。①

　　除了泉州、漳州城市外，这一时期闽南的农村市场也发展较快。唐代的一些场镇已成为各地商业和交通中心，并最终在五代时期发展为新的县城。如唐代的桃林场"视廛里若巨邑，览风物如大邦，鳞鳞然廨宇之罗，霭霭然烟火之邦。……是以俗阜家泰，官清吏闲。凌晨而舟车竞来，度日而笙歌不散"。② 再如唐代的小溪场，此时已是"居民鳞次雍雍然以和，官廨翼如济济而有办，由陆而至者，必出其途，自水而运者，会流于下。坐肆列邸，贸通有无"。③ 小溪场最终在后周显德二年（955 年）升为安溪县。另外，唐代的归德、大同、桃林、武德等场，也都在五代时期相继升为德化、同安、永春、长泰四县。

第三节　封建政府对闽南的控制

　　东汉末年，中原地区战乱频仍，人民生活困苦不堪。孙策崛起江东，统一吴会，为了增强自己的实力，孙氏集团先后五次派兵入闽。第一次入闽的时间在汉献帝建安元年（196 年），孙策攻会稽，太守王朗弃郡由海路逃奔东冶，孙策尾随追击，于是闽江中下游归于孙氏。④ 孙策死后，孙氏政权的继任者，又分别于建安八年（203 年）、建安十三年（208 年）、吴嘉禾四年（235 年）以及吴太平三年（257 年）四次对闽用兵。孙吴政权通过五次派兵入闽，前后数十年的经营，终于把福建建成其稳固的后

---

① 陈再成主编：《漳州简史》，第 16、18 页，漳州建州 1300 年纪念活动筹委会办公室编印，1986。

② 《全唐文》卷七六三，《桃林场记》。

③ 《唐文拾遗》卷四八，《泉州初建安溪县记》。

④ 《三国志》卷六〇，《吴书十五·贺齐传》。

方。孙吴政权还在闽中设立了建安郡，当时建安郡下有建安、南平、将乐、建平（建阳）、东平（松溪）、邵武、吴兴（浦城）以及候官和东安（南安、同安）九县。

孙吴立国东南，国防与海运关系密切。闽中具有山海优势，造船业发达，故而成为了孙吴的造船基地。孙吴在闽中先后设立了典船校尉和温麻船屯，大批的罪犯被送往这里造船，在数十年间，造了大量的船舶。东吴的海船，大的可以乘坐数百人、载重万斛，小的也能载马八十匹。由于海运和造船事业的发展，孙权一度派人向海外探险。黄龙二年（230年），孙权派"将军卫温、诸葛直将甲士万人，浮海求夷洲及亶洲……得夷洲数千人还"。①夷洲即今台湾，这是汉族人民到达台湾的最早记载。

公元280年，三国归晋后，由于户口的增加和社会经济的发展，西晋武帝太康三年（282年）析建安郡地，立晋安郡，福建至此时有了两郡。建安郡包括整个闽北，分为建安、吴兴、东平、建阳、邵武、将乐、延平七县，郡治在建安（今建瓯市）；晋安郡辖地，包括闽西和沿海一带，分为候官、原丰、温麻、晋安、同安、新罗、宛平、罗江八县，郡治在候官。今天闽南的大部分地区都属于晋安郡的晋安县。漳州地区的一部分即漳浦梁山山脉盘陀岭蒲葵关以南的地方，在东晋末年建立了绥安县，隶属于广州义安郡。绥安县包括今日漳浦部分地区和云霄、诏安等县，绥安也是漳州境内最早建立的一个县份。

西晋之后，中国社会进入了长期分裂割据的南北朝时期。北方经常处于动乱之中，闽粤地处东南海滨，局势相对稳定，加之大量中原人民南迁，闽粤地区户口继续增加，生产也有所发展。南朝宋泰始四年（468年），晋安郡改为晋平郡。齐复称晋安郡。

---

① 《三国志》卷四七，《孙权传》。

齐武帝封江陵公子萧子懋（武帝第七子）为晋安王，后子懋闻鄱阳、随郡二王见杀，起兵赴难，兵败遇害。梁天监中（502～519年），升晋安县为南安郡，地兼今兴化、泉州、漳州等地，其治在今南安县。后来，又在今天的龙海、华安一带建立了龙溪县；在今南靖、平和一带建立了兰水县，两县皆属南安郡。陈朝建立政权后，实行州、郡、县三级制。永定初，升晋安郡为闽州，辖建安、南安二郡。光大元年（567年），又改闽州为丰州，州署设在晋安郡（今福州市）。

闽南发展到了南朝，深受中原文化的影响，汉代时还流行的断发文身的习俗已不复存在。建安、晋安、南安三郡居民大部分是汉人。中原文化也渐渐在这里扎下根来，许多中原的社会名流也来到闽中担任守令，有不少就来到闽南所在的晋安郡，如虞愿、范缜、刘勰等著名人物。虞愿以耿直著称；范缜为我国历史上著名的唯物主义哲学家，著有《神灭论》，"在郡清约，资工禄而已"；① 刘勰以廉洁著称。

公元581年，隋统一中国。为巩固中央集权，隋王朝采取了抑制士族豪强的措施，这引起了江南豪强大族的不满，遂起兵反隋。南安豪强王国庆杀隋朝刺史，据州作乱，后被隋朝大将杨素镇压，闽南之地重归中原封建王朝统治。隋初为了改变官吏冗多、耗资费财的局面，提出"存要去闲、并小为大"的原则，把州、郡、县三级制改为州、县两级制，大幅度裁减郡县。开皇九年（589年），"改丰州为泉州，以南安、建安二郡地为县属焉。泉州之名，始见于此，然治乃今福州"。② 开皇十二年（592年），并绥安、兰水二县入龙溪县。大业二年（606年），又改泉

---

① 《梁书》卷四八，《范缜传》。
② 乾隆《泉州府志》卷三，《建置沿革》。

州为闽州。翌年，隋炀帝合并闽中三郡为一个建安郡，下设闽、建安、南安、龙溪四县，全闽县数由九裁为四，郡治设在闽县。今泉州地属南安县中，漳州地属龙溪县中。

隋炀帝于大业三年（607年）下令羽骑尉朱宽与何蛮一同入海，经过艰难的航行最终到了流求（即今台湾），因"言不相通，掠一人而返"。① 第二年，隋炀帝命朱宽再去慰抚，"流求不从"，仅取其布甲而返。隋朝政府遂决定用武力征讨，大业六年（610年）派武贲郎将陈稜及朝请大夫张镇州率领东阳兵万余人，再至流求。当地土著居民"初见船舰，以为商旅"，相继前来贸易，陈稜要求其主投降，遭到拒绝。于是战争爆发，陈稜等"虏男女数千而归"。② 自此以后，祖国大陆与台湾的政治联系更加紧密了。

唐初年，政府改变郡县两级制为道、州、县三级制，全国被划分为十道。唐初福建属岭南道，开元间割属江南东道，后又自成一道。唐初福建分为泉州（治今福州）、丰州（治今泉州）、建州（治今建瓯）三州。今漳州地属丰州龙溪县，泉州地属建州南安县。贞观初（627年），废丰州入泉州。嗣圣年间（684年），析泉州的南安、莆田、龙溪三县置武荣州。圣历三年（700年）省，久视元年（700年）复置。可见，唐初州县的设置无常。到了景云二年（711年），改旧泉州为闽州，即今福州市地；又改武荣州为泉州，即今泉州市地，属闽州都督府。自此，泉州与福州始定，分为两郡，不再相混了。景云二年以前，凡曰泉州者，皆指今福州；景云二年之后，凡曰泉州者，皆指今泉州。开元六年（718年），析南安东南地置晋江县，泉州徙治，领有五县：

---

① 《隋书》卷八一，《流求国传》。

② 《隋书》卷六四，《陈稜传》。

晋江、南安、莆田、龙溪、清源。晋江县始建于此,据隆庆《泉州府志》记载,刺史冯仁智以州治重县,故请置,以其地临晋江,故名。天宝元年,改泉州为清源郡,清源县改为仙游县。乾元元年(758 年),复改清源郡为泉州。并析候官、尤溪二县各一乡置永泰县。后来,又析永泰之归义乡置归德场,即今之德化地;析南安西南四乡,置大同场,为今同安地;析南安西北二乡,置桃林场,为今永春地;析南安之西二乡,置小溪场,即今安溪地。这便是唐代泉州的发展变化,以下简述漳州建州始末。

据《百石丁氏古谱》记载:"六朝以来,戍闽者屯兵于泉州之龙溪,阻江为界,插柳为营。江为溪海之交,两山夹峙,波涛激涌,永隔西东",当时闽南一带"负山阻海,林泽荒僻,为獠蛮之薮,互相引援,出没无常,岁为闽广患"。① 可见当时龙溪县虽有今漳州九县一区之地,但九龙江以西的广大地区还是被"蛮獠"所据,唐政府的政令在这里也得不到真正的实施。

总章二年(669 年),陈政、陈元光父子奉朝廷之命率数千府兵入闽,前进到云霄江边,称赞道"此水像上党的清漳",漳江因此得名,此后新建的州县便称为漳州、漳浦。陈政守闽南九年,于仪凤二年(677 年)病故,元光代父为将。永隆年间(680~681 年),元光在盘陀岭下打败了少数民族的主力军,其余相率归附,遂移镇漳浦,阻盘陀诸山为塞,渐开西北诸山洞,拓地千里。② 陈元光为了开发这一地区,巩固唐王朝的东南边

---

① 转引自陈再成主编:《漳州行政区域的历史演变》,第 17 页,漳州建州 1300 周年纪念活动筹委会办公室编印,1986。

② 朱维幹:《福建史稿》,上册,第 113 页,福建教育出版社,1985。

陲，因请置州。经武则天的批准，垂拱二年（686 年）置漳州，州治设在今云霄县境内，陈元光为漳州首任刺史。在建州的同时还设立了怀恩、漳浦二县为属县。漳州的建立，加强了这一地区与中原的联系，巩固了唐王朝的东南边陲，也为这一地区的进一步开发和发展创造了有利条件。

景云二年（711 年），陈元光以身殉职，他的儿子陈珦代为漳州刺史，率部歼灭了蛮酋蓝奉高等残余势力，彻底肃清了漳州地区社会动乱的根源。开元四年（716 年），陈珦应乡老余恭讷等的请求迁州治于好景山之麓的李澳川（今漳浦县城区）。开元二十九年（741 年），废怀恩县，割泉州龙溪县来属。天宝元年（742 年），改漳州为漳浦郡，乾元元年（758 年）复改漳州。大历十二年（777 年），观察使皇甫政奏请割汀州龙岩县来属，次年获准。至此，漳州下辖漳浦、龙溪、龙岩三县。后来，陈珦之子陈酆亦任漳州刺史，并于贞元二年（786 年）再移州治于龙溪县。

从两汉到明清，唐代的福建最为安宁，在安史之乱与藩镇割据的动乱时代，福建因僻处东南而成为中原人民避难的乐土。唐代从至德时（756～758 年）州郡兵权由刺史移归节度使，造成武人跋扈的局面，然而福建仅在上元元年至大历六年（760～771年）年间建置节度使，后改为观察处置使，武人在福建几乎没有干政的机会。① 福建在唐初还没有完全开发，常有野兽出没，如漳浦之梁山常有犀、象破坏庄稼。经过有唐一代劳动人民的艰苦奋斗，闽南的社会经济得到了极大的发展，闽南的政治地位也因而得到提高，遂有漳州的建州以及漳浦、怀恩、永春、晋江等县的增设，以及大同、归德、桃源、小溪、武德诸场的设置。

继隋唐统一之后，我国历史进入分裂、混战的五代（后梁、

① 朱维幹：《福建史稿》，上册，第 89 页，福建教育出版社，1985。

后唐、后晋、后汉、后周）时期。唐朝末年，黄巢起义后，率众十万渡淮，转战江南大地，而后由浙入闽，唐乾符六年（879年）初经漳州入粤。中和元年（881年），淮河上游王绪组织起义军攻克寿、光两州。光启元年（885年）正月，王绪率人马辗转经南康入临汀、漳浦。同年八月，王绪被王潮取代。光启二年（886年）八月，王潮攻克泉州，招怀离散，吏民悦服，福建观察使陈岩遂表潮为泉州刺史。景福元年（892年），王潮攻克福州，福建人民自请输米助饷。乾宁元年（894年），王潮大破"蛮人"于浆水口（今顺昌县），闽地略定。唐昭宗封王潮为福建观察使，由此奠定了闽国的基础。《新唐书》记载了王潮的历史功绩，"乃作四门义学，还流亡，定赋敛，遣吏劝农，人皆安之"。①

王潮死后，其弟审知袭位。王审知治闽，继续采取保境息民的政策，不但提倡节俭，减轻赋役，发展生产，而且注重文化事业。其时，王延彬继承其父王审邽为泉州刺史前后达17年之久，"每发蛮舶，无失坠者，人因谓之招宝侍郎"。② 闽国在王潮、王审知兄弟统治期间，社会安宁，经济得到快速的发展。王审知死后，长子王延翰继位，自称"大闽国"。933年，王审知次子王延钧杀兄篡位称帝，此后闽国便一步步在王氏的自相残杀中瓦解了。后晋开运元年（944年），闽将朱文进弑闽王王延曦，自立为闽主，命其党黄绍颇为泉州刺史，程文纬为漳州刺史。不久，留从效起兵讨伐朱文进。第二年，南唐乘乱灭闽，任留从效为泉州刺史，从效又以镇压叛变为名，驱逐南唐漳州刺史林赞尧，以裨将董思安代替。保大七年（949年），从效兄从愿鸩杀董思安，

---

① 《新唐书》卷一九〇，《王潮传》。
② 《十国春秋》卷九四，《王延彬传》。

自称刺史。南唐乃改泉州为清源军，以从效为节度使。从效病死后，统军使陈洪进自称留后，始则纳款南唐，然后又投降于宋。宋改清源军为平海军，以洪进为节度使。宋灭南唐后，洪进献泉、漳两州十四县地于宋。三年后，吴越也向宋纳土，福建自此便成为宋初十路之一，正式归入宋朝版图，中国再次获得统一。

五代时期，王潮、王审知、王延彬、留从效、陈洪进等封建统治者都为闽南的发展做出了积极的贡献。如王延彬、留从效、陈洪进等不仅相当重视泉州的海外贸易及矿冶诸业，而且还扩建泉州城，泉州的社会经济因而得到进一步发展，户口不断增加。唐时设置的桃林、大同、小溪、归德、武德诸场，此时则相应地被升为永春、同安、安溪、德化、长泰五县。五代时期，闽分为七州：福州、泉州、建州、汀州、漳州、镛州（将乐）、镡州（延平）。南唐保大四年（946 年），董思安任漳州刺史时，因其父名"章"与"漳"同音，遂表请改漳州为南州，并且获准，至宋乾德四年（966 年），南州才复改为漳州。五代时期，泉州辖县增至 9 个：晋江、南安、莆田、仙游、同安、德化、永春、安溪、长泰。漳州辖地没有什么变动，依然是龙溪、漳浦、龙岩三县。

第四节　闽南教育及思想文化的发展

一、晋至隋唐五代闽南教育的发展

福建的学校教育较迟产生，见于史籍的最早办学记载始于南朝宋元嘉年间（424～453 年），阮弥之任昌国郡（即晋安郡）太守，"教稼穑，兴学校"①。宋明帝时，虞愿"出为晋平太守……

---

① 民国《福建通志》卷三五，《名宦·阮弥之传》。

在郡立学堂教授"。①　这些郡守在闽地兴学校、立学堂无疑大大促进了福建文化教育事业的发展，也为唐宋福建教育的逐渐兴起奠定了基础。

唐代，福建各地开始广建孔庙，设立州、县学。闽南漳州一带属于较晚开发的地区，至陈政、陈元光父子率军进漳时，仍是"左衽居椎髻之半，可耕乃火田之余"。陈元光于永淳二年（683年）上《请建州县表》云："其本则在创州县，其要在兴庠序"。②　唐政府采纳陈元光的建议，武后垂拱二年（686年）置漳州，陈元光为首任漳州刺史。陈元光在漳州兴办学校，大力提倡封建文化，为漳州地区的教育做出了积极的贡献。陈元光之子陈珦，明经及第，继任漳州刺史。景龙二年（708年），陈珦建书院于松州村，是为松州书院。陈衍《福建通志·学校志》称松州书院为"唐陈珦与士民讲学处"。元和年间（806～820年），周匡物和潘存实成了该地区最早的进士，他们两位也是诗人，有诗传世。

大历七年（772年），李椅为福建泉、汀、漳等五州军事领观察处置都防御使，"成公（李椅）之始至也，未及下车，礼先圣先师，退而叹：'堂堂湫狭，校学荒坠，惧鼓箧之道寝、《子衿》之诗作。我是以易其地，大其制，新其栋宇，盛其俎豆。俎豆既修，乃以《五经》训民。考教必精，弦诵必时。'于是一年人知敬学，二年学者功倍，三年而生徒祁祁。贤不肖竞劝，家有洙泗，户有邹鲁，儒风济济，被于庶政"，③　在任三年，福建"比屋业儒，俊造如林"。建中年间（780～783年），常衮以故相

---

①　《南齐书》卷五三，《虞愿传》。

②　道光《重纂福建通志》卷三，《沿革·漳州府》。

③　（唐）独孤及：《毘陵集》（四部丛刊初编本）卷九，《福州都督府新学碑铭》，上海书店，1989。

为福建观察使，"初，闽人自乐其土，虽有长材秀民通文学、习吏事者，相率不肯出仕。及常衮为观察使，设乡校，课文章，乡郡小民有能诵书作文者，衮必具宾主之礼，亲加讲导。延泉名士欧阳詹辈，教育劝勉，闽俗一变，每岁贡士与内地等"。① 差不多与常衮帅闽的同时，薛播亦来到泉州任刺史；之后，席相又为泉州刺史，姜公辅为州别驾。他们也极重视当地的文化教育，如席相以河东令刺泉州，"敷教兴文……癸酉岁，詹（欧阳詹）与邑贡生一人将西上，相以乡饮礼饯之，更设宴东湖亭，款洽备至，一时观者，尽室盈岐。泉士皆以为荣，竞劝与学"。② 唐文宗开成三年（838 年），候官人萧膺、晋江人陈嘏等四闽人同时登第，传为美谈。以至朝士有诗云："几人天上争仙桂，一岁江南折四枝"，福建从此号为文儒之乡。

唐末乾宁年间（894～898 年），王潮任福建观察使，"乃作四门义学"。③ 王潮之弟王审知为闽王期间（897～925 年），采纳翁承赞的建议，亦设立四门学以教闽中秀士，还广泛搜求书籍，并且为徐夤刊印《钓矶文集》，可谓文教昌盛。

正是有了上述诸人的努力，闽南才能改变野蛮之地的形象，逐步缩小与文化发达地区的差距。另外，闽南士子的努力向学也是闽南文化教育得以快速发展的重要前提。但不可否认，直至唐代后期闽中文化教育的总体水平仍落后于中原地区。

二、闽南文学的发展

大致在孙吴时期，便有中原人民陆续迁入闽南。伴随着移民

---

① 转引自庄为玑：《晋江新志》，下册，第 303 页，泉州志编纂委员会办公室，1985。

② 乾隆《晋江县志》卷六，《官守志三·宦绩》。

③ 《新唐书》卷一九〇，《王潮传》。

大军，不少文学之士也来到了闽南。中原永嘉乱后，一些衣冠士族、文人学士或避乱入闽，或入闽为宦，进行一些文学活动。这些文人及其在闽地的文学活动对福建文学的发展直接或间接起到一些作用。有关他们在福建的文学活动，以江淹保留的记载最多。

江淹（444～505年），字文通，济阳考城（今河南兰考）人，历仕宋、齐、梁三朝，官至金紫光禄大夫，封醴陵侯，有《江醴陵集》传世，他是齐、梁之际重要的文学家之一，其创作的诗被《诗品》列为中品。南朝宋废帝元徽元年（473年），江淹触怒了建平王，被贬为建安吴兴（今浦城）令。江淹来到福建后，终日游山玩水，借山水景色抒发个人的情志，嗟叹人生命运的坎坷，并且求仙访道，寻求精神上的寄托。在闽三年，江淹作诗、赋、颂、笺总共30余篇。虽然江淹不一定到过闽南，但其对福建文学的发展所起的促进作用是明显的，对闽南文学的发展或多或少也会有所影响。

除了江淹，入闽的中原文人还有许多，仅就担任晋安太守或晋安郡丞的来看，便有以下诸位：谢朓、虞愿、王秀之、王德元、王僧孺、范缜、萧机、徐悱、羊侃。① 这些人都是当时社会上的名流，在文学上有很深的造诣。有以上这些文学家和诗人的入闽，闽中大地的神秘面纱终向世人揭开，福建与中原的文化交流也因之得以加强。江淹等入闽文人及其文学创作对福建文学的发展产生了深远的影响，进一步缩短了该地区与中原文学发达地区的差距。晋安郡建立于西晋太康三年（282年），辖地包括闽西和沿海一带，闽南属于晋安郡的管辖范围。因此，闽南的文学也在入闽文人的推动下发展起来，到了唐代，终于诞生了第一位

———————————
① 陈庆元：《福建文学发展史》，第29～30页，福建教育出版社，1996。

在全国都有较大影响的本土文人——欧阳詹。

福建本土有名气的文人在唐以前很少见,正如陈衍在《补订〈闽诗录〉序》中所说:"文教之开,吾闽最晚,至唐始有诗人。"唐代的福建文学有了较大的发展,特别是中唐以后,李椅、常衮、席相诸人入闽为官后,大举兴学,积极推荐一些文人参加科举考试,福建的文学伴随着科举制的推行而发展起来。长溪人薛令之是福建第一个进士诗人,而晋江人欧阳詹则是福建第一个走向全国的,有一定名气和影响的文人。欧阳詹(755~800年),字行周,晋江人,世居晋江潘湖(今池店),祖父迁居南安诗山。欧阳詹年少好学,曾在泉州清源山、南安高盖山、莆田福平山下灵岩读书,其中在清源山3年、灵岩5年。在莆田时,与林藻、林蕴为邻,互相激励。常衮入闽后,特别器重欧阳詹,"比为芝英。有作,辄加叹赏,宴集必延致同席。及辞归,泛舟饮饯。詹之声腾江淮、达于京师矣"。[①] 贞元八年,欧阳詹"举进士,与韩愈、李观、李绛、崔群、王涯、冯宿、庚承宣联第,皆天下选,时称'龙虎榜',闽人第进士自詹始"。[②] 中进士后,詹为国子监四门助教,率其徒伏阙下,推举韩愈为博士。韩愈对欧阳詹也很推崇,事见韩愈所作《欧阳生哀辞》。

欧阳詹一生著述颇多,写了不少诗赋、散文,内容也较为广泛,现存《欧阳行周集》10卷。闽人李贻孙在《〈故四门助教欧阳詹文集〉序》中高度评价了欧阳詹的古文:"君之文新,无所袭,才未尝困。精于理,故言多周详;切于情,故叙事重复,宜其司当代文柄,以变风雅。"欧阳詹的古文作品在写人、记事、

---

① 转引自庄为玑:《晋江新志》,下册,第305页,泉州志编纂委员会办公室,1985。

② 《新唐书》卷二〇三,《欧阳詹传》。

状物、政论等各方面都注重观点的新颖、说理的详尽周到、感情的深切以及形象的鲜明完整。如《刖下和述》一文，近人认为它见解新、不因袭前人，颇得嵇康立论的风格。① 欧阳詹的诗名也卓绝于时，人们称其发祥之山为诗山，发祥之溪为诗溪。他那些描写闽山闽水以及记载闽人活动的诗篇都颇值得重视。在一系列的诗篇中，诗人表达了自己对故乡的深切怀念之情。在《二公亭》中，欧阳詹对泉州的景物有大段的描写。漳州的景物，诗人也有描写，如《晚泊漳州营头亭》："回峰叠嶂绕庭隅，散点烟霞胜画图。日暮华轩卷长箔，太清云上对蓬壶。"② 诗中景物萧疏淡远，不失一首较好的七绝。

继欧阳詹之后，晚唐至五代的福建文坛出了不少较有名气的诗人或作家，如王棨、黄滔、徐寅、陈黯、陈陶、翁承赞、颜仁郁、黄璞等。其中，陈黯是南安人，颜仁郁是泉州人，黄滔、徐寅、翁承赞、黄璞为莆田人，时莆田属泉州管辖，所以他们也是泉州人。

唐末五代的福建文人，首推黄滔。黄滔（840～911 年），字文江，莆田人，著有《黄御史集》，编有《泉山秀句》。黄滔主张文学应"指陈时病俗弊，叙述饬躬处己"，③ 起"刺上化下"④的作用。在此思想指导下，黄滔的作品多反映当时的社会现实，军阀割据混战、百姓生活困苦不堪，诗人对此寄予了深切的同情，如《和友人酬寄》云："大国兵戈日，故乡饥馑年。相逢江海上，宁免一潸然。"⑤ 黄滔的律赋也写得很好，多警句、丽句。

---

① 　陈庆元：《福建文学发展史》，第 45 页，福建教育出版社，1996。

② 　《全唐诗》卷三四九，《晚泊漳州营头亭》。

③ 　（唐）黄滔：《黄御史集》卷七，《与王雄书》，四库全书本。

④ 　（唐）黄滔：《黄御史集》卷七，《答陈璠隐论诗书》，四库全书本。

⑤ 　（唐）黄滔：《黄御史集》卷二，《和友人酬寄》，四库全书本。

李调元称黄滔的律赋"美不胜收……句调之新异，字法之尖颖，开后人多少法门"。① 徐寅，字昭梦，莆田人，博涉经史，文词绮丽，尤擅长作赋。著有《探龙》、《钓矶》两集，后人辑录有《徐正字诗赋》。陈黯（约800～877年），字希孺，南安人。10岁能诗，声名大振于州里，17岁为词赋，作《苏武谒汉武帝陵庙赋》。黄滔集其遗稿并为之作序说："其诗篇、词赋、檄皆精而切古文。"② 《八闽通志》卷七同安"嘉禾屿"条记载："唐文士陈黯累科不第，遂隐居读书于此。"故名所居之山为"场老山"。嘉禾屿即今厦门岛，陈黯是较早来到厦门的诗人。颜仁郁，字文杰，泉州人。王审知治闽期间，他曾担任归德场场长，为政清廉，关心百姓疾苦。颜仁郁有诗作百篇，大多是描写百姓生活的困苦不堪之状，在民间广为传唱。

从中唐至五代，中原动荡不安，战乱频仍，福建因为偏处东南，较为安定，于是许多文人相继入闽避乱，其中不少便来到了闽南。这些流寓入闽的诗人对福建文学产生了一定的影响。或如陈衍《补订〈闽诗录〉序》中所说的那样，"文教之开，吾闽最晚。至唐始有诗人，至唐末五代，中土诗人时有流寓入闽者，诗教渐昌"。

唐末五代入闽文人中，韩偓是重要一位，其作品较多，内容也较广泛。韩偓（844～923年），字致尧，京兆万年人，著有《翰林集》、《香奁集》。韩偓在闽十余年，先居福州，继而迁居沙县，后移居南安桃林场，卒于南安龙兴寺。韩偓为晚唐著名诗人，曾被称为"词臣"，他笔调委婉细腻、缠绵悱恻，对宋词影

---

① 转引自陈庆元：《福建文学发展史》，第57页，福建教育出版社，1996。

② （唐）黄滔：《黄御史集》卷八，《颍川陈先生集序》。

响很大，对闽南文学的发展也有很深的影响。韩偓入闽诗约有百首，既有反映时事之诗，又有追怀故国、感慨身世之诗，也有一些诗描绘了闽中大地的山川美景。秦系，字公绪，会稽人，有集一卷。秦系为避安史之乱来闽，隐于南安九日山，自号东海钓客。秦系的五言诗写得很好，当时刘长卿号为"五言长城"，权德舆说秦系"用偏师攻之，虽老益壮"。① 南安人为纪念秦系，称其所隐居的山峰为"高士峰"，又建亭一座，名"秦公亭"。周朴，字见素，吴兴人。入闽居安溪，后居福州乌石山。周朴淡泊名利，以隐逸山林、苦心吟咏为癖好，是唐末著名的苦吟诗人。周朴很自负，在《赠大沩》诗中说："禅是大沩诗是朴，大唐天子只三人。"② 欧阳修《六一诗话》中说："朴诗'月锻季炼，未及成篇，已播人口。'其名重当时如此。"詹敦仁（914～979年），字君泽，号清隐，河南固始人。唐末避乱入闽后隐居小溪场（今安溪），是安溪县第一任县令，但不久就推荐他人代替自己，与儿子詹琲杜门隐居，著有《清隐堂集》，《闽诗录》收入其诗 9 首。詹敦仁一生追求逍遥自在的隐逸生活，因而他的诗田园味甚浓。如他在《留侯受南唐节度使知郡事辟予为属以诗谢之》中描绘了安溪的梯田："晋江江畔趁春风，耕破云山几万重。两足一犁无外事，使君何啻五侯封。"③

　　总之，闽籍作家与流寓入闽的作家有一个相互学习、相互影响的问题，但流寓入闽的作家毕竟给闽地带来了新鲜气息。他们对闽地文学创作的"渐昌"，无疑起了推进作用。可以说，此时期闽南文学的发展过程，是福建籍文人与外省籍文人、特别是入

---

① 《新唐书》卷二一九，《秦系传》。
② 《全唐诗》卷六七三，《赠大沩》。
③ 《全唐诗》卷七六一，《留侯受南唐节度使知郡事辟予为属以诗谢之》。

闽客籍文人之间相互学习、相互交流的过程。①

三、闽南的宗教信仰

(一) 佛教的传入及兴盛

佛教传入福建可能在东汉至东吴这一时期，经海路来华的西域僧人来福建活动并将佛教传入福建民间。② 闽南的第一座寺庙建于西晋太康九年（288 年），建在南安九日山下，叫延福寺。可见至迟在西晋时期，闽南已有僧侣活动了。

南朝梁太清二年（548 年）梵僧拘那罗陀由南海至建康，不久"侯景之乱"爆发，拘那罗陀辗转于苏、浙、赣，后入闽南。应太守王方赊的邀请，拘那罗陀遂在南安九日山下着手翻译《金刚经》，南安九日山"翻经石"即是当年拘那罗陀翻译《金刚经》的旧址。拘那罗陀在中国佛教史上是与鸠摩罗什、玄奘、义净齐名的四大佛经翻译家之一，其在南安翻译佛经，无疑促进了闽南佛教的发展。

隋唐时期，佛教在中国获得空前的发展，各种教派、僧团林立，寺院经济膨胀。闽南在隋代共建立了 4 座寺院，分别是安海龙山寺、永春思惠院、同安梅山寺和黄佛寺。唐王朝除唐武宗外，对佛教基本上采取扶持的政策，闽南佛教在隋代发展的基础之上，到了唐代又有了新的发展。佛教寺院数量剧增，如原无一所寺院的漳州地区，至此时共出现了 15 所，泉州地区也从原来的屈指可数几所猛增至 99 所。③ 唐代佛教的兴盛，除了寺院数量的猛增外，还表现在此时产生了众多的闽籍高僧，诚如民国

---

① 陈庆元：《福建文学发展史》，第 85 页，福建教育出版社，1996。
② 王荣国：《福建佛教史》，第 4 页，厦门大学出版社，1997。
③ 同上。

《福建通志·高僧传》所云："福建唐代高僧，天下莫盛焉。"唐玄宗天宝元年（742 年），马祖道一禅师入闽，福建由此开始流行禅学。中唐以后，禅宗南派在衍为沩仰、临济、曹洞、云门、法眼五宗的过程中，闽籍高僧起到了非常重要的作用，涌现了怀海、灵祐、希运、本寂、义存、怀晖、师备等开宗立派的一代大师。其中，本寂为泉州莆田人、义存为南安人、怀晖为泉州同安人。

五代时期，王审知推崇佛法，对佛教采取积极支持的政策。在闽南，表现在重创崇福寺于泉州，并延大师文炬以居之。王审知侄儿王延彬任泉州刺史，不但兴建寺院，延请僧人开法，而且师事惠稜禅师，为其得法弟子。由于王审知的极力推崇，佛教在闽国的发展日趋兴盛，"闽中塔庙之盛，甲于天下"。[1] 王审知的后嗣者更是佞佛成风，天成三年（928 年），王延钧一次就"度民二万为僧"。[2] 永隆二年（940 年），王延曦又"度僧万一千人"。[3] 闽国不仅僧徒众多、寺塔倍增，而且还将上等的良田施舍给寺院，"王（王延钧）弓量田土第为三等，膏腴上等以给僧道"。[4] 据《闽书·方外志》统计，唐至明代，有立传的闽籍僧尼共 348 人，其中唐代 33 人、五代 118 人、宋 161 人、元 9 人、明 27 人。由此可见五代时期闽国佛教的繁荣。

（二）道教在闽南的传播及发展

道教形成于东汉顺帝以后，从有关史志记载来看，道教至迟在三国时期已传入福建。[5] 闽南最早的道观建于西晋太康年间（280～289 年），是为晋江的玄妙观，"在府治西南，晋太康中为白云庙，唐

---

① 黄榦：《勉斋集》卷三七，《处士唐君焕文行状》。
② 《十国春秋》卷九一，《闽二·惠宗本纪》。
③ 《十国春秋》卷九二，《闽三·景宗本纪》。
④ 同②。
⑤ 参考陈支平主编：《福建宗教史》，第 10 页，福建教育出版社，1996。

改为老君祠。……宋大中祥府二年改天庆，元元贞改今名"。①

东晋时期，信奉五斗米道的孙恩、卢循在江南地区广泛传教。孙恩、卢循起义失败后，余部曾在闽南沿海一带继续活动，传播五斗米道，因而对泉州等地的道教发展起了很大的促进作用。

隋唐时期，统治阶级大力扶植道教。隋文帝及隋炀帝都大兴土木修建宫观。唐高祖为了提高皇族地位，遂攀附老子，尊老子为"圣祖"，道教也因此备受宠幸。唐玄宗除了广建宫观、广度道士外，还加封太上老君及其他道教祖师，设博士助教教授道家经典，甚至令天下人皆读老子书，每户必备《道德经》。因此，道教在唐代迅速发展，达到鼎盛。福建道教在唐代也有了长足的发展，据福建地方史志记载，隋代福建地区道观仅4座，到了唐末五代，道教在福建的活动区域已涉及20多个县，出现了30多座道观，② 并且诞生了一些具有全国影响力的道教大师，泉州人谭峭即是其中最为著名的一位。

谭峭，字景升，号紫霄，泉州人。谭峭自幼聪颖过人，雅好黄老诸子及神仙家书。及长，辞父游终南山不归，"师嵩山道士十余年，得辟谷养气之术"。③ 后入南岳炼丹，相传仙丹炼成后，入水不濡、入火不灼。谭峭自谓得张道陵《天心正法》，故后世尊奉他为天心派始祖，属天师道的一个系统。五代时，闽王王昶尊他为"金门羽客正一先生"，后隐归泉州清源山紫泽洞，"尝醉游，夏着裘，冬衣葛衫，或卧霜雪中。南唐主召至建康，赐号紫

---

① （明）黄仲昭：《八闽通志》卷七七，《寺观》。

② 参考方宝璋、方宝川：《闽台文化志》，第489页，上海人民出版社，1998。

③ 《历世真仙体道通鉴》卷三九，《续仙传》卷下。

霄真人"。① 谭峭著有《化书》，该书共 6 卷，分道化、术化、德
化、仁化、食化、俭化，凡 110 条。谭峭认为"道"之本体乃
"虚"，由"虚"的不断演化而生出万物，最后又还原于"虚"，
所谓"道之委也，虚化神，神化气，气化形，形生而万物所以塞
也。道之用也，形化气，气化神，神化虚，虚明而万物所以通
也"。谭峭研究的是老庄及儒家的心性之理，追求泯灭一切客观
差别的"虚实相通"境界，把"道化论"和"心斋论"统一起
来，其中还有佛家的随业流转之说。由此看来，谭峭不愧是一位
道教的理论家，而非此前的术士之流所能比拟。②

　　五代时期，王审知称闽王前，道士们曾为之大造舆论，王审
知称王后，自然就优礼道教。王审知的后嗣诸君王，无一不好鬼
神、道教之说，嗜道求仙，其中以王延钧、王昶为甚。王延钧于
长兴二年（931 年）"作宝皇宫，以道士陈守元为宫主"，后又信
陈守元之语"逊位受箓，道名元赐"。龙启元年（933 年），王延
钧听信道士的诞言，诣宝皇宫受册，即皇帝位，更名鏻。③ 王鏻
称帝后，对道士言听计从，把他们奉为神明，甚至令道士"视鬼
于宫中"，弄得满朝上下乌烟瘴气。④ 王昶继位后更加宠幸巫道，
尊陈守元为天师，凡"更易将相，刑罚选举"等国政大计，悉与
陈守元商议。⑤ 王昶还大兴土木，通文二年（937 年）作紫微宫，
永隆二年（939 年）建三清殿，皆极尽豪华奢侈之能事。由于王氏
家族代代的大力扶植，道教在五代时期的福建得到了很大的发展。

---

① 乾隆《晋江县志》卷一五，《杂志五·仙释》。
② 方宝璋、方宝川：《闽台文化志》，第 489 页，上海人民出版社，
1998。
③ 《十国春秋》卷九一，《闽二·惠宗本纪》。
④ 《新五代史》卷六八，《闽世家》。
⑤ 《资治通鉴》卷二七九，《后唐纪八》。

第四章

宋元时期的闽南

第一节　宋元时期的移民

一、两宋移民概况

在魏晋至唐末五代南迁入闽的北方汉民中，避乱以及拓边戡乱的突发性移民占很大的比重。到了宋代，南迁入闽的北方汉民中，常规性移民的比重有所加大。所谓常规性移民，是指那种在非战乱时期主动迁徙入闽的移民。唐宋时期经济重心南移，北方汉人大量向南迁徙，已成为当时南方人口发展的一种趋向。从政治上看，宋政权鼓励大土地所有制，中原地区的土地关系日趋紧张，一般贫民占有的土地越来越少，再加上中国西北、北方生态环境的破坏，农业生产环境恶化，这也迫使中原及其他省份的民众，为了寻求生存的空间，举家迁移，入居福建。因此，自北宋以来，北方汉民在和平环境里迁徙入闽的数量有明显的增长。①

---

① 陈支平：《福建六大民系》，第 51～52 页，福建人民出版社，2000。

如漳州高氏，据族谱记载，宋代高东溪，其祖于宋神宗熙宁二年（1069年）负青苗债，带领兄弟子女从浙江绍兴入闽，乃弟入福清，兄高逸来到漳浦杜浔东山岭，结茅为舍，定居下来，后被闽南高姓尊为一世祖。[1] 再如大田翁氏，"翁尚书，名景山，宋宝庆间奉遣至贤里洋头开采银矿。至则矿已告竭，空糜公帑，不敢复命，遂家于贤里，今翁厝坑盖其所居，翁姓即其遗裔也"。[2] 另据新修《大田县志》的调查统计，现在该县的50种大姓中，于宋代以前迁入的只有13种姓氏，而在宋代迁入该县的姓氏有25种，它们是：陈、林、杨、萧、俞、涂、曾、柯、郭、詹、郑、严、池、苏、章、吴、廖、柳、刘、翁、蒋、王、叶、熊、余，这些姓氏大部分是在北宋和南宋的太平时代迁入的。[3]

除了上述常规性移民之外，靖康之乱及宋元之交的战乱，同样是北方人民迁入闽南的重要因素。朱熹说道："靖康之乱，中原涂炭，衣冠人物，萃于东南。"[4] 庄季裕在《鸡肋编》中也说："建炎之后，江、浙、湖、湘、闽、广，西北流寓之人遍满。"[5]

由于靖康之乱而移居闽南的北方汉民中，有不少是世家名流，如落籍于泉州的李邴，"钜野人，崇宁五年进士，累官参知政事，后除资政殿学士，寓泉州，几二十年，遂家焉"。赵思诚，"高密进士，崇宁中宰相挺之之子。建炎南渡，兄存诚帅广东，

---

① 高聿占：《高氏溯源漳浦城》，《漳浦文史资料》第10辑（1991年），第153页。

② 民国《大田县志》卷六，《杂录》。

③ 大田县地方志编纂委员会编：《大田县志》卷四，《人口》，中华书局，1996。

④ 《晦庵先生朱文公文集》卷八三，《跋吕仁甫诸公帖》。

⑤ 庄季裕：《鸡肋编》，第36页，中华书局，1983。

与思诚移家泉州，后思诚以宝文阁待制守泉，从弟浚、涣皆登进士，涣任御史，以亲党皆在泉，亦徙居焉"。王秬"父辟章，为泉太守，母丞相赵挺之孙女也，建炎南渡，秬从诸赵卜居晋江"。济源傅察，出使金国遇害，其子自得，随母南奔，娶李邴女，翁婿同在泉州落籍。花氏，"有花帽军者，于宋绍兴二年（1132年）随帝南迁，入闽，旋徙同安，子孙分衍于闽中，或居永春，或居南安，或居漳之斗屋，或居同之院前南门，或徙鹭岛"。①此时，也有一部分官吏因贬谪而移居闽南，如赵鼎，"解州人，宋高宗时为相，罢，知绍兴府，秦桧恶之，徙知泉州，归，复上书言时政，桧讽中丞王次翁论之，谪兴化军，移居漳州"。② 另外，在北宋、南宋之交迁入闽南的一般贫民也有不少，如柯氏，"先世居江西广信府贵溪县，始祖某，为潮州太守，当北宋金人之乱，乃隐于福建漳州府龙溪县二十五都良村，枝派蕃衍，遍于闽南"。③ 卢氏，始祖卢光绸，"北宋末南宋初，卢光绸派下子孙相继由江西入闽，分布于宁化、漳州、同安一带"。④

　　南宋末年，元军南下，赵氏王朝节节败退，由浙入闽，最终败亡海上。跟随帝室的官僚士卒以及逃难的百姓，也在这一时期纷纷南下，其中相当一部分便在闽南定居下来。赵氏皇族的后裔也夹杂在这批难民当中一起入闽。据《宁化县志》记载："绍兴三年，西外（宗正司）置于福州，南外（宗正司）置于

---

① 陈支平：《福建六大民系》，第 54、55 页，福建人民出版社，2000。

② 乾隆《龙溪县志》卷十七，《人物·流寓传》。

③ 台湾省文献委员会编：《台湾省通志稿》卷二，《人民志·氏族篇》，捷幼出版社，1999。

④ 转引自陈支平：《福建六大民系》，第 99 页，福建人民出版社，2000。

泉州，盖随其所寓而分辖之。赵之诸宗分籍闽中者，各郡县悉载之。"① 据漳浦县一带的族谱记载，"赵氏，造父之后，始祖赵匡胤。嗣北宋金人之役，南迁入浙……元兵陷杭京，内外宗正罹其祸，宗人散失，有赵若和者，承杨太后命奉少帝即帝昺迁于崖山，旋师溃，帝死，乃以十六舟与黄侍部、许达甫等夺港而出，将之闽，计图复国，遇风截帆，船失贡具，遂登岸，晦居于漳州之银坑。时有豪民倡名赵王，举兵抗元，元人悬金购赵王，若和乃隐姓为黄，以避兵祸，深匿谱牒，终身不敢对人言"，直到洪武十八年（1385 年）"始奏复赵姓"。② 华安县丰山镇的赵氏宗族，据称也是宋朝宗室之后，"坐落在九龙江北溪下游的华安县丰山镇的银塘村（包括附近同姓村），居住着宋末皇族南徙繁衍在这里的九百多户、六千多人口的赵氏嫡裔，族内保存有皇宋赵家世乘的完整七部《赵氏族谱》"，元兵侵闽，元帅唆都尽屠赵氏一族，"时银塘一派，因僻处村落，变异姓名，匿迹山林，幸脱锋镝，迨至明朝洪武戊申年（1368 年）才复姓，属漳龙邑二十三、四都籍"。③

　　至于流落闽南的宋朝官僚们，也有明确的史料记载。现居住在漳浦一带的杨、黄、林等姓，都称自己的家族是南宋末年追随帝室南下而隐居于闽南沿海的。如《杨氏族谱》称，杨姓先人为钱塘人杨逢宸，号应达，生三子一女，三子名亮节、亮忠、亮孝，一女名巨良。巨良被宋度宗封为淑妃，生皇子赵昰，即南逃即位于福州的端宗皇帝。赵昺罹难后，赵昰继位，杨淑妃被尊为

----

　　① 　康熙《宁化县志》卷四，《人物志·寓贤》。

　　② 　转引自陈支平：《福建六大民系》，第 56 页，福建人民出版社，2000。

　　③ 　赵潮初：《赵匡胤皇族后裔在银塘》，《华安文史资料》第 15 辑（1992 年）。

太后，兄亮节任制置使。南逃皇室航海至泉州时，亮节携三子上岸，皇室的船队因泉州地方长官蒲寿庚降元而匆促离去，亮节来不及跟上，只得携三子到漳州沿海寻找，未得，遂隐居于漳浦一带。漳浦后港、六鳌一带的杨姓，称其始祖为山东人杨维邦，宋理宗时曾任尚书左仆射，受奸相贾似道排挤失权，后随端宗南徙，忧愤国事，死于船中，船队驶至漳浦古雷山下，其子杨敞、杨考背父亲骨灰上岸下葬，辄隐居于漳浦。漳浦浦西黄姓的族谱亦称，该姓氏为南宋末随帝室南迁的内阁侍臣黄材的后裔，帝昺败亡后，黄材父子隐居于浦西，其后子孙分迁于旧港、狮头、湖西等地及龙海、华安等县。再如泉州南安县的侯氏族谱称，其始祖"历官太常寺正卿，扶宋幼主入闽，驻馆泉州城西街万厚铺，卜族南安十八都侯安乡，子姓蕃衍，称盛族矣"。[①]

二、元朝移民

元代的北方移民，主要集中在宋末元初和元末明初这两个战乱时期。元朝的历史虽然仅有 90 年左右，但是北方人民以及其他省份的人民迁入闽南的现象依然相当普遍。宋元时期，闽南沿海等生态环境较好的地区已经基本开发，外省移民不得不进入生态环境比较恶劣的闽南山区以求生存。到了元代，漳州西北部的南靖、平和、诏安等县便成了新的移民落脚点。如《平和县志》记载：

九峰朱氏：朱熹第十代孙朱祯及其子于元至正年间（1341～1368 年）避乱从宁化、上杭流徙至今大坪浮山，最后定居于田心社（距今九峰镇东门 10 公里）。

---

① 转引自陈支平：《福建六大民系》，第 58 页，福建人民出版社，2000。

九峰曾氏：元至元四年（1338年），曾童煊偕子曾启杰从宁化莲花石壁村徙上杭胜运里，后迁入九峰。随后，曾童煊之侄曾庭昭从永定县金丰里太平寨徙漳州、海澄，迁入九峰苏洋。

琯溪侯山李氏：元初，李纲后裔李孝梓从永定县湖坑迁居散坑（今小溪镇产坑）。

小坪卢氏：元至正年间（1341～1368年），卢舜华从长汀县随征至漳浦，官至漳浦尹，因近徙居小坪长汀，后又分居小坪的东山、后塘。

芦溪叶氏：元至正元年（1341年），叶正寿从龙溪县吴宅迁居芦溪田螺盂。其后裔先后分居大溪、南胜、坂仔、霞寨、小溪等。

琯溪黄氏：元仁宗年间（1312～1320年），黄元吉镇漳州，乃于琯溪下坂（今小溪镇坑里下坂）定居，其三子荣睿分居霞寨；下坂大宗子孙分支居霞寨、浮坪、旧县、上坂、下坂等地。

大坪黄氏：元末，黄永昌偕子平田从上杭金丰里（现永定县）迁居大坪，平田生三子，其三子黄兴厚移居坪回（今长乐坪回）；大坪大宗子孙分支居坪回、九峰以及南靖等地。

霄岭黄氏：元末，黄均德从上杭金丰里迁霄岭（今乾岭）定居，其分支居安厚以及南靖、广东、广西等地。

安厚、芦溪、坂仔赖氏：至元十年（1273年），赖氏三兄弟荆、梁、雍从宁化石壁城田心移居平和（原南胜县）、诏安等地。其中，赖荆为安厚山莲（今莲塘）始祖；赖梁为芦溪葛竹始祖；赖雍徙居诏安县官陂下割田心，后其孙卜隆约于至元到至正年间从下割田心迁居坂仔心田开基。

五寨、安厚林氏：林和义之裔孙子慕于元至元年间（1335～1340年）由漳浦县深土路下迁居五寨埔坪，生二子。长子伯元之后裔分居于东楼、侯门、新塘、前岭、横溪、溪头等地；次子伯川之后裔日隆开基于安厚龙头，其子孙繁衍于龙头一带。

山格高漈、白楼林氏：元至正年间（1341～1368 年），迈公后裔均海、均遂兄弟从同安迁入。均海居山格林边（今高漈），均遂居簧井（今白楼）。①

从以上记载中可以看出，无论是元代前期还是后期，都有一定数量的外省移民迁入平和县。除平和县之外，云霄一带，也有不少元代入迁者，如后汤保汤氏，宋元之际迁入，（至民国时）已传了二十五代；草坂村黄氏，元末迁入，传二十三代；霞阳村方氏，元时迁入；云陵镇方氏，元时迁入，传二十七代。② 再如南靖县，双峰丘氏，元大德十年（1306 年）迁入，始祖丘杰秀；奎洋庄氏，元仁宗延祐七年（1320 年）从广东大埔迁入；版寮刘氏，元惠宗至正五年（1345 年）由赣南瑞金转迁而来；和溪林雅林氏，元至正年间迁入；竹员陈氏，元成宗年间（约 1300 年）迁入。③ 由此看来，元代也是北方及其他外省人民迁入闽南的一个重要时期。

三、汉族人民迁居台湾

连横《台湾通史》中有关于汉族人民向台湾、澎湖移民的记载，"及唐中叶，施肩吾始率其族迁居澎湖，肩吾，汾水人，元和中举进士，隐居不仕，有诗行世，其《题澎湖》一诗，鬼市盐水，足写当时之景象"。④ 因属孤证，许多人怀疑其真实性。因

---

① 吴肇庆主编：《平和县志》卷三，《人口》，第一章《人口分布与变动》，第 117 页，群众出版社，1994。

② 民国《云霄县志》卷六，《氏族》。

③ 陈支平：《福建六大民系》，第 101 页，福建人民出版社，2000。

④ 连横：《台湾通史》卷一，《开辟纪》。

此，《台湾通史》的记载不足为据。事实上，直到宋元时期，汉族人迁居台湾才有明确的记载。

楼钥《汪大猷行状》记载："乾道七年（1171 年），四月起知泉州，到郡……郡实濒海，中有沙洲数万亩，号平湖，忽为岛夷号毗舍耶者奄至，尽刈所种，他日又登海岸杀略，禽四百余人，歼其渠魁，余分配诸郡。"① 周必大《汪大猷神道碑》也记载："乾道七年（1171 年）……四月起知泉州，海中大洲号平湖，邦人就植粟、麦、麻。"② 因此，至少在南宋朝，已有大陆汉族人民移居澎湖，并从事种植业了。我们从闽南族谱中亦可得到佐证，据《德化使星坊南市苏氏族谱》的序言记载，"（苏氏一族）宗派分于仙游南门、兴化涵头……台湾散居各处"，这篇序文是苏氏七世祖苏钦写于南宋绍兴三十年（1160 年），序文既写于南宋，则苏氏族人迁居台湾至少可以推到北宋年间。东北师范大学教授、国际苏氏新会理事颜中其编著的《新编苏氏大族谱》中，也有着同样的记载：闽派苏氏家族，与台湾有极为密切的关系，闽派苏氏五世以后分布于仙游、泉州、同安、台湾等地。在《泉州市志》和《德化县志》中都记录有"德化苏氏族人迁居台湾，为泉州人迁台的最早记载"。③ 此外，地下出土文物亦证明了宋代已有汉族人民迁居台澎。台湾大学考古系黄土强教授曾多次到澎湖进行实地考察，发现大量宋代瓷片及宋代铜钱，他说，迄今所发现的历史时期遗址有姑婆、后寮、中屯 a、中屯 b、通梁 b、安宅、布袋港 7 处，可以说皆属宋元时期的遗址。遗物以

---

① 楼钥：《攻媿集》卷八八，《汪大猷行状》。
② 周必大：《文忠集》卷六七，《汪大猷神道碑》。
③ 彭建军等：《清〈苏氏族谱〉考：福建人迁居台湾可推至北宋》，http://www.cnr.cn/2004news/why1/t20060427504200467.html。

陶瓷为大宗，且多为宋代民间流行的器物，这类器物曾发现于大陆沿海的宋墓中以及泉州湾出土的宋代古船中，形制与澎湖采集的完全一样。①

元代汉族人迁居台澎的情况，在汪大渊《岛夷志略》中有非常明确的记载，汪大渊于元顺帝时附搭海船，远游南洋各国，根据耳闻目睹的情况写成了《岛夷志略》，其真实性向为人所重。《岛夷志略》"澎湖条"记载："岛分三十有六，巨细相间，坡陇相望，乃有七澳居其间，各得其名，自泉州顺风二昼夜可至，有草无木，土瘠不宜禾稻，泉人结茅为屋居之，气候常暖，风俗朴野，人多眉寿，男女穿长布衫，系以土布，煮海为盐，酿秫为酒，采鱼、虾、螺、蛤以佐食，蒸牛粪以爨，鱼膏为油，地产胡麻、绿豆，山羊之孳生，数万为群，家以烙毛刻角为记，昼夜不收，各遂其生育，工商兴贩，以乐其利。"可见，当时迁居澎湖的主要是泉州人，可能因为泉州离澎湖最近的缘故。泉州人迁居澎湖并不是暂住，而是定居下来，过着男耕女织的生活。另外，由"山羊之孳生，数万为群"可知，当时定居澎湖的居民不在少数。

《岛夷志略》不仅记载了澎湖的情况，而且记载了当时台湾的情况，书中写道："（台湾）地势盘穹，林木合抱，山曰翠麓，曰重曼，曰斧头，曰大崎。其峙山极高峻，自澎湖望之甚近，余登此山则观海潮之消长，夜半则望旸谷之日出，红光烛天，山顶为之俱明，土润田沃，宜稼穑，气候渐暖，俗与澎湖差异，水无舟楫，以筏济之，男子妇人拳发，以花布为衫。煮海水为盐，酿蔗浆为酒，知番主酋长之尊，有父子骨肉之义，他国之人倘有所

---

① 林仁川：《大陆与台湾的历史渊源》，第28、29页，文汇出版社，1991。

犯，则生割其肉以啖之，取其头悬竿，地产沙金、黄豆、黍子、硫磺、黄蜡、鹿、豹、麖皮。"有的学者根据这段话推断出，在汪大渊来到台湾之前，必有内地人来过台湾或迁往台湾，汪大渊登山观览可能就是由当地汉人引导，至于内地商人之早已到台贩卖，似更无可疑。汉人开拓澎湖，成为渔业根据地之后，其捕捞范围自不限于福建、澎湖间的海域，越此界而拓展至澎湖、台湾之间的海面，嗣后顺次扩张至台湾西南部的沿岸乃为极自然之事。① 由此可见，元代确实已有汉人迁居台湾西南部。

第二节　宋元时期闽南社会经济的发展

一、农业经济的繁荣

宋朝统一南北，结束了五代时期分裂割据的局面，人民生活趋于安定，人口剧增，社会生产力发展迅速，水利工程的兴修广泛兴起，这都促使闽南农业进入了一个新阶段，农业生产水平有了一定的提高。

人口的大量增加，是闽南农业发展的重要条件。从唐末至南宋的 400 余年间，北方每经历一次战乱，福建人口就会有一次显著的增加。据历代统计数字记载：福建人口在北宋初年是唐后期的 6 倍多，南宋初年的人口又比北宋末年增长 31％，在两宋交替的 60 年中，福建激增 33 万户，"生齿之繁"是前代所未曾有过的。福建是宋代户口增加最快的地区之一，耕地极少而人口密

---

① 林仁川：《大陆与台湾的历史渊源》，第 34 页，文汇出版社，1991。

度却与平原地区相近。① 在闽南地区，从唐元和年间（806～820年）至北宋元丰初年，漳州的人口增长幅度竟高达318％②，"中兴（南渡）以来，生齿日繁，漳之事物，益非昔比"③。泉州的人口，元和时为239392人，到了北宋太平兴国年间（976～983年）达395982人，元丰、崇宁年间则达到了825764人，到南宋时，又有所增加。④ 闽南地区因为人口的大幅度增长，劳动力增加，农业生产迅速发展起来。漳州"自宋以后，民生日繁，鸟兽避迹"⑤，"白水青秧纵横，远近布棋局，平原旷野参差，高下叠龙鳞"⑥。

由于人口的大幅度增长，必然导致人口与耕地之间比例的失调，造成人口对耕地的巨大压力。人多地少的矛盾在此时尤为明显。元丰间（1078～1085年），福建人口占南方四路总人口的19.9％，而耕地仅占8.2％，每户平均不足11亩，为两浙路户均耕地的1/2，江南东、西两路的2/7，福建"地狭人稠，为生艰难，非他处比"。⑦ 田价在此时也大幅度上涨，如陈宓《复斋先生文集》卷四《安溪劝农文》说："七闽寸土直钱多，次是泉山价格高。"

---

① 厦门大学历史研究所、中国社会经济史研究室编：《福建经济发展简史》，第6页，厦门大学出版社，1989。

② 唐文基主编：《福建古代经济史》，第193页，福建教育出版社，1995。

③ 光绪《漳州府志》卷首，《旧序》。

④ 〔荷〕费梅儿、〔中〕林仁川：《泉州农业经济史》，第4、5页，厦门大学出版社，1998。

⑤ 乾隆《龙溪县志》卷二一，《杂记》。

⑥ 郑解元：《鸿江赋》，见光绪《漳州府志》卷四二，《艺文之二》。

⑦ 廖刚：《高峰文集》卷一，《投省论和买银札子》，第17页，海峡文艺出版社，1999。

　　为了缓解人多地少的严重矛盾，宋元时期，闽南人民积极开垦湖田、圩田、埭田和梯田，扩大耕地面积。隋唐五代多集中于对湖田的围垦，沿海埭田和山区梯田数量还不是很多。到了宋代，由于人口剧增，使更大规模的开垦成为可能。如漳州地区，谢伯宜在家乡龙溪以私资"疏通九十九坑水为圩田，由是八九都傍海之地，皆成沃土"，人们纷纷"仿而行之"，① 于是各地展开大规模的水利建设。南宋初，颜若敏、傅伯成、丁知几等，都致力于修筑堰陂和开港，漳州遂成鱼米花果之乡。海澄一带"昔为斗龙之渊，浴鸥之渚，结茅而居者，不过捕鱼纬萧，沿作生活"② 而已，经围垦之后悉为沃壤。山区也不例外，如长泰县，据道光《福建通志》水利资料统计，全县有陂 152 座，其中 131 座是宋代所建。泉州地区，晋东平原至南宋乾道年间（1165～1173 年），终使大片盐碱地变为良田，获得耕地 1000 多顷。绍圣年间（1094～1098 年），政府下令将闽江下游及入海口所形成的沙滩和海涂辟成良田："海退泥淤沙塞，瘠卤可变膏腴"，"许民陈请，依法成田请税"。③ 说明了这一地区大多已成为可耕之地。

　　在闽南山区，人们扩大耕地的主要措施仍是开辟梯田。据北宋末年方勺《泊宅编》记载："七闽地狭瘠，而水源浅远，其人虽至勤俭，而所以为生之具，比他处终无有甚富者。垦山陇为田，层起如阶级，然每远引溪谷水以灌溉，中途必为之硙，不唯碓米，亦能播精。（原书注：播精谓去其糠秕，以水运之。正如人为，其机巧如此。）朱行中知泉州，有'水无涓滴不为用，山

---

　　① 光绪《漳州府志》卷二八，《人物》。
　　② 乾隆《海澄县志》卷十五，《风土·风俗考》。
　　③ 梁克家：《三山志》卷一二，《沙洲田》。

到崔嵬犹力耕'之诗，盖纪实也。"[1] 安溪县令黄锐在《题大眉小眉山》诗中写道："一岭复一岭，山巅又一巅。步丘皆力稼，掌地也成田"[2]，这形象地反映了当时安溪县开辟梯田的情状。山地梯田的成片开发，大大提高了土地的利用率，"虽硗确之地，耕耨殆尽"[3]。

在扩大耕地面积的同时，闽南水利工程的兴修也在宋元时期得到了长足发展。如泉州地区，不仅兴修了许多新的水利工程，而且对旧的水利设施进行了维护和改进。据蔡清《修海岸长桥记》记载，沿泉南里许经陈江、玉涧至龟湖，本来都是咸流侵蚀不可耕之地。宋乾道年间（1165～1173 年），人们"筑大堤以止其流，而内蓄涧水以溉田殆千余顷，傍堤之边架石，以通行者，计七百七十余间，通名海岸长桥……其工甚巨、其利甚溥"。[4] 在修筑浩浦埭和西埭海田时，也同时修建了与之配套的水利设施。据史料记载，泉州有埭 94 处，以位于东南 20 里的涅浦埭最大，"上承九十九溪之水，广袤五六里，襟带南乡之境，出溜石六斗门入于晋江，宋时筑捍三万丈，斗门四，与陈埭斗门共为尾闾泄水。治平二年以后屡坏屡修，绍兴六年，大加修治"；泉州有陂 82 处，以府南清洋陂最大，"邑南诸洋俱受溉焉。自涅浦而西，水之小者为溪，大者为浦，溪、浦分流之际，则筑土为陂，以溉溪旁之田。自南安县之九溪至府西南之高溪，凡三十六水，合流数百里为陂。自陂而下，为拱塘、苏塘，萦回复十余里，所溉田千有八百顷，宋熙宁初筑。淳熙七年，累石为岸，以防霖

---

① 方勺：《泊宅编》卷三，中华书局，1983。
② 嘉靖《安溪县志》卷七，《文章类》。
③ 《宋史》卷八九，《地理志》。
④ 蔡清：《蔡庄公集》卷四，《修海岸长桥记》，泉州历史研究会，1986。

溢，且为三垛以泄水，长一百八十丈，广二丈有咫，修小陂于支流者五，为斗门于下流者七，陂之南北，增作长岸各三，倍其长之数焉。凡渚港、浦、埭、塘，皆古人填海而成之，所谓'闽在岐海中'也"。① 㳆田塘在晋江县南 30 里，周 4980 丈，"会流最广"。留公陂在泉州府北，宋右史留元刚筑，"外捍海潮之入，内防溪流之出，创五斗门以时蓄泄，晋江、惠安二邑之田利其灌溉者，可二千六百余亩"。② 另外，对唐代所修的东湖和天水淮也进行了维护和改进。东湖在宋初"几成平陆"，至庆元六年（1200 年）开始重挖，到淳祐三年（1243 年）再次开挖，"凡浚五万五千多丈，又积土为三山，中创二桥，复丰泽斗门"。天水淮到宋初，陈洪进重修之，并改名为节度淮，后来"淮枯田芜"，宋景祐四年，曹修睦再浚治，"别营三涵，视潮来去，以为启闭"，经过这次重修，建成大渠一条长 2900 丈，广 1 丈 5 尺，小渠 8 条，共长 2058 丈，广 5 尺。③ 到了元代，又筑东埭和白衣埭，并重修了万石陂。万石陂在南安县南 3 里，溉田 1 万多亩。

　　漳州地区的水利工程主要修建于南宋时期。如南宋初年颜若敏、傅伯成、丁知几等都致力于修筑堰陂和开港。在漳州附近，则有新渠、章公渠和郑公渠等水利工程的兴修。据吴宜燮《龙溪县志》卷二四记载，绍兴十九年（1149 年）秋，沿浦凿渠凡 14 处，"自溪导水，以次而上，向之所谓高平之田，悉沾其利，计其所溉，无虑千顷，上有以备天时，下有以尽地利"。

---

① 顾祖禹：《读史方舆纪要》卷九九，《福建五·泉州府》。

② 乾隆《泉州府志》卷九，《水利》引《顾珀修陂记》。

③ 转引自〔荷〕费梅儿、〔中〕林仁川：《泉州农业经济史》，第 62、63 页，厦门大学出版社，1998。

新的生产工具在此时也得到了大力推广，北方地区所使用的农具，福建也普遍使用起来。如主要用于水田耕种的犁、平田工具耖、插秧使用的秧马等都已在福建广泛使用。耕牛是主要的畜力，政府及民间都很重视对其保护和繁殖，朱熹《漳州劝农文》云："耘犁之功全藉牛力，切须照管，及时喂饲，不得辄行宰杀，致妨农务。"灌溉工具在此时也有进步，除了传统的桔槔、戽斗外，还大量使用以畜力、水力为动力的翻车、筒车。陈寿祺《重纂福建通志》载，元丰五年（1082 年）陈世卿再知泉州时，"岁旱，教民用牛车汲水入东湖溉田"。可见，当时闽南农民不仅能够制造龙骨水车，而且还有以牛为龙骨车动力的"牛车"。

人口的剧增、耕地面积的扩大、水利工程的兴修与维护以及生产工具的改进，这些都促进了闽南农业生产的巨大发展。主要表现为农作物优良品种的大范围推广，耕作技术的显著进步以及经济作物的普遍种植。

水稻是福建路最主要的粮食产品，而且在沿海地区种植最广。宋人习惯把福建分为"上四州"（建州、南剑州、汀州、邵武军）与"下四州"（福州、泉州、漳州、兴化军）。"上四州"的稻田大都是山田，"下四州"则主要是湖田与潮田。湖田是填湖塘而成，土壤肥沃、灌溉便利，是极优良的水稻田；潮田是一种濒海新田，潮水涨退，淤泥沉积，筑堤成田后，用淡水冲灌，斥卤既尽，渐可种稻，产量也高。这两种田在泉州、漳州沿海都有大面积的耕种。由于湖田、潮田土质好、灌溉便利，故常被用来种双季稻。北宋时期，"山之田岁一收，濒海之稻岁两获"。但实行两熟制必然要求缩短水稻的生长期，所以如何改良和引进新品种就成了首要的问题。原产于越南南部的占城稻不仅十分耐旱，而且生长期短。占城稻引进于北宋大中祥符年间（1008～

1016 年），首先在泉州落脚，既而向闽南、闽北等地推广开来。占城稻的引进不仅扩大了水稻栽种面积，而且也扩大了双季稻的种植区域，明显地提高了水稻产量。除占城稻外，尚有其他水稻品种，如"所谓粳谷者，得米少，其价高，输官之外，非上户不得而食"，"所谓小谷，得米多，价廉，自中户以下皆食之"。①

宋代是我国古代农业发展的一个决定性时期，最明显的标志便是农业在此时开始从深度和广度上向精耕细作方向发展。由于闽南此时"地狭人稠"，耕地不足，如何在有限的耕地上增加单位面积的产量，成为闽南人民考虑最多的问题。南宋先进的耕作方法最讲究"尽人力"，即如何最大限度地发挥人力的作用，他们提倡勤耕、勤耘以提高产量。这可以从朱熹、真德秀这些关心农业生产的官员的言行中看出来，如真德秀将良农的标准定为："凡为农人，岂可不勤，勤且多旷，惰复何望。勤于耕畲，土熟如酥；勤于耘籽，草根尽死；勤修沟塍，蓄水必盈；勤于粪壤，苗稼倍长。勤而不惰，是为良农。"②真德秀在漳州任内的 3 篇劝农文，中心议题也都是劝农唯"勤"是务。朱熹力主"深耕浅种"，他说："大凡秋间收成之后，须趁冬以前，便将户下所有田段，一例犁翻冻令酥脆，至正月以后，更多著遍过这样数，节次犁耙"，使得稻田"田泥深熟，土肉肥厚，种禾易长，盛水难干"；"秋收后便耕田，春二月再耕，名曰秒田"。③

耕作技术上还强调"顺天时"，千方百计地提高复种指数。

---

① 舒璘：《舒文靖公类稿》卷三，《与陈仓论常平》。

② 真德秀：《真西山先生集》（丛书集成初编）卷七，《福州劝农文》，中华书局，1985。

③ 《朱子全书·晦庵先生朱文公文集》卷九九，《南康劝农文》，上海古籍出版社，2002。

朱熹在《漳州劝农文》中就反复告诫人们应当"趁时早"①。真德秀也明确指出"春宜深耕,夏宜数耘,禾稻成熟,宜早收敛;豆麦黍粟,麻芋菜蔬,各宜及时,且功布种;陂塘沟港,潴蓄水利,各宜及时,用功浚治",他还要求泉州农民因地制宜种植庄稼,他认为泉州"有黍有禾,有麦有菽","高山种早,低田种晚,燥处宜麦,湿处宜禾,田硬宜豆,山畲宜粟,随地所宜,无不栽种"。②

宋元时期,福建的经济作物极其丰富,其中棉花、甘蔗、茶叶和荔枝、龙眼、柑等水果都是闻名全国的产品。

棉花,又名吉贝,"宋元之间,始传其种入中国,关、陕、闽、广首得其利"。③ 闽南人竞相种植棉花,有至数千株者,如泉州农家多"自种(棉株)收花"。闽棉质量上乘,"尤为丽密",为种植者带来极大的经济效益,宋人谢枋得《谢刘纯父惠木棉》云:"嘉树种木棉,天何厚八闽,厥土不宜桑,蚕事殊艰辛,木棉收千株,八口不忧贫。"④ 元代木棉种植更为广泛,至元二十六年(1289 年),政府在福建设立木棉提举司,进一步扩大木棉在闽地的种植区域。

在闽南,甘蔗普遍种植于宋代时期,不仅种植面积广大,产量也较高。据苏颂所编《图经本草》记载:"(甘蔗)叶有两种,

---

① 《朱子全书·晦庵先生朱文公文集》卷一〇〇,《漳州劝农文》,上海古籍出版社,2002。

② 真德秀:《真西山先生集》卷七,《再守泉州劝农文》,中华书局,1985。

③ 邱濬:《大学衍义补》卷二二,《贡赋之常》,吉林出版集团,2005。

④ 谢枋得:《谢叠山集》卷三,《谢刘纯父惠木棉》,中华书局,1985。

一种似荻，节疏而细短，谓之荻蔗；一种似竹，粗长，榨其汁以为砂糖，皆为竹蔗，泉、福、吉、广多作之。"惠安在"宋时，王孙走马埭及斗门诸村皆种蔗煮糖，商贩辐辏，官置监收其税"。① 苏颂还将甘蔗分为若干种："出于泉、漳者，皮节绿而甘；出于福州者，皮节红而淡。"《太平寰宇记》甚至把甘蔗列为泉州特产。甘蔗的广泛种植，为闽南的制糖业打下了坚实基础。

至少在宋代，泉州人已在崇山峻岭间广开茶园，致力于茶叶生产。在安溪县的长坑和龙涓，都发现了乔木型野生茶树，证明了这里很早便有茶树的种植。北宋时，泉州七县都种茶，以晋江清源洞及南安一片瓦产者尤佳。安溪《清水岩志》也记载该岩所产之清水岩茶"其味尤香，其功益大，饮之不觉两腋风生"。

宋代的福建堪称"水果之乡"，其所产水果品种之多，在当时是很著名的。荔枝是闽南特产，有"果中皇后"之称，宋代闽南人已培育出蓝家红、何家红、法石白等良种。蓝家红"泉州为第一"；何家红出自漳州；法石白"出泉州法石院，色青白，其大次于蓝家红"。② 同时，还发明了用于果品保存的"红盐法"，使荔枝能够长久保存，因而远销中外，"悉为红盐者，水浮陆转，以入京师，外至北戎、西夏，其东南舟行新罗、日本、琉球、大食之属，莫不爱好，重利以酬之，故商人贩益广而乡人种益多，一岁之出，不知几千万亿"。③ 龙眼亦为闽中佳果，福、兴、泉、漳为主要产地，宋时即已大量栽培。柑和橘在闽南也被广泛种

---

① 嘉靖《惠安县志》卷五，《物产》。

② 《蔡襄全集》卷三〇，《荔枝谱》第七，第680页，福建人民出版社，1999。

③ 《蔡襄全集》卷三〇，《荔枝谱》第三，第678页，福建人民出版社，1999。

植，还是宋代漳州的贡品。还有芭蕉，据《闽部疏》记载："美人蕉，福州为多，而无蕉实。泉漳间始家树大蕉、小蕉，皆能食，实后斫而丝之，是为蕉布。"

二、手工业的蓬勃发展

宋元时期闽南的手工业，无论从生产技术，还是从产品的数量和质量上而言，均较以前有了巨大发展。这主要有如下几个因素：首先，入宋以后，闽南人口剧增，人口与耕地比例严重不协调，迫使一部分劳动力开始从发展手工业中寻找出路。其次，这一时期，中原饱受战乱之苦，而闽南远离战火，相对稳定。南宋定都临安后，增加了对福建手工业产品的需求，一度使福建成为南宋最重要的后方基地之一，故宋朝政府十分重视发展福建的经济。再次，唐五代工匠积累了丰富的生产技术和经验，加之这一时期大量中原与江浙一带移民入闽，带来了先进的手工业生产技术。另外，海运业的发展，加强了福建与其他各地区的经济交流，解决了福建的缺粮问题，且为福建手工业产品开辟了市场。在以上诸因素的作用下，闽南手工业进入了鼎盛时期，矿冶、造船、制瓷、纺织、制盐等业都获得了空前的发展，呈现出一派繁荣景象。

（一）矿冶业

宋元时期，福建是全国重要的矿冶区。此时期福建发现的矿藏种类较唐五代更为丰富，不仅有金、银、铜、铁，还有水银、锡、矾等，凡《宋史·食货志》上所载的，福建几乎全都有，品种相当齐备。据《文献通考》记载，北宋初期的福建有银场 27处，铁场 20 处，铜、铅场各 28 处，均居全国首位。[1]

---

① 　马端临：《文献通考》卷一八，《征榷考五·坑冶》。

闽南的矿冶业在此时也有较大的发展。冶银则有著名的安溪龙崇银场，采炼于熙宁年间（1068～1077年），银场遗址在今尚卿乡银场村，村里至今还遗存着大量的炼渣和耐火砖块。冶铁以泉州、永春、安溪、德化所处的戴云山麓发展最为迅速。宋初，在永春的倚洋、安溪的青洋、德化的赤水都设立了铁场。据《宋史·食货志》载："庆历五年，泉州青阳铁冶大发，转运使高易简不俟诏，置铁钱务于泉，欲移铜铁于内地。"可见当时泉州铁冶已有相当的水平。据嘉靖《惠安县志》卷五记载，宋代该县的卜坑、黄崎、曾炉、卢头、沙步、峰前、牛埭都出铁砂，并且"置冶煮炼"。乾隆《泉州府志》卷二一载，当时的晋江石菌、卢湾、牛头屿、长箕头，永春的东洋、肥湖和德化的信洋、上田、邱埭等地也都有冶铁业。据《宋史·食货志》载，治平中（1064～1067年），建、汀、漳、泉都设有"铜冶"，[①] 说明北宋时期闽南已开始采炼铜矿了。另外，《宋史·食货志》还记载当时漳州产矾，"惟漳州之东，东去海甚迩，大山深阻，虽有采矾之利，而潮、梅、汀、赣四州之奸民聚焉"。[②]

宋元时期，闽南冶炼业的发达，也使铜铁铸造业兴盛起来。如安溪青阳铁场增产后，即"置铁务于泉"，大造铁钱。另外，铜铁铸造品也是当时闽南的外销品，据《诸番志》等书记载，泉州的生铁、铜鼎、铁针等远销到三佛齐、佛罗安等地。至于铜钱、铁钱，更是被各国视为珍宝而大量外流，"金银铜铁，海舶飞运，所失良多，而铜钱尤甚"，虽然宋朝政府严禁钱币出口，但商人多厚贿买通官吏，"其弊卒不可禁"。[③]

---

① 《宋史》卷一八五，《食货下七》"坑冶"。

② 《宋史》卷一八五，《食货下七》"矾"。

③ 《宋史》卷一八六，《食货下八》"互市舶法"。

（二）造船业

宋元时期，闽南沿海地区人稠地狭的矛盾突出，许多沿海居民迫于生计，纷纷选择造船出海谋生。宋人谢履的《泉南歌》云："州南有海浩无穷，每岁造舟通异域。"另外，宋朝统治者重视发展海外贸易，允许并鼓励闽南民间造船。这必然促进了闽南造船业的发展。

在宋代以前，福建造船业主要分布在福、泉两州，入宋以后，则扩大到沿海四州军，"漳、泉、福、兴化，凡滨海之民所造舟船，乃自备财力，兴贩牟利而已"。[①] 可见，闽南的造船业此时有了新的发展，不仅泉州的造船业继续向前发展，而且漳州的造船业也已起步并发展迅速。在泉州，由于民间造船大兴，大量树木遭砍伐，以致山区出现了所谓的"童山"。为了解决造船材料的供应问题，泉州从日本进口木材，"（日本）多产杉木、罗木，长至十四五丈，径四尺余。土人解为枋板，以巨舰搬运至吾泉贸易"。[②] 1974 年，在泉州后渚港发掘出一艘沉睡千年的宋代古船，船残长 24.2 米，残宽 9.15 米，可以想见原船的巨大。据推算，该船载重量在 200 吨左右。经初步鉴定，它可能是"福船"的前身，为南宋后期所造。[③] 1959 年在泉州涂门外法石村的乌墨山澳、鸡母澳一带，发掘出一批船桅、船板、船碇、船索等遗物，这极有可能是宋代泉州造船、修船和海船停泊的遗址。[④]

---

① 《宋会要辑稿》，第七册，刑法 2 之 137。

② 赵汝适：《诸番志》，卷上《倭国》，上海古籍出版社，1993。

③ 《发掘简报》编写组：《泉州湾宋代海船发掘简报》，《文物》1975 年第 10 期。

④ 泉州海外交通史博物馆调查组：《泉州涂门外法石沿海有关中外交通史迹的调查》，《考古》1959 年第 11 期。

　　泉州是当时重要的对外贸易港口，与许多国家都有贸易往来，商路的开辟和贸易关系的建立都需要大量的海船。除了用于海外贸易，闽南还为宋元政府的军事、经济、外交诸活动提供船只。建炎三年（1129年），金兵蹂躏江南，宋高宗率官兵乘千艘海船由明州奔温州，这千艘海船即由福建制造。元朝几次重大的军事行动也都由福建提供船只，至元十六年（1279年），忽必烈征日本，"敕扬州、湖南、赣州、泉州四省，造海船六百艘"，至元二十九年（1292年），"征爪哇，令福建、江西、湖广三行省……发舟千艘"。① 宋元两朝南粮北运所需船只也多由福建提供，南宋建炎以来，临安的粮食经常不能自给，遂诏广东籴粮运储闽中，再由福建提供"客舟"运粮北上。北宋时，历次奉使去高丽，都是向福建等地雇募"客舟"。这种由民间大船改造的"客舟"，据载"长十余丈，深三丈，阔二丈五尺，可载二千斛粟"，"上如平衡，下侧如刀，贵其可以破浪而行"。② 另外，宋元福建所造船只还出口到海外。印度和中国间的交通，使用的几乎全是中国的船，大船有4层，设备齐全，可载1000人。这类商船都是泉州或广州制造的。

　　综上所述，可见宋元时期闽南的造船业特别是泉州的造船业，实力不凡，在全国同行业中占据重要的地位。

（三）制瓷业

　　闽南制瓷业发展至宋元，进入鼎盛时期。此时的海上"陶瓷之路"向来为学术界所关注，究其原因，闽南陶瓷经历了先秦时期的起源、汉唐的发展，直至此时的鼎盛，与中原陶瓷相比较，闽南陶瓷虽走过漫长的发展道路，然得天时地利之先声，凭借海

---

① 《元史》卷二一〇，《爪哇传》。
② 徐兢：《宣和奉使高丽图经》卷三四，《客舟》。

外交通贸易之势，适应国外市场之需，闽南瓷业一时窑烟四起，陶瓷文化随着海上"陶瓷之路"传播到海外各国，影响至巨。①

至今为止，闽南地区发现的瓷窑遗址大部分是宋元时期的。如泉州地区，据 1988 年以前的不完全统计，五代以前的窑址有 17 处，宋元时期则增至 127 处，其中原无窑址的德化、安溪两地分别发现了 32 处和 23 处。② 如泉州地区的晋江磁灶窑、泉州东门窑、安溪窑、永春窑、德化碗坪苍窑、屈斗宫窑、南安窑，厦门地区的后溪碗窑、同安汀溪窑，漳州地区的漳浦赤土窑、诏安窑、云霄窑等。这些窑烧造的瓷器，在国内的流传远不如在国外特别是东南亚地区的流传广，这也正与泉州在宋元时期的东方第一大港地位相吻合。

宋代闽瓷有黑瓷、白瓷、青瓷三种。青瓷以同安窑、安溪窑、南安窑、晋江窑为代表。同安窑位于同安汀溪水库一带，是重要的青瓷窑址，"珠光青瓷"是其最具特色的产品。类似同安青瓷的窑场在福建 16 个县市先后发现 22 处，因而有学者把这类瓷窑命名为"同安窑系"。根据调查，汀溪窑露出地表的窑炉有 10 条，废品堆积约 3 万平方米，釉色品种丰富，每条窑的产品基本不同，一般以烧一个品种为主，专业化程度较高。③ 安溪窑所烧瓷器瓷质与同安窑相近，但釉色有异，同一窑中的釉色也不甚稳定。南安窑在宋元时期也以烧制青瓷器为主，共计发现窑址 47 处，是闽南沿海最大规模烧造青瓷的窑

---

① 傅宋良：《闽南陶瓷概述》，厦门市博物馆编《闽南古陶瓷研究》，2002 年。

② 叶文程：《中国古外销瓷研究论文集》，第 193 页，紫禁城出版社，1988。

③ 同①。

场。晋江窑在距泉州 16 公里的磁灶乡，其宋元窑址规模大且分布集中，青瓷窑分布在蜘蛛山、金交椅山、童子山等处。产品主要是碗、碟、执壶、盆、盏等。釉色青绿，有的青中泛黄，胎骨有若瓦胎。采用匣钵装烧，托座垫烧，只有灯盏采用对口烧法。

白瓷以德化窑为代表，德化窑的生产规模很大，根据考古调查资料，德化县属于宋元时期的瓷窑遗址有 22 处，主要烧造白瓷、青白瓷。北宋德化窑瓷器造型优美，胎质白而精细，坚实致密，装饰花纹有二十几种之多，已进入了艺术化阶段；南宋德化瓷器的特点是专重釉色，其釉汁洁净无疵、晶亮透明。到了元代，德化白瓷成为上贡朝廷的贡品。

黑瓷，以建阳水吉镇的建窑为代表。闽南地区的德化、晋江、漳浦等地的窑址也兼烧黑瓷。此外，闽南也有少量彩瓷的出现，如在晋江磁灶窑、安溪窑出现了褐釉和褐彩，在晋江磁灶窑还出现了绿釉。

（四）纺织业

五代时期，闽国就多次向中原各朝进贡大量的锦、绮罗等丝织品。宋元时期，闽南纺织业又有新的进步，丝绸质量有显著提高。苏颂在其《送黄从政宰晋江》一诗中咏道："绮罗不减蜀吴春。"[①] 说明宋代泉州丝织品的质量之高，不亚于当时著名的四川、江浙。宋室南渡后，宗室贵族大量聚居泉州，贸易的需要以及统治阶级的生活需求，刺激了泉州丝织业更快发展。摩洛哥旅行家伊本·巴都他在《游记》中写道："刺桐城出产绸缎，较汉沙（杭州）及汗八里（北京）二城所产为优。"至元年间，元朝遣使印度，赠印度国王的礼物中有绸缎 500 匹，"其中百匹制自

---

① 苏颂：《苏魏公文集》卷七，《送黄从政宰晋江》。

刺桐城"。①

1975 年，在福州北郊浮仓山发掘的南宋黄升墓，共出土了 334 件丝织品，种类有罗、绫、绮、绢、纱、锦等，采用织、绣、彩绘、印花等手法，织有花卉、祥云、动物、人、几何图案等，且染以各种颜色，令人叹为观止。其中一件牡丹花罗背心仅重 16.7 克，还有 2 匹标有泉州南外"宗正纺染金丝绢官记"的锦缎。黄升的父亲黄朴曾任泉州知府兼提举市舶使，出土的丝织品便是黄朴在泉州任职期间，"利用专擅外贸之权得来的"，考古学家认为"这批出土的丝织品的产地极有可能来自泉州一带"。②

至于棉纺织业，由于宋元时期福建木棉的广泛种植，棉布的生产十分普遍，所谓"玉腕竹弓弹吉贝"之声，几乎村村可闻。在棉纺技术不断进步的基础上，南宋绍兴年间（1131～1162 年），闽南棉纺织品产量不断提高，仅泉州一地每年就上贡棉布 5000 匹。元朝至元二十六年（1289 年），政府在福建设木棉提举司，专门管理棉业生产，福建每年向朝廷输纳棉布 10 万匹，说明元代福建棉纺织业持续不衰。闽南的棉纺织品还大量销往国外，据《诸蕃志》记载，泉州生产的棉布被织染成各种花纹和颜色，销往国外。汪大渊《岛夷志略》也说泉州出口的印花棉布很受外国人欢迎。

（五）制糖与制盐业

由于宋元时期甘蔗的广泛种植，为制糖业提供了丰富的原料，闽南的制糖业到了宋代开始在全国崭露头角。

---

① 张星烺：《中西交通史料汇编》，第二册，第 76～77 页，中华书局，1977。

② 福建省博物馆：《福州市北郊南宋墓清理简报》，《福建文博》1997 年第 7 期。

宋代，闽南已能制造冰糖、红糖、白砂糖、黑砂糖。元代，又有蔗糖加灰凝固法和蔗糖盖泥脱色法两项技术的发明。泉州生产的糖有黑砂糖、白砂糖、冰糖、牛皮糖等，其中冰糖和牛皮糖"皆煮白糖为之，晋江为之，南安、同安、惠安俱出"。嘉靖《惠安县志》卷五载："宋时，王孙走马埭及斗门诸村皆种蔗煮糖，商贩辐辏，官置监收其税"，县志还介绍了当时制糖的具体方法，其产品不仅有白砂糖、冰糖，还有响糖、黑砂糖等，由于产量颇高，便"泛海售商"，成为外销品。

唐代，福建有 6 县产海盐，闽南海盐生产有明确记载的仅泉州的晋江、南安两县。到了宋代，福建海盐产地增至 10 县，在闽南增设了惠安、同安、龙溪、漳浦 4 场，加上晋江，闽南占据了福建海盐生产的半壁江山。顾炎武在《天下郡国利病书》中说："泉自宋，盐多与他郡"，宋时的盐亭，晋江县有 161 处，惠安县有 129 处，南安、同安两县也有不少；龙溪县有吴惯、沐犊、中栅 3 个盐场，漳浦县有黄敦盐场。

元朝在宋代盐场、盐亭的基础上，在闽南设置了惠安、浔美、浯州几处盐场，并于至元十三年（1276 年）正式在福建征收盐课。

当时的制盐为官营手工业，煮盐之地设亭、场，煮盐户称亭户、灶户。亭（灶）户往往数十家聚团煮盐，所以龙溪、漳浦煮盐处有"盐团"之称。煮盐处设"甲头"监视生产，产品归政府所有，亭（灶）户领取一定报酬。当时制盐的方法或用煮，或用晒，产量很大，除本地使用外，还远销各地，是政府税收的重要来源。

三、闽南商业及城市经济的繁荣

在农业、手工业蓬勃发展的基础之上，宋元时期，闽南商业及城市经济也进入了繁荣阶段。

（一）交通状况的改善

交通的发展是商品经济发展的必备条件。宋元时期，闽南的交通状况有了明显的改善，主要表现为桥梁渡口的日益增多。南宋时期，闽南形成了极具特色的造桥热潮，闽中石桥自此为天下所称道。福建以闽南桥梁最多，闽南则以泉州桥梁最多，如晋江县，宋时全县共有石桥 90 座，宋建者 50 座，其中 35 座建于南宋，桥梁总长达 50 余里，5 里以上的长桥有三四座，与洛阳桥不相上下的更多。特别是绍兴年间（1131～1162 年），晋江县造桥达 13 座，平均每年造桥 1 里以上，连续 30 余年造成 30 余里的桥梁。[①] 以下举几座重要的闽南桥梁加以简要的说明：

1. 洛阳桥。

泉州洛阳桥，建于北宋皇祐五年（1053 年）至嘉祐四年（1059 年），历时 7 年完工。该桥位于洛阳江入海口，桥长 360 丈（合 1200 米），宽 1 丈 5 尺（合 5 米），桥洞 47，用钱 1400 万，[②] 是我国第一座海港大桥。建桥工程由泉州知府蔡襄主持，它采用的"筏型基础"和在桥墩上广殖海蛎以巩固桥基的做法，是海湾建桥史上的创举。洛阳桥的建成，缩短了泉州与福州之间的陆路行程，消除了商旅冒风浪援渡的危险，便于商旅往来及货物的运转。为泉州港的海外交通及贸易的进一步发展提供了方便的交通运输条件，也为我国的海湾造桥积累了成功的经验。

---

① 庄为玑：《晋江新志》，下册，第 146、147 页，泉州志编纂委员会办公室，1985。

② 《蔡襄全集》卷二五，《万安渡石桥记》，第 566 页，福建人民出版社，1999。

2. 安海镇安平桥。

安平桥始建于绍兴八年（1138 年），历时 14 年才完工，它东起晋江安海，西至南安水头，全长约 5 里（约合 2500 米），故又称"五里桥"，宽 1 丈（约合 3.3 米）左右，是当时全国最长的桥梁，号称"天下无桥长此桥"。全桥用大长条花岗石垒砌而成，工程浩大而艰巨，堪称奇迹。安平桥的建成，使中外商舶可直接停泊在桥边码头装卸货物，极大地方便了泉州进出口货物的水陆运输。

3. 漳州虎渡桥。

虎渡桥俗名江东桥，《读史方舆纪要》说："江南石桥，虎渡第一。"它是当时世界上最大最重的石梁桥，其最大的一条花岗石石梁长 23.7 米，宽 1.7 米，高 1.9 米，重约 207 吨，即使在今天要开采、运输、架设这样的石梁，也是十分困难的。宋绍熙间郡守赵佰逖始造浮桥，"嘉定七年（1214 年），郡守庄夏累石为址，凡一十有五，架梁而覆以屋"，"嘉熙元年（1237 年）火，郡守李绍捐私钱五十万，又规划得钱万缗以助役。越四年，桥成，长二百丈，址高十丈，酾水一十五道，东西各有亭"。[1] 虎渡桥建成后，成为宋代以来泉州府通向漳州至广东的咽喉。

除以上几座桥梁外，较著名的尚有晋江凤屿盘光桥，建于嘉祐年间（1056～1063 年），长 400 余丈（约合 1300 多米），比洛阳桥长 40 余丈，双桥相距不远，如两道长虹横跨洛阳江之上。安平西桥，在安海镇，建于绍兴年间（1131～1162 年），长 800 余丈（约合 2700 米），比盘光桥更长。

此外，随着经济的繁荣，原本堵塞的溪流、河道也在此时获

---

① 黄仲昭：《八闽通志》卷一八，《地理·桥梁·漳州府》。

得疏浚，永春县桃溪以前有四道险滩，太平兴国年间（976～983年）都经过了疏浚，从而减少了溪运的危险，使这一地区的交通状况大为改善。在陆路交通方面，南宋时期李鼎主持修筑了漳州至漳浦的道路，工程浩大，效果显著。

宋代，福建已普遍设有驿馆，交通设施日趋完备。宋承唐制，30 里有驿，非通途大道则曰馆。驿与驿之间还设有铺，铺设马递、步递、急递。宋代福建路下设 6 州、2 军、49 县，共有驿 46、馆 12、铺 35、亭 1、站 1。当时泉州辖 7 县，有驿 4；漳州辖 4 县，有驿 3、铺 3、馆 1。① 另外，漳州某些路远而驿站少的要道还设有庵，用以补助官驿。

（二）商业资本的发展

宋元时期，福建商业资本开始活跃于海内外。闽商相当活跃且实力雄厚，处于迅速发展的阶段。

随着人口的剧增，福建地区出现了"虽欲就耕无地辟"的现象，人口与耕地的比例严重失调，这迫使该地区的部分农民离开土地寻求新的生活出路，愈来愈多的人口从农业生产中游离出来，进入工商业领域。其实早在宋仁宗时期，沿海各地的下户状况就已严重恶化，如蔡襄所说："南方地狭谷鲜，又浮海通商，钱散不聚，丁男日佣不过四五十文。"② 苏轼亦云："福建一路，以海商为业。"③ 闽商极为活跃，在长达数千里的宋朝海岸线上，到处留下他们的足迹。宋代泉州海船每年必至海南岛，以酒、米、面粉、纱、绢、漆器、瓷器等货物与黎族人民交换土

---

① 参考唐文基主编：《福建古代经济史》，第 314 页，福建教育出版社，1995。

② 《蔡襄全集》卷二四，《上庞端公书》，第 531 页，福建人民出版社，1999。

③ 苏轼：《苏东坡全集》之五，《论高丽进奏状》。

特产。① 再一路北溯，凡广、恩、惠、潮、温、明、杭州、青龙、澉浦镇、江宁府、顾迳、黄姚市、通州、板桥镇等处港口，都可见"闽商海贾，风帆浪舶，出入于江涛浩渺、烟云杳霭之间"，乃至僻远的通州狼山山下水澳，"皆闽艘吴舰，与渡而渔目漕者之所出入"。② 广东化州的典质铺大多是闽商开设，广州城南更是"濒江多海物，比屋尽闽人"。浙江也遍布闽商，《嘉泰会稽志》曾说"今越人衣葛出自闽贾"。山东亦然，"闽粤商贾常载重货往山东"。甚至连某些进京赶考的士子也不忘兼营兴贩。③

宋元时期，闽南商人中不乏富商大贾，他们都拥有巨额的商业资本。如南宋周密《癸辛杂识》记载，泉州商人佛莲已发展到拥有 80 艘海船，④ 可见其资本是何等的雄厚。按照《宋会要辑稿》记载，当时规定海商"财本必及三十万贯，船不许过两只"，佛莲拥有的资本是极可观的。绍兴时泉州著名的海商杨客，通过海上贩运福建及东南亚的布匹、苏木、香药、珍异到临安销售，遂成大贾，资产达 2 亿。⑤ 晋江人林昭庆与乡里数人相结为海商，往来航行于福建、广东、山东之间，营利可观，家赀巨万。⑥ 泉州人王元懋"主舶船贸易，其富不赀"，也是一个拥有百万缗资产的富商。

福建海商往往推选巨商为纲首、副纲首，统一航行、经商事

① 《泉州古港史》编写委员会：《泉州古港史》，第 61 页，人民交通出版社，1994。

② 唐文基主编：《福建古代经济史》，第 317 页，福建教育出版社，1995。

③ 转引自厦门大学历史研究所、中国社会经济史研究室编著：《福建经济发展简史》，第 242 页，厦门大学出版社，1985。

④ 周密：《癸辛杂识》续集下，《佛莲家赀》。

⑤ 洪迈：《夷坚志·丁志》卷六，"泉州杨客"。

⑥ 秦观：《淮海集》卷三三，《庆禅师塔铭》。

务，有的纲首还负责在海外招徕番客来华经商。如番舶纲首蔡景芳自建炎元年至绍兴四年（1127～1134 年）的 8 年中，从海外招引大批番舶入泉州港，使朝廷赚得净利钱多达 98 万贯①。

（三）城乡商品经济的进一步发展

商业的发展带来了城市的繁荣，宋元时期，泉州、漳州都相当兴旺。泉州是以海上贸易为基础发展起来的港口城市。巨商大贾聚集在此，商品经济的发展程度远远超过了福州等地。豪商与地主官僚相当富庶，其庭院皆极其华丽，"怪石远从商舶至，名花多自别州移"，"番货远物并异宝奇玩之所渊薮；殊方异域、富商巨贾之所窟宅，号为天下最"②。由于泉州商业人口颇多，故真德秀任泉州太守时相当重视"市井经营"，大力提倡"秤斗称量，各务公当"，反对"大入小出"、"湿米水肉"等欺诈行为③。到北宋徽宗宣和年间（1119～1125 年），泉州城市规模已相当宏大，"城内画坊八十，生齿无虑五十万"，④ 泉州一跃而成为福建商品经济中心。伴随着泉州城市的快速发展，围绕着泉州出现了大批草市镇。镇市有：石井镇、溜石镇、潘山镇、海口镇、涵头镇、宁海镇、黄石镇、太平镇、龙华镇、石碧潭镇、安德镇、峡口镇、敦照镇；草市有：洛阳市、法石市、瓷市、濠市、五店市、后渚市、围头市、迎仙市、白湖市、中岳市、沙溪市、耕园市、司德市、赤店、康店、池店、畲店、新店、刘店、陈店、杨店、吴店、林店、石店等等。⑤ 其中以石井镇最为繁华，这主要

---

① 李心传：《建炎以来系年要录》卷一〇七，"绍兴六年十二月"。
② 吴澄：《吴文正公集》卷一六，《送姜曼卿赴泉州路录事序》。
③ 真德秀：《真西山先生集》卷七，《再守泉州劝谕文》。
④ 王象之：《舆地纪胜》卷一三〇，《福建路·泉州·风俗形胜》。
⑤ 唐文基主编：《福建古代经济史》，第 324 页，福建教育出版社，1995。

与其地理位置有关，石井港位于围头湾腹部，南北分别依托漳州、晋江两大平原，人杰地灵、物产丰富，南宋建炎四年（1130年）建镇以后发展迅速，年商税超过 3 万贯，是泉州港的重要辅助港口，吏部特以专文规定石井镇的监官与巡检的设置，足见其地位的重要。另外，惠安的江市、晋江的石笋也都是作为交通要道发展起来的商业市镇。

宋代，漳州与其他地区的经济往来日益密切，商品经济也开始繁荣起来。当时，福、泉、兴、漳四郡，全靠广东提供粮食，如果米船不至，军民便会挨饿。这种地区间的经济联系不仅为漳州提供了商品粮的来源，同时也为漳州提供了农业、手工业产品的市场，是漳州商品经济得以迅速发展的重要条件。工商业的发展促进了漳州城市的繁荣，漳州在宋代仅有土城，其后改为木栅，绍定三年（1230 年）改为石砌，淳祐九年（1249 年）又在城内砌五尺城石路，作为一郡政治、经济、文化中心的漳州城此时已粗具规模了。宋代漳州的集市也很繁荣，如龙溪县海口镇位于嘉禾湾北侧，漳州平原物资多集中于此镇然后寻海路出境。熙宁十年（1077 年），海口税额与控扼晋江尾闾的溜石镇同近1400 贯。漳浦县此时也"聚为一市，有亭可观，有桥可步，舟车之往来，商贾之出入，井烟繁阜，有无贸迁，万口同音，功施罔极"①。

除了草市、镇市之外，尚有庙市。所谓庙市，是墟市的另一种形式。闽南号称"佛国"，宋元时期寺庙林立，僧侣众多，各寺僧人常利用佛祖诞日等诸如此类的宗教节日举行盛大的庙市，用以增加经济收入和扩大寺院的社会影响力。同时，庙市对于活跃所在州县的商品经济、促进城乡商品经济交流都起到了一定的

---

① 　光绪《漳州府志》卷四三，《艺文三·漳浦印石记》。

作用。

（四）与台湾经济交流的加强

宋元时期，台湾经济虽有一定的发展，但与大陆相比还有很大的差距，加之资源缺乏，因此台湾人民的许多生活用品都仰仗大陆的供应。同时，台湾也有一些土特产品可以供给大陆。因此，台湾海峡自古以来就有频繁的贸易往来。

据文献记载，至迟在南宋时期，澎湖群岛已为福建人所熟知。曾担任泉州郡守的赵汝适著有《诸番志》，书中记道："泉有海岛曰澎湖，隶晋江县。"《古今图书集成》也记道："台湾之北曰澎湖，二岛相连，互为唇齿，在宋时编户甚蕃。"[①] 最早记载大陆与台湾经济往来的是王象之的《舆地纪胜》，他在"泉州风俗形胜"条的小注中说："自泉晋江东出海间，舟行三日抵澎湖屿，在巨浸中，环岛三十六，施肩吾诗云：'腥臊海边多鬼市，岛夷居处无乡里；黑皮年少学采珠，手把生犀照咸水'。"对于施肩吾是否到过澎湖，值得怀疑，但王象之这一记载是有根据的，正如曹永和所说："似国人初来居住于澎湖时，当时尚有先住民族，与国人曾有'鬼市'（暗中贸易），可能与施肩吾所咏者类似，致有如此附会，而其年代不会晚于南宋。"[②] 也就是说，至少在南宋之前，大陆人民与当地人民已经有贸易关系了。从近年来的考古发掘报告中，也确实看到台湾特别是澎湖出土了许多宋元时期的瓷器，台湾学者陈信雄《澎湖宋元陶瓷》一书就澎湖发现的 1 万多件陶瓷标本分析指出，产品大部分是晋江磁灶窑的外

---

① 《古今图书集成·方舆汇编·职方典》卷一一一〇，《台湾府部杂录》。

② 参见林仁川：《大陆与台湾的历史渊源》，第86页，文汇出版社，1991。

销瓷。这些瓷器极有可能是大陆移民带过去的，也可能是大陆商人到达澎湖或路过澎湖时，卖给当地居民的。① 这些移民或商人大部分来自闽南，说明了此时的澎湖已成为泉州通往亚洲各国航路上的重要一站。

元代，祖国大陆与台湾地区的经济往来有更明确的记载。汪大渊在《岛夷志略》澎湖条中说当时"工商兴贩，以乐其利"，就是说，大陆商人到达澎湖，可以获得相当利润。日本学者桑田六郎认为，澎湖因其地近大陆，向南可达"西洋诸国"，横越到台湾又可延伸到"东洋诸国"，往北可通日本，为航海的要津，因此元末似已成为转贩的基地了。② 由于地理位置的重要，来往澎湖的商船比较多，"土商兴贩，以广其利，贸易至者，岁常数十艘，为泉外府"③，说明元代到澎湖贸易的祖国大陆商人已有相当的规模。对于台湾与祖国大陆的贸易情况，《岛夷志略》"琉球"条记载详细："（台湾）地产沙金、黄豆、黍子、硫磺、黄蜡、鹿、豹、麂皮，贸易之货，用土珠、玛瑙、金珠、处州瓷器之属，海外诸国，盖由此始。"可见当时商人将土珠、玛瑙、金珠、处州瓷器运到台湾，与当地居民交换沙金、黄豆、黍子、硫磺、黄蜡、麂皮等土特产。

闽南与台湾的经济联系，主要依靠泉州港与鹿港之间的航运。鹿港为台湾中部彰化平原的主要门户，水路距泉州最近，顺风船只指日可达，鹿港是泉州人最早开发的地方。泉州沿海大港口星罗棋布，如晋江的安海、围头、石湖，同安的浯屿，惠安的

---

① 参见林仁川：《大陆与台湾的历史渊源》，第86页，文汇出版社，1991。

② 同上书，第87页。

③ 顾祖禹：《读史方舆纪要》卷九九。

獭窟、白奇等，都可取海上捷径直达台湾西部港口。

四、海外贸易的兴盛与繁荣

宋元时期，闽南特别是泉州的海外贸易迅猛发展，日趋繁荣，进出口货物的品种、数量之丰富，建立有贸易往来的国家、地区之广泛，都远远胜过前代，在福建甚至在中国封建社会海外贸易史上都占有重要地位。

北宋初期，泉州港的海外贸易已有一定的规模，从泉州开往高丽等国的海舶甚多。宋太宗刚刚从陈洪进手中接过漳、泉二州，便置榷易院于京师，管理泉州等地的海外贸易。太平兴国初年，又诏"诸番国香药、宝货至广州、交趾、泉州、两浙，非出于官库者，不得私市易"。[①] 可见，北宋政府接管泉漳之后，非常重视它的对外贸易，这进一步促进了泉州港的崛起。北宋中期，由于广州港一度衰落下去，一些海外番商便将注意力转移到泉州等贸易港口。泉州港由此迅猛发展，成为一个"有番舶之饶，杂货山积"的繁荣港口。[②] 元丰五年（1082年）二月，勃泥国"遣使贡方物，其使乞从泉州乘海舶归国"，[③] 由此可见，当时泉州港已为南海诸国所熟知，其发展已颇具规模了。

元祐二年（1087年），北宋政府正式下令在泉州设置市舶司。泉州市舶司的设置，确立了泉州作为贸易大港的地位，同时也进一步促进了泉州海外贸易的开展。

宋室南渡后，闽南一度成为统治集团的后方基地之一。建炎三年（1129年）十二月，政府迁"南外宗正司"于泉州，人数

---

① 《宋会要辑稿》，第5册，职官四十四之一。
② 《宋史》卷三三〇，《杜纯传》。
③ 《宋史》卷四八九，《勃泥国》。

多达 2300 余人。绍兴四年（1134 年）九月，宋高宗又"命六宫自温州泛海至泉州"，大批的皇亲贵胄和中原人士由此来到泉州，这在一定程度上刺激了泉州海外贸易的进一步发展。南宋的统治者也非常重视海外贸易，采取多种措施鼓励外商前往泉州贸易。原先政府规定番舶只能于市舶所在地进行贸易，不得出境，这极不利于海外贸易的开展。淳熙元年（1174 年），南宋政府规定到泉州港的商船，只要经过市舶司征榷以后，"疏其名件，给据付之，许令就福建路、州、军兴贩"，① 从而允许外商在福建各地贸易，扩大了外商舶货的销售范围。开禧三年（1207 年），南宋政府再一次规定，番舶入港后，舶货除按规定抽解和买入关之后，其余物品允许"从便货卖"，② 这使得销售范围更为扩大，销售渠道更为畅通，有利于吸收更多的外商前来贸易。

由于海外贸易的发展，泉州港的市舶收入也迅速增加。建炎三年（1129 年）到绍兴四年（1134 年）的 6 年间，泉州市舶司的净收入为 98 万缗，到绍兴末年，泉州市舶司的一年收入已达 100 万贯。

南宋末年，政府任用阿拉伯人后裔、大海商蒲寿庚主持泉州市舶司。蒲寿庚在海外商人中有一定的影响，通过他招徕外商十分有利于泉州海外贸易的发展。当时，不仅闽商从泉州港出发到国外贸易，就连两浙一带的商人也常从泉州港出洋贸易。南宋吴自牧《梦粱录》说道："若欲船泛外国买卖，则自泉州便可出洋"，"若有出洋，即从泉州港至岱屿门，便可放洋出海，泛往外国也。"③ 可见，泉州港已成为南宋海外贸易的重要门户，与广

---

① 《宋会要辑稿》，第 5 册，职官四十四之三十、三十一。
② 《宋会要辑稿》，第 5 册，职官四十四之三十三。
③ 吴自牧：《梦粱录》卷一二，"江海船舰"。

州并称泉广，并渐有超过广州的趋势。

据成书于南宋开禧年间（1205～1207 年）的赵彦卫《云麓漫钞》记载，当时福建市舶司船舶常到 31 个国家和地区。当时泉州港十分繁荣，海外交通异常发达，并可直接接待外国使节。如乾道三年（1167 年）占城贡使到泉州，朝廷下令泉州差官以礼接待，淳熙五年（1178 年），三佛齐遣使贡方物，"诏免赴阙，馆于泉州"。据成书于宝庆元年（1225 年）的赵汝适《诸番志》记载，南宋时期与泉州贸易的国家和地区已增至 70 多个。

据《宋会要辑稿》、《云麓漫钞》、《诸番志》等书记载，泉州港在宋代进口商品种类达 300 多种，主要包括宝货类、香药类、金属及其制品、纺织品、副食品、手工业原料，还有鸟兽、吉贝、翠毛等。其中香料输入最多，占进口商品总数 1/3 以上。泉州港出口的商品主要有丝绸、陶瓷、茶叶以及农副产品等，计有 60 多种。据《诸番志》记载，泉州丝绸远销近 20 个国家和地区，深受当地人民的欢迎；陶瓷器主要输往日本、朝鲜以及东南亚各国，甚至远达东非地区，共有 30 多个国家和地区，产品种类主要有青瓷、白瓷、青白瓷，从大量出土的陶瓷器来看，输往东南亚各国的瓷器主要产自德化窑及泉州附近各窑场；茶叶也是泉州港的主要出口产品，据蔡襄《茶录》所记，从北宋皇祐二年（1050 年）起，福建就有茶叶出口。

宋代泉州港的繁荣，正如南宋时商居泉州城近 20 年的李邴诗中所说的那样："苍官影里三洲路，涨海声中万国商。"[①]

元代，泉州港继续发展，达到极盛时代，一跃成为"梯航万国"、舶商云集的"东方第一大港"。

---

① 转引自唐文基主编：《福建古代经济史》，第 38 页，福建教育出版社，1995。

元王朝继续积极发展泉州的海外贸易，至元十四年（1277年），在泉州设立市舶提举司，管理海外贸易，并任用南宋掌管泉州市舶司的蒲寿庚继续主持泉州市舶提举司的工作。至元十五年（1278年），朝廷命福建行省中书左丞唆都和蒲寿庚等向外商宣告，各国商人"如能来华贸易，将宠礼之。其往来互市，各从所欲"。① 泉州人庄弥邵在《罗城外壕记》中说："泉本海隅偏藩，世祖皇帝混一区宇，梯航万国，此其都会。……四海舶商，诸番琛贡，皆于是乎集"②，这真实地描写了泉州作为世界著名大港、中外海上交通枢纽的风采。意大利著名旅行家马可·波罗记道："刺桐（泉州）是世界上最大的港口之一，大批商人云集这里，货物堆积如山，的确难以想象。"③ 摩洛哥旅行家伊本·巴都他也说："渡大洋后，所至第一城即刺桐也……余见港中，有大船百余、小船则不可数矣。此乃天然之良港"，"即谓为世界上最大之港，亦不虚也"。④

元代，与泉州有海外贸易关系的国家和地区较之南宋又有增加，据汪大渊《岛夷志略》的记述，除澎湖、琉球之外，共有97个，比南宋《诸番志》记载的增加了30多个国家和地区。

元代泉州港进口的商品仍以香料、药物为大宗，其次为外国布帛、胡椒、槟榔、椰子、豆蔻、菠萝蜜、宝石、珍珠等各国土特产品，数量依然十分巨大。此时泉州港出口的商品种类也极其繁多，有丝绸纺织品、陶瓷器、金属器、食品、生活用品以及医

---

① 《元史》卷一〇，《世祖本纪七》。

② 乾隆《泉州府志》卷一一，《城池》。

③ 马可·波罗著、陈开俊等译：《马可·波罗游记》，第二卷，第82章，福建人民出版社，1981。

④ 张星烺：《中西交通史料汇编》，第2册，《巴都他游历中国记》，第75、76页，中华书局，1977。

药品等等。其中泉州本地产的"刺桐缎"深受海外人民的喜爱，远销南洋、印度、西亚、欧洲甚至东北非等地，风行世界各地。瓷器依然是元代行销海外的主要商品之一，到过真腊的周达观亲眼目睹了泉州出口的青瓷器备受真腊人民欢迎①。在叙利亚大马士革以北的哈玛遗址，曾出土中国的青花瓷片，经鉴定是元代的产品。在德化县屈斗宫出土的高足杯、粉盒、军持、壶、花瓶等瓷器，也曾分别在印度尼西亚、日本、菲律宾等地发现。

漳州的海外贸易活动在宋元时期也十分活跃，宋朝政府在漳州设有"巡检"，负责招徕海商。"漳州旧有黄淡头巡检一员，号为招舶，亦是夏间下海"②，可见，设"黄淡头巡检"的目的便是要在夏间下海"招舶"，鼓励国内外船只前来漳州贸易。漳州的海商也不少，宋代漳州海商黄琼出海贸易，因经营失败，无法偿债，结果被官府"追索逋欠"，"估卖其舟"。③ 北宋乐史的《太平寰宇记》记载漳州特产有：甲香、海舶、香药等。④ 这些特产都与海外贸易有关，海船是参与海外贸易的交通工具，甲香、香药则是海外贸易的主要商品。可见当时漳州有海船进行海外贸易，贩运甲香、香药等舶来品。

南宋以后，漳州的海外贸易继续发展，"泉、漳一带，盗贼屏息，番船通行"。⑤ 可见，当时的漳州也如泉州一样，社会安

---

① 周达观：《真腊风土记》"欲得唐货"条，第 148 页，中华书局，1981。

② 蔡襄：《蔡襄全集》卷一七，《乞相度沿海防备盗贼》，第 420 页，福建人民出版社，1999。

③ 《宋会要辑稿》，第 5 册，职官二十之三十。

④ 乐史：《太平寰宇记》卷一〇二，《江南东道十四·漳州·土产》。

⑤ 转引自唐文基主编：《福建古代经济史》，第 391 页，福建教育出版社，1995。

定，经济发展，海外贸易事业日趋繁荣。

宋元时期，闽南的海外贸易与闽南社会经济的发展相辅相成、互为因果。随着海外贸易的发展，闽南的农业、手工业、交通状况以及城乡商品经济都得到了快速的发展。另外，因为海外贸易的兴盛与繁荣，福建市舶收入数量巨大，市舶收入已成为支撑福建经济的重要支柱。还需指出的是：海外贸易的发展对闽南人民的社会生活也有相当大的影响，海外贸易带来了大量的舶来品，这些舶来品理所当然进入了闽南人的社会生活。例如，进口的各种香料与药物，有的成为了中药学上不可或缺的药物，给中国传统医药增添了不少新的药物品种，有的成了民间常用的药品，还有的成了饮食方面的重要调料。同时，随着海外贸易的开展，各种外来宗教也纷纷传入中国，如伊斯兰教、基督教、印度教、摩尼教等在福建竞相传播，教寺林立。

第三节　宋元政府对闽南的控制

公元 960 年，赵匡胤发动陈桥兵变，推翻后周政权，建立大宋王朝。宋朝分为两个时期：前为北宋（960～1127 年），后为南宋（1127～1279 年）。两宋时期，我国经济中心已经南移，南方得到了开发，封建统治者也愈加重视对南方地区的利用和控制。

两宋地方政权的建置，基本上承袭唐、五代的州县制，州、县之上的路则是承袭唐代的道。宋改道为路，路设转运使、转运判官，主要管理所属州县的水路转运和财政税收，后来权力逐渐扩大，也兼管民事和刑法，实际上已具有行政区划的性质；州设知州，全称为知某州军州事，习惯上又称为郡守、太守、刺史、牧、州将、州长吏等。宋人张纲曾将知州的职责分列为七项："一曰宣诏令，二曰厚风俗，三曰劝农桑，四曰平狱讼，五曰兴学校，六曰理财赋，七曰实户口。"① 可见，宋朝知州的职责范围相当宽泛；县设知县或县令，佐以县丞，另有主簿和尉，合称四厅。除路、州、县外，尚有府、军、监的名号，宋代府不多设，其地必须为通都巨邑，工商繁荣，或为军事重镇，得失关系国家安全，或为皇帝即位前之封地或曾任官之地，才有府的设置。宋室南渡以后，升建州为建宁府，其所以升府只因为孝宗为皇子时被封为建王。军的名号溯源唐代，最初为营垒，设立于两道交界处，驻重兵防守。到了宋代，成为与州同等的行政区，不同之处为辖境有广狭，知州资历也较知军深得多。宋初，析泉州的莆田、仙游设置兴化军，析建州设置邵武军。加上南渡后所置建宁府，福建路于是有一府、二军、五州，因而，福建有了"八闽"的称号。

宋代，统治者认为地方节镇权利太重，要把节度使的兵权、财权、政权统统收归皇帝，于是对地方政权作出了调整：一是严密控制地方行政，由皇帝派遣通判参与各州的军民行政；二是地方官皆为临时派遣而非本职，且路、州、县的官员由中央朝官担任，称"知州事"、"知县事"，三年一换，从而削弱了地方分权的人事基础；三是收各州财权归中央，中央派出转运使驻守各地，监督收税；四是限制地方上的司法权。这种统治虽然集权色彩很浓，但也促进了各州郡的社会稳定，闽南的泉、漳二州亦是如此。时泉州领7县：晋江、南安、同安、永春、安溪、德化、惠安，其中惠安县设于宋太祖建隆元年（960年），析晋江县东北16个里所置；时漳州领4县：龙溪、漳浦、龙岩、长泰，其中长泰县原属泉州，因距离州治太远，于太平兴国五年（980

---

① 张纲：《华阳集》卷一五，《乞重监司札子》。

年）割属漳州。

闽南在两宋时期发展迅速，泉州在北宋元丰年间（1078～1085 年）与长沙、汴京（开封）、京兆府（西安）、杭州、福州人口都在 12 万以上，成为全国六大都市之一。大观元年（1107年），泉州终于由上郡升为望郡，泉州自此与大名、江宁、苏杭等地地位相等，政治地位显著提高了，泉州知州的官阶也提高了。宋室南渡后，福建成了宋朝政府的大后方，因而对福建更加重视，于建炎三年（1129 年）移西外宗正司于福州、南外宗正司于泉州。

漳州在北宋时还是比较荒凉的地区，王安石在《送李宣叔倅漳州》诗中说道："山川郁雾毒，瘴疠春冬作。荒茅篁竹间，蔽亏有城郭。"[①] 有些地方仍有象群为害，据宋彭乘《墨客挥犀》记载："漳州漳浦县地连潮阳，素多象，往往十数为群。"[②] 可见当时漳州尚未完全得到开发，但辽金之乱后，漳州则是完全可靠的后方。宋室南渡后，中原士族避乱到达漳州的很多，今漳州浦南、华安丰山、漳浦湖西等地都有皇族的后裔。《嘉定清漳志·序》中说道："中兴（南渡）以来，生齿日繁，漳之事物益非昔比。"[③] 这说明南宋时漳州的政治、经济、文化都有了较大的发展。

福建在宋代的政治地位日益提高，对于本路地方官员的人选问题宋朝政府显得十分审慎，一些外地名流相率而来。如任福建安抚使的有张浚、郑侨、辛弃疾、魏了翁等；任转运使的有庞籍

① 吴宜燮：《龙溪县志》卷二二，《艺文》引宋王安石《送李宣叔倅漳州》。
② 彭乘：《墨客挥犀》，第 14 页，中华书局，1991。
③ 光绪《漳州府志》卷首，《旧序》。

等。来到闽南任官的著名人物也不在少数，如泉州知州有蔡襄、游酢、刘子羽、王十朋、程大昌、叶适、真德秀、游九功，漳州知州有胡铨、廖刚、李弥逊、朱熹。其中，蔡襄以翰墨著名而能勤于吏职，任泉州知州时主持修建了著名的洛阳桥，给闽南交通带来了极大的便利；真德秀知泉州，宽番舶之禁，又劝百姓勤于耕作，勿失农时；朱熹知漳州，厉行经界之政（即清丈），屡作《劝农文》，重视发展当地的农业生产。

宋元之际，闽南的泉州成为两朝争夺的中心。自从南宋首都陷落之后，宋室贵族就在闽粤二省组织流亡政府做最后的反抗，但终因力量悬殊过大，难以成功，蒲寿庚的弃宋投元无疑更加速了宋室灭亡的脚步。正如《读史方舆纪要》卷九五中所说的那样："宋外惧敌师之侵，内惕寿庚之叛，不得已而走漳，亦不得已而走潮以入海也。"蒲氏降元，虽背叛了宋朝，可谓不忠，但正因为蒲寿庚的投降却使泉州免遭涂炭，为日后的全盛打下了坚实的基础，蒲寿庚的投降对泉州的发展无疑起到了促进作用。元至元十四年（1277 年）下令"各郡降官，各治其郡"，时福建漳泉二郡蒲寿庚、印德传、李珏、李公度皆以城降。① 元朝政府利用这些降官，重新建立起地方政权，社会秩序很快稳定下来。

元朝统一全国后，实行民族歧视政策，人的社会地位，蒙古人最高，色目人次之，汉人又次之，南人是最下等。元朝规定，百官皆蒙古人为之长。"总政务者曰中书省，秉兵权者曰枢密院，司黜陟者曰御史台。……在外者，则有行省，有行台，有宣慰司，有廉访司。其牧民者，则曰路，曰府，曰州，曰县，其长则蒙古人为之，而汉人、南人二焉。"② 福建行中书省，或置于福

---

① 《元史》卷九，《世祖本纪六》。
② 《元史》卷八五，《百官一》。

州，或置于泉州，或并入江西、浙江。行省设平章一员或二员为行省长官，必以蒙古人任之。福建行省历届平章政事共 17 人，只有 4 个为汉人，唯一的南人就是元末割据全闽的陈友定。①

元代的地方官制与前代不同，除了中书省直辖的"腹里"（今山东、山西、河北一带）以外，在全国分设 11 个行中书省，简称行省。行中书省虽是中书省的派出机构，但实际上是地方上最高政权机构。行省之下，设路、府、州、县，也有的根据当地军政、军民的实际情况设宣慰司或廉访司，有的设元帅府，有的兼设行御史台，不甚一致。《元史·地理志》说："唐以前，以郡领县而已，元则有路、府、州、县四等，大率以路领州、领县，而腹里或有以路领府、府领州、州领县者。其府与州又有不隶路而隶省者。"② 可见，元代府、州、县的领属因地而异，没有定制。在元时，路、府、州、县各级主要官员均为达鲁花赤。达鲁花赤，蒙古语是镇压者、制裁者、盖印者之意，转用为监临官、总辖官之意。各机构的达鲁花赤均由蒙古人（偶用色目人）担任。特别是外官，自总管府以至府、州、县的实权，均控制在达鲁花赤之手。除达鲁花赤外，各路另设总管、同知、治中、判官等官。

至元十五年（1278 年），福建省并入"江浙行省，分为浙东和福建两道；后改为'福建江西等处行中书省'"，先入浙江，后并江西。到了至元二十九年（1292 年），才设福建行中书省，下分八路：福州路、建宁路、泉州路、兴化路、邵武路、延平路、汀州路、漳州路，到这时福建才成为独立的一省。

元世祖统一中国后，野心继续膨胀，想用武力征服南洋及日

---

① 黄仲昭：《八闽通志》卷三〇，《秩官》。
② 《元史》卷五八，《地理志一》。

本诸国。至元十六年（1279年），即下诏"二月甲申，以征日本，敕扬州、湖南、赣州、泉州四省，造战船六百艘"。① 《元史·唆都列传》说道："帝以江南既定，将有事于海外，升（唆都）左丞，行省泉州，招谕南夷诸国。"② 唆都行省泉州在至元十五年（1278年）八月，可见泉州设行省当不晚于这个时期。至元十七年（1280年）正月，敕泉州行省，山寨未即归附者率兵拔之，已拔复叛者屠之。五月，移福建行省于泉州；七月，徙泉州行省于隆兴。十八年（1281年），迁省于福州路。十九年（1282年），复还泉州。至元二十年（1283年）三月，罢福建宣慰司，复立行中书省于漳州。由此可见，元朝设置行省具有临时性质，"当初只为伯颜丞相等，带省中相衔，出平江南，因借此名，以压远地，只是权宜之制"。③ 在至元二十八年（1291年）新的行省制度基本形成以前，行省大都是"中书省"的临时派出机构，主持地方政治、经济、军事等事务。这时行省一般是因事而设，事已则罢，还没有稳定的治所和辖区，是一种军管区性质的机构，还不是真正的地方政权的省级区域，这样看来，元朝特设"泉州行省"、"漳州行省"都是有其政治或军事目的的。但另一方面，不可否认的，此时闽南社会经济的繁荣也是元朝在此设行省的经济基础。

元朝为了加强对福建的控制，派重兵驻守闽中各地。据乾隆《泉州府志》卷二四《军制》所载："至元十九年（1282年），调扬州合必军三千人镇泉州，戍列城"，同年，又以"湖州翼万户府来戍泉州……湖州翼万户府，亦客兵也"。《扬州图经》卷八

---

① 《元史》卷一〇，《世祖本纪七》。

② 《元史》卷一二九，《唆都列传》。

③ 程钜夫：《雪楼集》卷一〇，《论行省》。

《至元十九年》也载："至元十九年（1282 年）夏四月，遣扬州射士戍泉州。"在漳州，则设有新军万户府。至元十八年（1281年），又置汀、漳屯田万户府，这些屯田户，入耕出战，因而成为镇压农民军的能手。

闽南的行政区域在元时变化不大。泉州依然辖晋江、南安、惠安、同安、安溪、永春、德化 7 县；漳州辖地则增添 1 县，至治二年（1322 年），在龙溪、龙岩、漳浦三县交界处另置南胜县，辖地约今平和、南靖两县地。至正十六年（1356 年），改南胜县为南靖县。因而漳州至元朝末年，下辖龙溪、漳浦、龙岩、长泰、南靖 5 县。

宋元时期，大陆与台澎的联系明显加强，封建统治者不仅派兵驻守澎湖，而且开始驻官设治了。

南宋时期，为了抵御毗舍耶的骚扰，泉州知府汪大猷于乾道七年（1171 年）在澎湖造屋二百区，遣将分屯。据《汪大猷行状》记载："乾道七年，四月起知泉州，到郡……郡实濒海，中有沙洲数万亩，号平湖，忽为岛夷号毗舍耶者奄至，尽刈所种，他日又登海岸杀略，禽四百余人，歼其渠魁，余分配诸郡，初则每遇南风，遣戍为备，更迭劳扰，公即其地，造屋二百间，遣将分屯，军民皆以为便。"① 由于宋朝军队此时已正式驻守澎湖，所以《诸番志》明确指出："泉有海岛曰澎湖，隶晋江县"，王象之《舆地纪胜》卷一三〇中也说："自泉晋江东出海间，舟行三日抵澎湖屿，在巨浸中环岛三十六"，其下有"泉州外府"。由此可见，其时澎湖确已设治，隶属于晋江县，为泉州外府。

元朝统治者不仅驻兵澎湖，还进一步招谕台湾。至元二十八年（1291 年），海船副万户杨祥，请求带兵 6000 前去招降，朝

---

① 楼钥：《攻媿集》卷八八，《汪大猷行状》。

廷批准。与此同时,从小生长于福建、熟知海道的书生吴志斗也上书说:"若欲收附,且就澎湖发船往谕,相水势地利,然后兴兵未晚也。"当年十月,朝廷乃命杨祥为宣抚使,给金符,吴志斗为礼部员外郎,阮鉴为兵部员外郎,并给银符,往使瑠求,诏曰:"收抚江南已十七年,海外诸番罔不臣属。惟瑠求迩闽境,未曾归附。议者请即加兵。朕惟祖宗立法,凡不庭之国,先遣使招谕,来则按堵如故,否则必致征讨。今止其兵,命杨祥、阮鉴往谕汝国。果能慕义来朝,存尔国祀,保尔黎庶;若不效顺,自恃险阻,舟师奄及,恐贻后悔。尔其慎择之。"[①] 当一切准备就绪后,至元二十九年(1292年)三月二十九日他们从汀路尾澳开船出征,四月二日抵达澎湖,杨祥与吴志斗、阮鉴发生龃龉,第二天,因吴志斗失踪,只好返回大陆,这次招谕半途而废,以失败告终。成宗元贞三年(1297年),福建省平章政事高兴再次请求招谕,他说:"今立省泉州,距瑠求为近,可伺其消息,或宜招宜伐,不必它调兵力,兴请就近试之",元政府准其请求,同年9月,高兴遣省都镇抚张浩、福州新军万户张进赴瑠求国,由于规模较小,仅生擒俘虏130余人而还。[②]

尽管元政府两次经营台湾效果都不大,但在澎湖却正式建立了巡检司,据汪大渊《岛夷志略》记载,澎湖"地隶泉州晋江县,至元间,立巡检司,以周岁额办盐课中统钱钞十锭二十五两,别无科差"。[③] 虽然巡检司官位不大,秩仅九品,但至少说明,继南宋建造兵营二百间后,元世祖至元年间(1260~1264年)已正式在澎湖设官驻守了。

---

① 《元史》卷二一〇,《瑠求传》。

② 同上。

③ 汪大渊著、苏继顾校释:《岛夷志略》"澎湖条"。

第四节　宋元时期闽南的思想文化

一、教育的发展状况

两宋时期的福建，在全国的地位大大提高了，经济上的发展和政治上的重视形成了较为有利的教育环境，使闽南的教育在唐五代的基础上，迅速地发展起来，最终呈现出前所未有的繁荣局面。此时期的闽南，不仅各种私学广泛创办，而且以府、县儒学为主体的各种官学也普遍建立；不仅沿海地区的教育继续蓬勃发展，而且内陆地区的教育成果也令人瞩目。"海滨邹鲁"的美誉正是在这样的背景下形成的。

书院的兴盛是此时闽南教育发展的表现之一，特别是进入南宋以后，由于朱熹理学发展的影响及朱熹在闽南的讲学和办学活动的推动，授徒讲学的书院在闽南应运而起，日益兴盛。1151年，朱熹出任同安县主簿。任职期间，朱熹"以教育为先……选秀民充弟子员，一时从学者众"。① 朱熹还多次到浯州（今金门县）劝学采风，使当地也逐渐养成重视诗书的向学之风。另外，他还在同安县积善里（今龙海县角尾镇）文圃山中创立文圃书院。绍熙元年（1190年），朱熹知漳州，在州学建二斋，一为宾贤斋，以延耆德；一为受成斋，以训学士。他还经常"领官属下州学，视诸生，讲小学，为其正义"，"六日下县学，亦如之"，②他还准备建立龙江书院及大规模扩充州学，但因离任而未果。朱熹在闽南的教育活动，除了振兴同安县学和漳州州学之外，最主

---

① 乾隆《泉州府志》卷二九，《名宦》。
② 朱熹：《朱文公文集》别集卷九，《漳州延郡士人入学牒》。

要的还是讲学及创建书院。安溪的凤山书院、泉州安海镇的石井书院、泉州的小山丛竹书院及漳州龙江书院，都与朱熹关系密切。据统计，从绍兴十一年（1141 年）陈知柔创立岩峰书院起，至咸淳三年（1267 年）赵宗正建泉山书院止，泉州相继出现了12 所授徒讲学的书院，数量之多，无论与当时福建其他地方比较，或与全国各地比较，均毫不逊色。① 漳州地区还建立了龙江、观澜、丹诏、石屏等书院。

两宋时期，闽中官学的发展十分引人注目，不仅建立了完整的州学，而且各县县学也普遍建立起来。北宋太平兴国年间（976～984 年），泉州州学正式创办。太平兴国元年（976 年），泉州知州乔维岳把孔庙从州衙城右迁于崇阳门外的三教铺，七年（982 年），知州孙逢吉即庙建学。至此，有庙有学，学宫正式建成，泉州有了完整的州学。泉州州学建成后，惠安、永春、安溪、德化、南安各县也先后建立了县学。至北宋末年，除了晋江县学外（晋江县学建于南宋淳祐四年，即公元 144 年），泉州各县的县学均已建立起来。这是泉州官学发展的重要标志，这些县学同样都有庙有学，庙与学合一。漳州州学建立于北宋第一次兴学高潮（即庆历兴学）期间，具体时间为庆历二年（1042 年）。其后，龙溪、龙岩及长泰诸县县学相继建立，而漳浦县学早在漳州州学建立之前的天圣三年（1025 年）便已建成。可见，经过宋代 300 多年的开拓，闽南的州、县官学已普遍设立，不仅在泉州一带有较大规模的拓展，漳州一带也有相当程度的开发，从而为宋代科举教育提供了可靠的场所。

除了州、县儒学及私人兴办的书院之外，南宋时期的泉州还于绍兴初年设立了宗学，作为教育皇族子弟的场所。建炎三年

---

① 陈笃彬、苏黎明：《泉州古代教育》，第 71 页，齐鲁书社，2005。

（1129 年），赵宋王朝为了避乱，迁南外宗正司于泉州，绍兴元年（1131 年），为教育皇族贵胄，在泉州府治西南设立宗学。绍兴十三年（1143 年），朝廷始设宗学教授，三年一任，郑汝谐、李次辰、傅伯成、林淳原、林信厚、黄叔度、王迈、陈俊卿、黄自然等都曾担任过南外宗学教授。虽然这种学校只限皇家子弟入学，但其规模并不小，有时生员可达两三千人，远远超过了州、县儒学的规模。

正是由于官府及民间创办的这众多形式的学校，从而使当时的闽南人"多向学，喜讲诵，好为文辞"①。苏颂在《送黄从政宰晋江》诗中说本地"弦诵多于邹鲁俗"②。刘克庄在《泉州南郭吟》诗中亦说："闽人务本亦知书，若不耕樵必业儒。"正是在这种十分重视教育的氛围之下，加之各类书院、学校的建立，宋代闽南培养的一批批生徒成为科举考试的优秀生员，为闽南举业的兴起奠定了坚实的基础，也为闽南社会赢得了良好的声誉。

福建向来有"出秀才"的说法，"登科第者尤多"。宋代福建科第特别兴盛，这是本地当时教育方面的盛事。北宋时期，泉州的科举成就始令人瞩目。唐五代 350 年间，泉州登进士榜的不到 20 人，而在北宋进士科的 70 多次考试中，泉州弟子共在 58 个榜上有名，共有进士 494 名。南宋时期，泉州科举更为兴盛，南宋共开进士科 51 次，泉州举子更是榜榜有名，且数量众多，共有进士 924 人，几乎是北宋的 1 倍。③ 漳州地区的科举发展也很迅速，唐朝生员登进士仅 3 科 4 人而已，宋朝则有 72 科 268 人，

---

① 《宋史》卷八九，《地理志五》"福建路"。
② 苏颂：《苏魏公文集》卷七，《送黄从政宰晋江》。
③ 陈笃彬、苏黎明：《泉州古代教育》，第 64、76 页，齐鲁书社，2005。

其中北宋 83 人，南宋 185 人。① 两宋时期的闽南不仅进士数量
众多，且在这些进士中，有不少人还取得了特别优异的名次，尤
其是梁克家、曾从龙两位状元更是为闽南赢得了不少声誉，传诵
一时。另外，还从这些进士中涌现出一大批在全国颇有影响的名
臣、理学家、文学家、科学家。宋代，泉州共有 8 人官居相位，
位极人臣，他们是曾公亮、苏颂、吕惠卿、蔡确、梁克家、曾
怀、留正、曾从龙，这不仅是泉州教育的杰出成就，也是泉州政
治地位提高的表现。

　　元朝统治时间较短，闽南的教育经历了一个颇为曲折的发展
过程。由于多种因素的作用，教育虽仍有一些可圈可点之处，但
总体来看，社会对教育的热情，教育的整体发展水平与影响力均
不及宋代。因此，在闽南教育史上，元代是一个中衰时期。

二、宋元闽南理学的发展

　　朱子学发端于南宋初年福建理学家杨时、游酢、罗从彦、李
侗等人，朱熹通过他们承接周敦颐、二程等人的理学思想，并集
其大成，最终建立起庞大、完整而严密的理学体系。

　　朱熹（1130～1200 年），字元晦，后改仲晦，号晦庵、晦
翁、云谷老人、沧州病叟，别号紫阳，又称考亭，是宋代一位学
识十分渊博的杰出学者、理学家和教育家。朱熹生于福建，卒于
福建，一生讲学著述也主要在福建，因而他的学术被称为闽学。
朱熹生平著述宏富，约有 126 种之多。朱熹以孔孟儒家思想为核
心，以《易》、《大学》、《中庸》为理论基础，糅合佛、道及诸子
之说，集理学之大成，并加以创造性发挥，故其思想精微而复

---

　　① 陈再成主编：《漳州简史》，第 27 页，漳州建州 1300 周年纪念活
动筹委会办公室编印，1986。

杂，包括理——太极论、物理论、心性论、道德伦理、社会改革论、教育思想等。

朱熹认为，理与太极是产生天地万物的总根源。生生之理无间断，而阴阳动静，互为始终；太极则是指阴阳变易、气化流行的整体。朱熹的心性论强调心对性、对情的作用。心，既主性、情，又兼性、情；心通过主乎性，行乎情，从而贯万事，主宰万物。朱熹的伦理论内容十分丰富，一是强调"三纲""五常"；二是强调"明天理，灭人欲"；三是强调要辨义利。朱熹的社会改革论主要包括正君、尊贤、恤民等。

朱熹去世后，闽学仍在继续发展，并最终得到朝廷的重视与支持，成为"显学"。在闽学门人中，不少都具有相当的学术造诣，较为有名的福建籍门人有黄榦、陈淳、蔡元定、蔡沈、真德秀等，他们一般都能从某一侧面发展朱子学说。闽南的朱子学说主要依靠陈淳、真德秀等人得以继承和发扬。

陈淳（1159～1223 年）字安卿，号北溪，世称北溪先生，福建龙溪（今漳州）人。陈淳一生未应科举，也未做官，长期从事讲学和学术研究活动。著有《北溪大全集》、《北溪字义》、《延陵讲义》等。

陈淳是朱熹的高弟门人，"其卫师门甚力，多所发明"。陈淳遵照朱熹的哲学思想，认为理是世界的本体，太极就是理。但是陈淳对太极的解释却和朱熹不同，朱熹不把太极作为一个独立物，而把太极当作理之极至；陈淳则把太极当作一独立物，产生天地万物之物。"总而言之，只是浑沦一个理，亦只是一个太极；分而言之，则天地万物各具此理，亦只有一太极。"可见，陈淳哲学与朱熹哲学相比较具有明显的唯物主义倾向。在认识论上，陈淳认为心无穷广大和至灵至妙，是人所特有的心理活动和思维活动。"虽万里之远，一念便到；虽千古人情事变之秘，一照便知。"陈淳还特别强调致知和力行并进,"知之明则行愈达,而行之力则所知又益精"。朱熹是知先行后,"义理不明,如何践履"。陈淳提出知行"当齐头着力","如车两轮,如鸟双翼",这是对朱子学认识论的重大发展。① 陈淳从知、行、天理上释仁,认为知觉纯是天理,行事纯是天理,便是仁,这是从世界观(天理)上来释仁。陈淳发展了朱熹的"诚"论,他就天道论诚,就人做工夫处论诚,就诚与信相对论诚,使朱子的诚论系统化。陈淳还发展了朱子关于人心、道心的思想。陈淳认为"感观的天然倾向是人心,伦理的天然倾向为道心"。这就显得更通俗化了。②

真德秀(1178~1235 年)字景元,后更景希,号西山,学者称西山先生,福建浦城人。真德秀是南宋后期与魏了翁齐名的一位著名理学家,也是继朱熹之后的理学正宗传人。

真德秀虽不是闽南人,但其分别于嘉定、绍定年间两知泉州,故论述闽南理学的发展不能弃之不顾。真德秀是朱熹的"私淑弟子",不但大力提倡朱子理学,而且著述十分丰富,主要有《四书集锦》、《清源文集》、《西山文集》、《大学衍义》等,是正统的有代表性的福建朱子学者,对后世影响较大,其学术对闽南理学的发展亦有巨大的推动作用。

真德秀的理学思想基本上是祖述朱熹,他对朱熹极为推崇,尊之为"百代宗师"。对于振兴和发扬朱子理学,真德秀的贡献不容忽视。另外,真德秀的学术思想也有自己的特点,例如在人性问题上,真德秀并不完全同意朱熹的禁欲主义。他肯定有些情

---

① 方宝璋、方宝川:《闽台文化志》,第 158、159 页,上海人民出版社,1998。

② 徐晓望主编:《福建思想文化史纲》,第 121 页,福建教育出版社,1996。

欲是合理的："好勇、好货、好色之心皆天理之所有，而人情之所以不能无者。然天理人欲同行异情，循理而公于天下者，圣贤之所以尽其性也；纵欲而私于一己者，众人之所以灭其天也。二者之间不能以发，而其是非得失之归相去远矣。"① 另外，真德秀的贡献还有三个方面：一是把朱子的理的内涵规定性主要转向道德性命方面，并强调道德修养的学以致用；二是对道器关系作了比较详细的阐述；三是进一步阐发了"理一分殊"的思想。②

三、闽南文学、史学与自然科学的发展

（一）宋元时期闽南的文学

宋元时期的福建，伴随着社会经济的发展，政治地位的日益提高，文学家、诗人、词人辈出。据统计，整个宋代，闽籍诗人多达 835 家，占全国诗人的比重比唐代大了 1～2 倍。两宋词人总计有 871 家，闽人 111 家，占总数的 12.74％。宋代是诗歌批评比较兴盛的时代，宋人所著诗话约 130～140 部，而闽人所撰就多达 25 部，占总数的将近 20％。《四库全书》录宋人别集 379 种，其中可以确定为闽人作的 38 种，占 10％。③

宋元时期，闽南较为著名的诗人有苏颂、蔡襄、高登、卢琦、释大圭等人。苏颂（1020～1101 年）字子容，同安人。庆历二年（1042 年）进士，历仕仁、英、神、哲、徽宗五朝，有《苏魏公文集》72 卷及科学专著《新仪象法要》。苏颂作为历史名人，主要的贡献是天文学方面，但是苏颂的诗、文也写得很

① 转引自方宝璋、方宝川：《闽台文化志》，第 160 页，上海人民出版社，1998。
② 徐晓望主编：《福建思想文化史纲》，第 122 页，福建教育出版社，1996。
③ 陈庆元：《福建文学发展史》，第 90 页，福建教育出版社，1996。

好，《四库全书简明目录》卷一五说道："颂学问淹通，故发为文章，亦清丽博赡，自成一家。"苏颂的诗多达 14 卷，最值得重视的是他的《前使辽诗》30 首和《后使辽诗》28 首。公元 1004年，宋、辽订立澶渊之盟，从此两国使节来往频繁，宋朝的一些大臣或诗人如宋祁、韩琦、欧阳修、王安石、苏辙等都当过使辽使，因而使辽诗也就应运产生了。苏颂分别于熙宁元年（1068年）和熙宁十年（1077 年）两次使辽，其使辽诗前后计有 58首，是北宋诸诗人中现存使辽诗最多的。苏颂使辽诗虽都是"道中率尔"而成，但却"以纪经见之事"为目的，况且又辅以简明精确的自注，因此，这两组诗较之其他诗人的同类作品有着更高的价值。

蔡襄（1012～1067 年）字君谟，兴化仙游人。天圣八年（1030 年）进士，曾两度来闽南为官，明道至景祐初（约 1033～1036 年）任漳州军事判官，嘉祐三年至五年（1058～1060 年）知泉州，有《蔡忠惠集》40 卷。蔡襄今存诗约 400 首，《四库全书简明目录》卷一五这样评论他的诗："今观所作，虽未能排突欧、梅，驰骤坡、谷，在北宋诸作者间，亦不失为第二流焉。"在仁宗朝，蔡襄诗虽不如欧、梅，但从其诗歌的整体风貌来看，蔡襄诗在具备宋诗特质方面，与欧、梅、苏、黄并无二致。蔡襄是在闽中最早确立宋调的诗人。①

高登（？～1148 年）字彦先，学者称东溪先生，漳浦人，是两宋之际较为著名的闽籍爱国诗人。宣和间（1119～1125年），为太学生，曾与陈东等上书斩六贼；又与陈东等抱书诣阙，反对夺种书道、李纲兵权，"王时雍纵兵欲尽歼之，登与十人屹

---

① 陈庆元：《福建文学发展史》，第 111 页，福建教育出版社，1996。

立不动"。① 绍兴二年（1132 年）进士，曾为古县令，因反对为秦桧父立祠，下狱，编管漳州。著有《东溪集》，今存诗 31 首，不乏爱国篇什。

卢琦（1306～1362 年）字希韩，号立斋、圭斋，惠安人。至正二年（1342 年）进士，曾当过永春、宁德等县县尹，官至温州路平阳州知州。卢琦的创作有散文、赋和诗歌，以诗歌的成就最大，著有《圭峰集》。卢琦生活在元代，官府加重对百姓的剥削，民不堪命，卢琦的一些诗大胆地反映了这残酷的社会现实，对百姓的不幸寄予极大的同情。卢琦描写闽中风物的作品，多写得"情词婉约"，《四库全书总目》卷一六七说道："琦官虽不高，而列名良吏，可不藉诗而传。即以诗论，其清词雅韵，亦不在陈旅、萨都剌下。"

释大圭俗姓廖，自号梦观，晋江人。著有《梦观集》，《元诗选》选载了 30 首他的诗。《四库全书总目》卷一六七说："其诗气骨磊落，无元代纤秾之习，亦无宋末江湖蔬笋之气。吴鉴称其华实相副，词达而意到，不雕镂而工，去纂组而丽，屏耒锄而秀。"大圭虽然出家为僧，但并非绝迹尘世，他的诗歌充满了生活气息，深刻地反映了当时社会现实的黑暗和不平。

除了上述诸位在全国都有一定名气的诗人之外，闽南在文学上取得成就的尚有曾慥、陈知柔、林洪等人。

曾慥字端伯，自号至游居士，晋江人。著有《高斋诗话》，为我国文学批评史上的名著，另著有《高斋漫录》、《类说》60卷、《宋百家诗选》50 卷、《百家类纂》620 种。陈知柔字体仁，号修斋，永春人。著有《修斋诗话》。另外，陈知柔对《易经》颇有研究，著有《易本旨》、《易大传》、《易图》等书。林洪字龙

---

① 《宋史》卷三九九，《高登传》。

发，号可山，泉州人。著有《山家清供》、《山家清事》，是宋代著名的两部笔记。

（二）闽南的史学

宋代，福建学者在史学与编纂学方面取得了很高的成就，例如郑樵的《通志》和袁枢的《通鉴纪事本末》等在中国史学领域都有很重要的影响。闽南的史学在宋代也很繁荣，史家辈出，其中著名的有梁克家、傅伯寿、吕夏卿、曾公亮等人。

梁克家（1128～1187 年）字叔子，晋江人，绍兴三十一年（1261 年）状元及第，官至丞相。著有《三山志》43 卷，是福建现存最古老的地方志之一。宋淳熙九年（1182 年）修纂，内容丰富翔实，至今仍为研究福州古代历史的重要文献。《四库全书总目》评道："仅录掌故，而不在于夸耀乡贤；俊陈名胜，亦因核实之道，自成志乘之一体，未可以常规绳之。"

傅伯寿字景仁，晋江人，隆兴元年（1163 年）进士，知道州、漳州，守建宁府。傅伯寿撰《高宗实录》500 卷，《孝宗实录》500 卷，《光宗实录》100 卷。

吕夏卿字缙叔，晋江人，仁宗庆历二年（1042 年）进士，曾担任史馆检讨同修起居注、知制诰、颍州知州等职。吕夏卿参与《新唐书》的编纂工作，《宋史》称吕于《新唐书》的撰修最有功。吕夏卿另撰有《唐书直笔》4 卷、《唐书直笔新例》4 卷、《唐文献信考》等。

曾公亮（999～1078 年）字明仲，号乐正，晋江人，天圣二年（1024 年）进士。曾担任过知制诰兼史馆修撰、参知政事、同中书门下平章事等官职。除了鉴修《新唐书》之外，他还与人合作著有《英宗实录》30 卷、《勋德集》3 卷等。

除了上述诸人之外，此时期闽南尚有如下史学家及史学著作：同安苏颂《迩英要览》20 卷、晋江吕科《唐史音义》、德化苏钦《两汉提要》10 卷、晋江吕中《中兴大事记》6 卷。另外，此时期，还有许多解释《尚书》、《春秋》的著作，如晋江曾旼《尚书讲义》30 卷，陈知柔《尚书古学并图》2 卷、《春秋义例》12 卷，安溪杨景申《书直解》，晋江陈震《春秋解》，南安吕大奎《春秋或问》20 卷、《春秋五论》1 卷等。

（三）闽南自然科学的发展

在科学技术方面，宋代闽南异军突起，曾公亮、苏颂等人的科学技术成就，在中国科技史上占有重要的地位。

曾公亮主修的《武经总要》一书，是宋代有关军事的典籍。全书 40 卷，分前后二集，前集备一朝之制度；后集具历代得失。《武经总要》是军事史上的重要文献，也是科技史中的重要著作，受到后世中外学者的重视，英国科技史家李约瑟称它为"军事百科全书"。

苏颂为宋代著名的天文学家，著有《新仪象法要》3 卷，用以介绍浑仪、浑象和水运仪象中的构造和使用，并绘制机械全图、分图、详图 60 多幅，机械零件 150 多种。《新仪象法要》是我国现存最详尽的天文仪象专著，也是一部代表 11 世纪我国天文学和机械制造水平的重要文献。

四、闽南方言的形成与发展

闽南方言的形成与中原汉族迁徙闽南的历史密切相关，中原汉人入闽，大概始于秦汉，盛于晋唐。永嘉之乱，大批汉人为避乱从中原迁移入闽，他们比较集中地定居在建溪、富屯溪、闽江下游和晋江流域。这批汉人带来的中州（今河南）一带的汉语成为闽南方言形成的基础。唐代武后时期，朝廷派遣光州固始县（今河南）人陈政、陈元光父子率众将士南下"征蛮"。这批汉人后来定居于闽南，并开发了漳州。他们带来的是 7 世纪的中州话，反映着隋唐汉语的特点。唐朝末年，中州人王潮、王审知率大批兵马入闽，之后又在福建称王。他们带来的 10 世纪的中州话，给福建方言包括闽南方言带来了很大的影响。

有学者从人文历史和闽南方言语音、词汇和语法的特点几方面，认定闽南方言在汉魏已现胚胎，到南北朝已经形成，及至唐宋时期走向成熟。随着宋元时期泉州海外交通的兴盛，泉州人出国经商谋生者日益增多，足迹遍及世界 90 多个国家和地区，而以东南亚为最多。因此，闽南方言流布海内外，分布地域广阔。除闽南地区之外，台湾省的大部分地区，广东省的潮州、汕头、雷州半岛，以及海南、广西、江西、浙江和江苏等省的一些地方，都有闽南方言；国外包括新加坡、菲律宾、马来西亚、印度尼西亚等东南亚华裔居民所使用的语言，也无不与闽南方言有着千丝万缕的联系。

闽南话可分为泉州音、厦门音和漳州音。宋元时期，由于泉州港一直是全国海外交通的重要中心，地方经济十分繁荣，所以泉州音一直是闽南话的代表。在泉州方言里，古全浊声母字一部分变为不送气清音；古非组字常读为双唇音；古知组字常读为舌尖塞音；有四个塞音韵尾和三个鼻音韵尾。声调一般有 7 个，其演变都和古汉语声母的清浊有密切关联。有一整套复杂的文白两读系统，其文读音与早先官场中通用的官话有密切的关系。在基本词汇里，仍然保留着许多古代汉语常用的单音成分，语法上也有不少特殊之处。因此，这支方言可为我们今天研究汉语发展史提供许多活生生的有力证据，故被称为古汉语的活化石①。

---

① 参考林连通主编：《泉州方言志》，第 4、5 页，社会科学文献出版社，1993。

五、闽南的宗教

宋元时期，闽南经济的繁荣也带来了宗教的兴盛，在这一时代，闽南传统的佛教、道教进入了鼎盛时期，而海外传入的伊斯兰教、基督教、摩尼教、印度教也在闽南传播开来，形成了各种宗教交相争艳的状况。

1. 宋元闽南佛教的盛衰。

宋初，封建政府为了巩固政权，对佛教颇加推崇，借以装点升平。福建经济的崛起，为闽中的佛教活动提供了更为牢靠的经济基础。由于僧尼在徭役方面享有特权，加之政府禁止寺观买卖田产，导致广大福建民众为了逃避徭役和保住田产往往逃儒归释，以求避于寺院，而"富民翁姬，倾施货产，以立院宇者亡限"。[①] 因而，无论是就寺院经济的膨胀，还是就僧尼数量的众多来说，福建都位居全国前列。宋天禧五年（1021 年），全国僧人 397615 人，尼 61239 人，而福建路的僧尼总数达 71080 人，约占全国僧尼总数的 15.49%。[②] 据王象之《舆地纪胜》记载："至道元年，太宗览泉州僧籍，一岁未度者近四千余。"[③] 可见，闽南僧尼众多。宋仁宗景祐（1034 年）以后，虽然对佛教稍加限制，开始裁减部分僧人，但实际效果似乎并不大，僧尼和寺院的数量仍呈上升的趋势。闽南不仅僧尼数量众多，而且寺院的建造也是盛况空前，如泉州开元寺的东西塔全用花岗石砌成，双塔分别高为 48.24 米、44.04 米，雄伟壮观，为宇内一绝。此时的寺院十分的富裕，有人说："举漳州之产而七分之，民户居其一

---

① 曾肇：《曲阜集》卷三，《子固先生行状》。

② 《宋会要辑稿》道释一之十三。

③ 王象之：《舆地纪胜》卷一三〇，"泉州·仙释"。

而僧户居其六……上寺岁入以数万斛，次数千斛，其下亦数百斛，虽穷村至小之院，亦登百斛。"[1]

综上所述，可见宋代闽南佛教的确是进入了它的极盛时期。但是，至南宋中叶以后，寺院的负担开始加重，逐步超过了自身的能力，于是许多寺院破产，这是闽南佛教发展史上的一个转折点。

宋末元初，福建各地战乱频仍，寺院多毁于兵火。元朝建国之后，崇奉佛教，恢复寺院，福建佛教开始复兴。泉州开元寺为闽南最大寺院之一，"历五代十国而至宋，旁创支院一百二十区，支离而不相属。至元乙酉（1285年），僧录刘鉴义白于福建行省平章伯颜，奏请合支院为一寺，赐额'大开元万寿禅寺'，明年延僧立恩主持，为第一世。禅风远播，衲子竞集。复得契祖继之，垂四十年，食常万指"。[2] 漳州佛教之盛也不亚于泉州，万历《漳州府志》说道："漳州古称佛国，自唐以至于元，境内寺院至六百余所。"

2. 闽南道教的发展。

宋元时期是全国道教发展的一个非常重要的时期，是道教鼎盛的时代，民间崇道风气极盛，官府也大力扶持，著名的道派相继诞生，福建道教在这一时期也得到大发展，据统计，宋代福建兴建了道观40多座，为历代之首。

五代时期，天师道在闽南就有了较大的影响，如泉州人谭峭就是一位著名的天师道人物。宋代，江南的符箓派以天师道为首，当时漳州的天庆观就是一座颇有名气的天师道宫观，主持者

---

① 乾隆《龙溪县志》卷二三，《艺文》，《上赵寺丞改学移贡院书》。

② 转引自徐晓望主编：《福建思想文化史纲》，第135页，福建教育出版社，1996。

邱允迪受符箓于龙虎山。元初，茅山派著名道士杜道坚的高徒李拱瑞在厦门嘉禾紫虚观传道，闻名一时，道徒众多。泉州清源山西峰下，有中国现存最高大的道教鼻祖太上老君石刻造像。造像由一块天然巨石雕刻而成，高 5.63 米，宽 8.01 米，厚 6.85 米，身披道袍，席地而坐，左手依膝，右手凭几，面额圆润，两眼深邃，双耳垂肩，长髯飘动，意态祥和，极具神韵。老君造像是泉州道教文化兴盛的历史见证，也是 10 世纪中国道教石雕艺术的代表作。

此外，晋江人曾慥，是宋代闽南道士中名扬海内的一位。慥以好道闻名，一生著述很多，除了前已述及的几种文学著作之外，他还著有《道枢》42 卷，为曾慥汇集的道教类书，其间也有他夹叙夹议的评论，全书 105 万字，是我国道教历史上重要典籍之一。

3. 伊斯兰教、基督教、摩尼教等在闽南的传播与发展。

唐代时泉州即为我国四大港口之一，穆斯林来泉经商传教，留下了三贤四贤墓地及麒麟寺等传说。宋元时期，泉州港闻名于海外，穆斯林来泉人数大增，有的甚至定居下来。由于宗教生活的需要，他们在泉州城内外建筑了许多清真寺。目前尚存的及考古发现的宋元清真寺有北宋"圣友寺"、南宋"清净寺"与"宋也门寺"、元"穆罕默德寺"、元"纳希德重修寺"、元"无名大寺"等。"清净寺"至今尚存，是我国现存最古老的清真寺。

基督教早在唐代就传入我国，当时人们把它称为"景教"。唐代景教的传播，基本上限于北方地带。估计到了元代，泉州的景教才开始兴盛。据近几十年泉州的考古发现，共有 30 多方古基督教石刻，其中属于景教的有 20 多方。可见，景教在当时的泉州曾一度甚为流行。古基督教的另一大派是天主教圣方济各派，据说元朝之前也已传入泉州。到了元代，天主教在泉州的活动，盛行一时。元朝灭亡前后，泉州战乱不休，几乎所有的古基督教堂和修道院都毁于战火，基督教在福建便消失了。

摩尼教为古波斯人摩尼（216～277 年）所创，认为世界是光明与黑暗的对立，善来自光明，恶来自黑暗，他们的理想便是光明战胜黑暗。该教传播于北非、南欧、西亚，于唐代传入我国，一度得到皇室的支持。据说在会昌年间（841～846 年），摩尼教传入福建。约在五代时期，福建摩尼教发展为明教会。宋元时期，明教会在闽南流传很广。元代明教取得合法地位，朝廷在泉州设立了"管领江南诸路明教、秦教"总管。[①] 闽南最著名的摩尼教遗址在泉州南门外苏内村的华表山草庵，这是目前国内保存最完整的摩尼教珍贵遗址。

除了上述诸教之外，印度教在闽南也流行一时。据说印度教在北宋时期传入闽南，元代盛极一时。据考古发现，元代泉州至少有两座印度教寺，而且规模宏大。

---

① 夏鼐：《两种文字合璧的也里温（景教）墓碑》，《考古》1981 年第 1 期。

第五章

明清时期闽南的发展

第一节　明清时期闽南经济的发展

一、明代闽南经济的发展

元至正二十七年（1340 年），明兵三路入闽，结束了福建长期的混乱局面，也为闽南日后的发展创造了一个稳定的环境。其时福建仍是满目疮痍。为了缓和矛盾，发展生产，明政府采取了一系列的措施：

首先，将召集流亡、劝学兴农作为地方官吏政绩的考核内容，同时还颁布法令："各处人民……他人开垦成熟者，听为己业；业主已还，有司于附近荒田拨补。"这样一来，许多人获得了土地，增加了自耕农的数量，使农业劳动力得到恢复，而闽南地区的农业生产也有了起色。

其次，减轻赋税。朱元璋曾下令："曩者奸臣聚敛，深为民害，税及天下纤悉之物，朕甚耻焉"，"令天下田地山林溪塘海荡等悉书其名数于册。田二等：曰官田，曰民田"，"官田起科，每亩五升三合五勺，民田每亩三升三合五勺"。除了窑冶、房地租、门摊以外，其余额外之课都予取消。并规定，山场园林之利，听民取而薄征之；小沟小港山涧及灌浇塘池，民间自养鱼鲜池泽，不许豪强狡吏去夺民取采虾鱼器具。商税三十而税一，农具、书籍及其他不在市上出售的不课税。一切客商货物投税之后，听任发卖。朝廷还减少了贡物的品种和数量，朱元璋反对官府开矿，与民争利；甚至各地的银矿，也允许民间开采，而且课税极轻。役法也不算重，洪武元年规定："田一顷出丁夫一人，不及顷者以他田足之，名曰均工夫。"①

再次，解放工匠和奴婢。洪武初年，朱元璋下诏，将以前遭受战乱成了奴隶的人放为良民。此外，手工业者也不再终年羁留在官营中的作坊内。工匠们被编为世袭匠户，大约每三年赴京城服劳役一次，一次三个月。有些则留在本府的杂造局服役一个月，伙食由公家供给。匠户在完成了政府规定的劳役后，其余的时间可以自由支配。到了嘉靖时，工匠徭役制度便基本被废除了，虽然匠籍没有取消，但工匠实际上已取得了自由工人的身份。

又次，抑制地方豪强的兼并。洪武初年，为抑制地方豪强的兼并，朱元璋下令"徙富民实京师"。到了明成祖永乐年间，又将福建的一大批富户迁往京师，并严禁逃回原籍。迁徙地方豪强的政策大大抑制了土地的兼并，使自耕农的数量保持了稳定，也使百姓过上了相对安定的生活。

最后，严惩贪污，奖励廉吏。朱元璋是农民出身，深知贪污腐败的官吏是如何残害百姓的，在他建立明朝之后，就实行了以酷刑对付贪官的政策。例如，贪贿的福建右布政使陈泰就被押解

① 陈再成主编：《漳州简史》，漳州建州 1300 周年纪念活动筹委会办公室编印，1986。

到京师处死，朱元璋派蔡哲去福建时就告诫他"必坚所守，毋蹈其罪"。而对于清正廉明的官吏，朱元璋也不吝褒奖，其方法主要有久任和升职两种。例如，漳州知府潘琳"历十载，治政卓然，一时郡守无能出其右者"；龙溪知县刘孟雍，力革弊政，本应升职为知州，因"邑人奏乞留之"而继续担任知县。其他如郭伯台因执法不避强御，被升为泉州府同知，惠安主簿闭祯以"克勤抚字"被升为知县。这种奖廉惩贪的政策实行了很久，所以福建在很长一段时间内吏治澄清，漳泉等地区的经济不但得到了恢复，还取得了比以往更大的进步。

（一）农业

农业的发展首先表现在耕地的扩大。据王慎中在嘉靖年间撰的《余柏坡公平寇兴学记》记载："国家承平日久，隆洽阜康之盛，莫如今日，虽岭限海带，越在遐徼，如吾泉州之为郡，亦且生齿蕃殷，地力竭作。谷深山阻，崎岖而曲折，皆有保聚之民，垦辟之壤。"张燮在万历时撰《清漳风俗考》云："田家毕力从事污邪，即高邱悬崖，可辟而亩。"顾炎武的《天下郡国利病书》引《漳浦志》云："今深山中巅崖，皆开垦种艺，地无旷土，人无遗力。"

为了增加土地，农民就必须想尽各种办法，要么开垦山地，要么继续筑造和改良埭田。当时漳浦县的田就有五种：洋田（平旷沃衍，水泉常满）、山田（依山靠崖，地多瘠薄）、洲田（填筑而成，地多肥美，然时有崩决之患）、埭田（筑堤障潮，内引淡水，以资灌溉）、海田（其地濒海咸卤，内无泉水，外无淡潮，雨旸时若，则所受亦多，旬日不雨，则弥望皆赤地）。① 围海造田是

---

① 陈再成主编：《漳州简史》，第 36 页，漳州建州 1300 周年纪念活动筹委会办公室编印，1986。

另一个重要方面。闽南降水丰富，有许多河流入海，这些河流将许多肥沃的泥质冲入大海，所以沿海的滩涂覆盖着厚厚的黑泥。虽然围海造田需大量的资金，"海田卤入，盖不可种，暴雨作，辄涨损，以故田家率因地势筑捍，动连数十丈……又砌石为斗门，以泄暴水，工力甚费"，[①] 但还是有很多地方围海造田或与水争地，在漳浦县内的洲田和埭田就是明代人民和自然斗争的成果。

　　为与耕地扩大相适应，就需要改善灌溉条件，洪武年间，诏安溪兴建东陂，可以灌溉田 1000 亩；海澄重修了许多已经颓坏的水利工程，使 3000 顷田免遭卤害并有充足的水源灌溉。龙溪县在明代还兴修了后港、田紫新港、林墩港、蓬莱港、浯浦港、邹塘、吾淇塘、翰林岸、喜心港闸、李厝闸、朴山陂、好坑陂等水利工程。南靖县也修了海仔新陂、新寨圳、上釜东湖圳、新河等水利工程。平和在永乐八年筑了潮潭陂，灌田上千亩；在万历三十八年（1610 年）一年就增筑新陂 16 处，修补旧陂 14 处。成化年间，漳州知府姜谅开浚了一塘一圳和五港，还筑堤 186处。前人曾有诗云："水无涓滴不为用，山到崔嵬犹力耕。"明朝王世懋的《闽部疏》说："漳泉间山薄无泉，海近易泄，故其地喜雨而恶旱。田中多置井，立石如表，辘水而灌，亦云艰矣。"明朝张岳的《惠安县志·风俗·本业》云："自邑治东北循海，东南至洛阳江，山益低，地益夷……村落繁多；田错布原隰，无深溪大泽以溉注之，常病于旱。人勤稼穑，俭啬衣食，以致蓄藏。随高下燥湿皆为田。旱月涓滴之水，以死守之，为橘槔机轮以激水者，声达昼夜。"万历时陈懋仁的《泉南杂志》载："余所经之金衢，达建安，始有水碓。田开山垄，闽实为多；故余诗有'湍中累石开泉碓，天半（际）锄云种水田'。"水碓在山区极为

<hr>

① 徐晓望：《妈祖的子民》，第 129 页，学林出版社，1999。

普遍。康熙年间编著的《古今图书集成》是这样记载水碓的："凡水碓，山国之人，居河滨者之所为也，攻稻之法，省人力十倍。""凡河滨水碓之国，有老死不见舂者，去糠去膜，皆以曰相始终。"

　　为了改良土壤，增加地力，人们广辟肥源，因地用肥，"郭外之田，亩数石，则粪之，其山陬地寒，各聚草覆以泥，状如墩，以火焚之"。人们为增加产量还因地制宜种植作物，例如，惠安县夏季常干旱，而占城稻耐旱，并且自种至收，仅 50 天，所以适宜在惠安种植；惠安还有青晚稻，耐风耐旱，亦能胜卤气，所以埭田多种青晚稻；近海的田，土壤含碱性，又缺乏充分的水流养淡，所以适合种乌芒稻。在土地和灌溉改善的条件下，粮食的产量有了较大的提高。

　　虽然农业有了很大进步，但是还存在着粮食欠缺的现象，主要有以下几点原因：首先，山多田少，人口却比以前有了更大的增长。其次，由于肥料不够，双季稻的种植还不是很广泛。再次，很多人追求经济效益，将稻田改作蔗田。最后，闽南地区时常发生旱灾。

　　由于闽南地区经常缺粮，所以粮食贸易较为发达，而这也为海外贸易创造了有利条件。

　　（二）经济作物的种植

　　水稻多熟制的推广和粮食作物番薯、玉米的引种，在一定程度上缓和了人口增长的压力。同时，为了增加经济收入，农民往往按照土质栽培相应的经济作物，在此基础上，经济作物的种植规模比以前扩大了许多，形成了若干专门化的分区。

　　1. 甘蔗。

　　早在唐代，漳州就开始了甘蔗的种植。到了明代，由于全国商品经济和海外贸易的发展，漳州和泉州等地更加注重经济作物的种植。《闽书·风俗志》云：泉州"附山之民……植蔗煮糖"。《泉南杂志》云："蔗利厚，往往有改稻田种蔗者，故稻米益乏，皆仰给于浙直海贩。"① 明中叶后，海禁渐开，海外贸易的巨额利润促使漳泉地区的甘蔗种植不断扩大，以至于山区也竞相种植，甚至有的地方"遍满山谷"。

2. 烟草。

烟草原产于美洲，大约于万历年间传入福建。莆田人姚旅的《露书》记载："吕宋出一草曰'淡巴菰'，一名曰薰。……有人携至漳州种之，今反多于吕宋。"方以智的《物理小识》也说："烟草，万历末有携至漳泉者，马氏造之，曰淡肉果，渐传至九边。"当时认为烟草"能令人醉，亦避瘴气，捣汁可毒头虱"，因此迅速传到各地，社会上竞相吸用，"惟漳烟称最，声价甲天下；漳又长泰最胜，人多种之，利甚多"。② "一亩之收可以敌（稻）田十亩，乃至无人不用"。③

3. 茶叶。

明代前期，茶叶的生产一度衰落，明中后期有了较大的恢复和发展。闽南地区的茶叶主要出在安溪县，而安溪县的茶叶常出在长乐、崇善，"为价甚贱供万家"，且质量不在武夷茶之下。用溪茶仿制的岩茶成为了今天家喻户晓的"铁观音"。

4. 柑橘。

泉州府和龙溪、漳浦等县都出产柑橘，而漳州出产的朱柑"色朱而泽，味甘而香，为诸郡之冠"。此外漳州也出产乳柑，质

---

① 转引自朱维幹：《福建史稿》，第 23 页，福建教育出版社，1986。

② 陈再成主编：《漳州简史》，第 38 页，漳州建州 1300 周年纪念活动筹委会办公室编印，1986。

③ 杨士聪：《玉堂荟记》卷四，第 7 页，伟文图书出版社有限公司，1977。

量比兴福的要好。王世懋《学圃杂疏》云:"柑橘产于洞庭,然终不如浙温之乳柑,闽漳之朱橘。"徐光启在《农政全书·论柑橘》云:"惟闽广地暖,即无损耗,而实甚佳,胜浙者十倍。"此外,果树的种植技术也有了很大的进步,漳州等地的农民已经能够用高压繁殖来代替核种,并懂得应用嫁接、培壅、剪枝、薰树御霜等技术来提高产量。果品的加工技术也发展起来,能够煮橘为饼,而且焙制龙眼干、荔枝干的方法也普遍推行。

5. 蓝靛。

在明代,蓝靛的种植,虽不及甘蔗和果树集中,但却闻名全国。《天工开物》记载"闽人种山皆茶蓝"。《八闽通志》卷四十一《公署》云:泉州"织染所,在府治东南南俊坊内,宣德三年,内使阮礼督造至郡,令有司买民地创建,以为染织之所,内有青玉泉、井甘,水染深青,为天下最,旧有二碑纪其事"。

(三) 手工业的发展

闽南地区手工业的发展主要有两大原因:一是因为土地不足与人口增长的矛盾比较突出,部分劳动力不得不向工商业转移;二是因为商品经济的发展,与国内外市场的联系加强,刺激了海外贸易的发展,促使手工业兴起。当时在漳州出现了"城闉之内,百工鳞集,机杼炉锤,心手俱应"的繁华景象;在安溪,"女工织纴,冬棉夏葛"。在一些行业,还出现了"富家征货,固得捆载归来;贫者为庸,亦博升米自给"的雇佣关系。

1. 纺织业。

明代闽南地区的纺织业有了很大的发展,新的纺织机器的发明和流行,使生产的质量和效率有了很大的提高。随着交通的日益发达,外省的棉花也大量的运入福建,当时有"糖去棉花返"的俗语,漳州等地棉纺织业的生产就主要靠这些输入的原料。当时的纺织业主要是作为家庭的副业,纺织品主要有苎、棉、丝等项。苎布，张岳的《惠安县志》说："细白布通商贾，辇货之境外，几遍天下"，明代何乔远的《闽书·风俗志》云：惠安"辟纑织苎，有葛屦蟋蟀之风焉，北镇之布行天下"。棉布，嘉靖《安溪县志》说安溪"女工织纴冬棉夏葛"，《闽书·风俗志》说同安"男子力穑，是生吉贝之绵，而女善为布"。丝织品，《闽书·闺阁志》说："侍郎洪朝选（同安人）妻蔡宜人，其父大贾也，而适朝选为诸生。……见洪家纺织，心悦之，昼夜从姒娌侄女辈学纺。久之，其纺缕可襟苎纱蚕丝，织为衣布，乃与坊郭中上家妇女衣布不二。"① 此后，纺织业又有了新的发展，《闽书·闾巷志》记载，明朝晋江有黄廷榜，机织为业，一门三十口，合居共爨无异言。乾隆《泉州府志》载，万历时同安有陈以廉，以织绢为业，而惇诚慷慨，不像是生意人。由此可以看出，闽南地区的纺织业，一部分已经脱离家庭副业的阶段，有许多男子也从事这种工作，纺织已成为城市手工业。当时也有以土产为原料的纺织品，主要是用蕉茎纤维织成的蕉布和用苎麻织成的葛布。龙溪县北乡生产的葛布是全省最好的，据说质量可敌当时最上等的广东雷州葛布。到了明朝末年，泉州府"百工技艺……敏而善仿。北土之缇缣，西夷之毳罽，莫不能成"；龙溪，"其处工作之良，则有织袭之绤，绣胸之补"；漳州的纱为日本所看重，《见织编》说"大抵日本所须，皆产自中国……如饶之瓷器，湖之丝棉，漳之纱绢，松之棉布，尤为彼国所重"。②

2. 制糖业。

宋代文献仅记载福州一地产糖，到了明代则遍及沿海的福、

---

① 何乔远：《闽书》卷一四一，《闺阁志》，第 4180 页，福建人民出版社，1995。

② 姚叔祥：《见只编》卷上，第 50～51 页，中华书局，1985。

兴、漳、泉等地。当时泉州和漳州的制糖业很兴盛,有的地方家家煮蔗糖,甚至一些地处山区的县也每年产蔗糖千万斤。由于商品经济的需要,明代中叶发明了榨糖车,大大提高了效率。《天工开物》中描写的榨糖车与近代的蔗车大致相似,所不同处就是雌雄两轴,从前用坚木制成,近代改用花岗石。闽南原先只出产蔗糖,到了后来,又出现了两个新品种:白砂糖和冰糖。"赤糖再炼,煼而成霜,为白糖。白糖再炼,则曰冰糖。"《闽书·南产志》追溯闽南白糖的历史时说:"以黑糖汁置大瓷漏中,瓷漏器如帽盔,底穿一眼出水,候水出尽,覆以细滑黄土凡三遍,其色改白。……初人莫知有覆土法,元时南安有黄长者,为宅煮糖,宅垣忽坏,压于漏端,色白异常,遂获厚货,后人遂效之。"虽然这一说法未必可靠,但明代闽南的制糖业确实有了巨大的发展,出产的白糖不但销往内地,还出口到海外。《泉南杂志》记载"居民磨(蔗)以煮糖,泛海售焉",有些富商巨贾还"持重货往各乡买糖"。

3. 制瓷业。

泉州府所属有 3 个县出产瓷器,分别是:安溪县、晋江县、德化县。安溪县,嘉靖《安溪县志》记载:"瓷器色白而带浊。昔时只作粗青碗。近则制花,又更清,次于饶瓷,出崇善、龙兴、龙涓三里,皆外县人氏业作。"晋江县磁灶乡,在宋代即有窑业,所造出的,多属青瓷;德化县,在宋代即有白瓷,按冯承钧译《马可波罗行纪》第一、五、六章云,"刺桐城附近,有一别城,名称迪云州(Jiunguy)",制造碗及瓷器,既多且美,购价甚贱。[①] 漳州的漳窑也很有名,明中叶开始制造白釉米色器,其纹如冰裂,虽然比不上德化的白瓷,但也独具特色。

———————————

① 朱维幹:《福建史稿》,第 55 页,福建教育出版社,1986。

4. 矿冶业。

明代的福建是全国重要的产铁区之一，泉州的同安、安溪、永春、德化，漳州的长泰、漳平、龙溪和龙岩都出产铁矿，在龙溪和漳平还设有铁冶所。明代的铁矿，大多允许人民开采，嘉靖《安溪县志》卷一《土产》云："铁出感德潘田等处，外县人业作，转贩得利。"当时在冶铁的商人主要来自徽州，每座铁炉的雇工数量多达六七百人，规模十分可观。乾隆《安溪县志》引何乔远的话说："若夫出铁之人，以入海货诸东南夷人，走死地如鹜，何论犯禁也？"由此可见，福建出产的铁不但销往国内，还大量贩往海外。此外，漳浦与平和还出产水晶，质量很好，但是产量不高。

（四）商业的发展

由于经济作物的普遍种植，明代农村家庭副业生产日益扩大，并逐渐由自给自足变成为交换而生产。城镇手工业在元代主要是为宫廷和官府生产，到了明代则转为商品生产。从事手工业的人口逐渐与农业分离，无论是销售产品还是补充原料，抑或是生活必需品的供给，都越来越依靠市场。此外，交通条件的改善，社会分工和区域分工的扩大，都为闽南地区商业的发展创造了极为重要的条件。

明代湖广和江西是主要的粮食产区，江浙是棉花、蚕桑和粮食产区，广东是蔗糖、水果、粮食产区，而福建的闽南是茶叶、烟、蔗糖、水果、染织等经济作物的重要产区。区域之间的交换活跃起来，闽南地区的土特产大量运销到国内各地，不止如此，由于交通的发达，闽南地区的商品还远销海外。《惠安县志》记载："桑麻、鸡鹅、羊豕、蔬蓏、蠃蛤之利，家自力以给，岁暮商贩以入兴泉；鸡鹅羊豕，大抵由吾邑往者多也"；"钞本《安海志》叙述商人向永春、德化收买苎布是'富家收买千万匹，北上临清货卖，名曰家机'"；又说"冬令闲月，安海等地商人，即深入安溪、永春、德化收换棉麻等布，贩往高州、海南、交趾、吕宋等地出售"；《闽疏部》说"漳之纱绢，泉之蓝"，"福漳之橘"，"泉漳之糖……无日不走分水岭及浦城小关，下吴越如流水，其航大海而去者，尤不可计；皆衣被天下。所仰给他省，独湖丝耳。红不逮京口，闽人货湖丝者，往往染翠红而归织之"。① 外省输入的商品也很多，如泉州地区，"仰粟于外，上吴越而下广东"，江浙、广东成了闽南地区商品粮的供应基地，丝和棉花则来自江浙一带。

"为了适应商品交换日益兴旺的需要，在交通方便的地方，逐渐出现了集市。北溪的龙潭，'有日中之市，上下游舟次鳞集溪北，熙攘者以此为最'。万历年间，在诏安溪雅村附近东溪桥头的空地上盖起店屋，建成了通济市。海澄的月港桥，明初当地居民在上面盖店屋，逐渐发展为桥市。万历年间桥上就有店屋一百多间。嘉靖年间，铜山'商贾之利以通，南北之船，来往者不绝'，'遂为大澳口矣'。不仅如此，城市的规模也扩大了。"② 商品经济的发展，还冲击了当地人的观念，刺激人们不断追逐利益，使社会风气发生了很大变化，重商的风气越来越盛。明代的张翰就曾说"民多仰机利而食，俗杂好事，多贾治生，不待危身取给。若岁时无丰食饮，被服不足自通，虽贵官巨室，闾里耻之，故其民贱啬而贵侈"。③ 就连城乡的佃民百姓也纷纷舍本逐末，从事商业活动。闽南地区的商人数量多，分布广，活动地区遍及全国和海外。泉州"商贾贸丝者大都为海航互市，其肆中所

① 朱维幹：《福建史稿》，第 68～69 页，福建教育出版社，1986。

② 陈再成主编：《漳州简史》，第 41～42 页，漳州建州 1300 周年纪念活动筹委会办公室编印，1986。

③ 张翰：《松窗梦语》卷四，《商贾纪》，第 84 页，中华书局，1985。

列若哆啰呢、哔叽、琐袱之类，皆自海舶至者"，漳州地区，"成化、弘治之际，豪门巨室间有乘巨舰贸易海外者"。[①] 随着闽南商人经济和政治势力的逐渐增强，形成了一个重要的商人集团，这一商人集团的崛起对闽南海外交通和贸易的拓展具有积极意义。

二、清代闽南经济的发展

经历了明清鼎革和收复台湾的战争后，清王朝对东南地区的统治基本巩固下来。但是，由于久经战乱，闽南地区的经济受到了极大破坏，为此，清王朝不得不采取一系列的措施来缓和社会矛盾，发展社会经济。从康熙二十三年到咸丰二年，福建有170年的安定，这也为闽南经济的发展创造了良好的条件。雍正年间实行的摊丁入亩，简化了税收和稽征手续，使农民不再受徭役之苦，可以专心生产，农村的经济也因此得到了很大的发展。

清初，朝廷大力鼓励开垦荒地，并宣布以明代的一条鞭法来征收赋役，蠲免了明朝的一切加派和"三饷"。即使如此，清初的赋税还是很重的，当时在漳州实行的是"绅衿虽不得多免，民户仍不得减征，而又增削免之征，欲轻徭而反加赋"，有些百姓交不起粮，宁愿把田卖掉，甚至白送也没有人要，"始犹每亩田卖四五钱，后乃白送与人，无敢承者，于是弃业逃粮"。由于农民或死或逃，本来由他们所负担的赋役就成了悬粮、悬丁，统治者就把这些失额推到周围的农民头上。龙溪一带失额最多，官民俱困。直到康熙十六年，知府周昌把悬丁排入银额内均匀分摊，人民的负担才稍稍减轻一些。此外，清初的赋役是以十甲为单

---

① 转引自唐天尧：《试论明代月港兴衰的原因》，第30页，中共龙溪地委宣传部、福建省历史学会厦门分会编印《月港研究论文集》，1983。

位，轮流担任轮值，负责催收贡赋。但是这种做法使人民一到轮值年就会破产，结果是"民间一值现年，辄倾家。不得已逃去，则就宗族拘补，始犹族属，继扳同姓，有粮者破产，无粮者殒命，囹圄日满，里市萧然"。① 到康熙十九年，总督姚启圣上奏革除这一弊端，人民才不致逃亡。

由于郑成功在东南沿海一带坚持抗清，清朝便实行了迁界禁海政策，使闽南的经济受到重创。"朝命甫下，奉者过于严峻，勒期仅三日，远者未及知，近者知而未信。逾二日，逐骑即至，一时踉跄，富人尽弃其赀，贫人夫荷釜，妻褓儿，携斗米，挟束蒿，望门依栖。"举例来说，晋江有一家人，"迁移之谕既下，而巡界之兵马迭至，乡党之高堂大厦随复而为丘墟战场矣。于是扶幼携老，挈家褓负，侨居外家（即英林也），将欲安身之计，而大兵又四出矣，几死边地之场。至于流离辛苦，始复再徙宅内，旋而移居青阳，住青阳二十二年"。②康熙二十二年，郑克塽投降，康熙帝遂下令展复旧界，"察明原产，给还原主"，并认为"此等事不可稽迟，著遣大臣一员，前往展立界限"，以"勿误来春耕种之期"。③ 福建沿海一带的人民纷纷复业，"陆续呈报归业丁口四万八百有零，承垦田地一万七千一百三十二顷零"，占原额荒田的 82.7%，对于恢复闽南经济起了很大作用。④ 此外，由

---

①　陈再成主编：《漳州简史》，第 71～72 页，漳州建州 1300 周年纪念活动筹委会办公室编印，1986。

②　粘良图：《施琅与东南沿海展界》，第 221～222 页，施伟青主编《施琅研究》，厦门大学出版社，2002。

③　《清圣祖实录》卷一一三，康熙二十二年十一月戊寅，第 164 页，中华书局，1985。

④　杜臻：《粤闽巡视纪略》卷五，第 460 册，第 1109 页，台湾商务印书馆·景印文渊阁四库全书本。

于战乱，人民大量死亡和逃散，闽南地区便有大量抛荒的土地，清政府为鼓励人民垦荒，作出新垦荒的田地可以免除田赋若干年的规定，"开垦荒地，俱再加宽限，通计十年，方行起科"。与此同时，地方官也尽量召集流亡，例如，康熙十九年，在漳州任职的蒋龙光就"躬自抚绥难民，使复故业。复请弛海禁，使穷民采捕为业"。清初，人民大量逃亡，地方官只能改变征收赋税的方法，"从田问赋"。龙溪和南靖于康熙九年，平和于康熙十六年，漳浦和海澄于康熙二十五年，诏安于康熙二十八年，长泰于雍正元年，分别实行从田问赋法，在一定程度上减轻了失去土地的贫困农民的税务负担。康熙四十一年，漳浦知县陈汝咸所定的"亲供法"，减少了征税环节，简化了征税手续，防止了胥吏及地方豪强的舞弊，是清代闽南地区赋役制度的一大进步。康熙五十一年，清政府宣布以康熙五十年全国的丁银额为准，以后添丁不再加征，"圣世滋丁，永不加赋"。雍正继位后，进一步实行"摊丁入亩"的制度，减轻了人民的负担，促进了农业生产的发展。

（一）农业的进步

从康熙二十三年到乾隆三十三年，漳州地区因兵革而荒芜的土地逐渐得到垦殖。而且，在沿海地区，人民还通过围筑埭田进一步扩大耕地面积。此时，围海造田的技术也比以前有了很大进步，变得更加科学和经济。"初筑不堪种艺，则蓄鱼虾，其利亦薄。越三五载，渐垦为田，斥卤未去，宜咸水允稻……数十年后成熟耕，始克早晚二收。"由于战乱的破坏和年久失修，许多水利工程已不能发挥其功能，为了促进农业的发展，闽南地区相继修复和兴建了一大批的水利设施。例如，龙溪就兴建和重修了草潭、山兜堰、墨场堡石坝以及一系列的水闸：东山闸、桥亭闸、屿仔闸、墨场堡水闸、泗洲新闸、天亭港闸、碧湖港闸、曾府埭闸、浯浦港闸、石厝闸、许茂围闸等；漳浦兴建了双溪石坝、猪母陂；海澄修建了大陂，开凿了草尾港；长泰重修了洋溪陂、欧马陂。

　　清代闽南地区的农业技术进一步提高，防虫抗害的能力也大大加强。螟蛾总是在"田禾秀实"的时候为害，农民就用烟草梗抵御，先将烟草梗制成捆，然后插在稻根下面，螟蛾就不敢靠近稻苗了。康熙二十八年四月中旬，海澄县遭受虫灾，知县下令在田头挖掘大坑，放火将害虫烧死。农作物的品种也比以往有所增加，例如漳浦县有粳、秫、尖、香稻等品种。从种植的季节看，又有早稻、晚稻、大冬、寄种、青晚、早秋、晚大冬秫等。

　　番薯此时也被大量的种植。由于番薯不择地而生，所以许多不适宜种稻的地区都改种番薯。例如，"厦岛，田不足于耕，近山者率种番薯"；龙岩旱地不能种晚稻，或改种番薯与杂粮。① 连横在他的《台湾通史·农业志》中也讲到："番薯，一名地瓜。种出吕宋，明万历中，闽人得之，始入漳泉。瘠土沙地，皆可以种。取蔓植之，数月即生。实在土中，大小累累，巨者重可斤余，生熟可食，台人藉以为粮。可以淘粉，可酿酒，其蔓可以饲豚。长年不绝，夏秋最盛。大出之时，掇为细条，曝日极干，以供日食。澎湖乏粮，依此为生，多自安、凤二邑配往。薯有数种：曰鹦哥，皮赤肉黄，为第一；曰乌叶，皮肉俱白；曰青籐尾，曰鸡膏，最劣。又有煮糖以作茶点，风味尤佳。"② 此外，还发明了新的种植方法，薯苗须易地而种，并引进了新品种，"近有一种，叶多桠，号菊花叶者，种收尤蕃，色悉白而味稍逊，则自惠安传入者也"；"又有来自文莱者，形圆皮白，肉黄而松，

---

　　① 周凯：《厦门志》卷一五，《俗尚》，第 644 页，大通书局，1984。
　　② 连横：《台湾通史》，第 465 页，商务印书馆，1983。

最美"。①

（二）经济作物

1. 甘蔗。

清代闽南种植甘蔗的风气比明代更为兴盛，"下游多种甘蔗，泉、漳、台湾尤多"。《龙溪县志》记载，农民虽全年劳动，而获利无多，唯种蔗种烟，会有两倍的收入，所以农民会将原先种稻子的地改种甘蔗，"故多夺五谷之地以植之"。种植经济作物需要精工细作，这样既有利于农业改进，也引起了农产品深加工业的兴起。例如，出现独资经营和合股经营的糖坊，前者叫做"头埔"，而后者叫做"公司埔"。蔗农联合经营者则叫做"牛犇部"。

2. 烟草。

自烟草的种子传入闽南，有的稻田就改种烟草了。到了清代，种植烟草的风气更加盛行。康熙时人黎士宏在《仁恕堂笔记》中指出："烟之名始于日本，传于漳州之石码。天（启）崇（祯）间，禁之甚严；犯者杀无赦。今则无地不种，无人不食。约之天下一岁之费以千万计。'金丝'、'盖露'之号，等于'紫笋'、'先春'。关市什一之征，比于丝床绢帛。朝夕日用之计，侔于菽粟酒浆"，可见当时种烟、吸烟之盛行。以肥沃的土地种植烟草在很大程度上妨碍粮食的种植，但另一方面，却有助于改良土壤。此外，烟叶和烟梗可以用来除去螟蛾之害。

3. 蓝靛。

我国人民多穿蓝布衣服，而蓝色染料就是用靛菁制成的。清代福建的染料在全国占有相当的地位，而且种植比明代更为普遍，海关抽税最多的便是靛菁。除闽南外，霞浦、上杭、宁德等周围地区也大面积种植。后来由于洋靛的输入，闽南地区的靛业

---

① 转引自朱维幹：《福建史稿》，第 433 页，福建教育出版社，1986。

就衰落下去了。

4. 茶叶。

清代前期和中期，闽南地区茶叶的生产基本保持着明代的水平，大规模的扩大种植是在茶叶大量外销的清代后期。当时几乎处处产茶，"乌龙茶，叶厚而色浓，味香而远，凡高旷之地种植皆宜，其种传自泉州安溪县"。① 民间的茶叶生产也逐渐摆脱官府设局统治的桎梏，产量和质量都明显提高。清代后期是民间茶叶生产的黄金时代。

5. 花生。

由于花生性习沙土，适宜于沿海地区种植，又因为榨花生油的利润颇高，所以很快被大面积的种植起来。嘉庆《同安县志》卷十四记载："谷之属有涂豆，碾而撞之，可作火油，而不言其可供食用。"同安县还引种洋花生，"结实成穗，豆形较土产尤大，农家多种之"。道光年间，厦门还出现了油市，周凯纂修的《厦门志》记载："油市在海岸内武庙前。每岁自十月起，至（明年）二月止，卯辰二时（按：上午五至九小时），乡间落花生油，齐集于此，发兑铺户及负贩者。"② 油市贸易一般长达五个月，可见花生油产量之丰，销售之广。

6. 水果。

清代闽南地区的果树种植更加普遍，荔枝、龙眼、柑橘是主要的水果。漳州"果贵荔枝，红柑次之，俗多种家比千户侯。缘山障野，果熟，望之如火"；荔枝良种"焦核产漳浦，核小肉厚"；龙眼"龙溪有一蒂两实，一大一小，小者如珠，无核，名

---

① 转引自廖大珂：《福建海外交通史》，第 286 页，福建人民出版社，2002。

② 周凯：《厦门志》卷二，《墟集》，第 644 页，大通书局，1984。

'抱鸡子'，最贵"；柑橘"闽产为天下最，清漳尤称佳"，漳浦县
的柑橘品种众多，有先柑、青柑、酥柑、乳柑、珠柑、甜栾柑、
蜜桶柑、雪柑等 8 个品种。此外，还有很多水果品种。漳州的柚
子闻名全国，被称为"文旦"的品种还作为贡品进献给皇帝。长
泰的蜜柚，每颗重两斤，肉白，味道甘爽，没有渣滓，是柚子中
的极品；香蕉，"俗名牙蕉，浦产者为青牙，最佳。靖产者为黄
牙，香稍逊。大者为荆蕉，俗不甚重"；葡萄，"作架承之，叶密
阴厚，可以避暑"，"酿以为酒，善醉而易醒"；金橘"漳人谓之
金枣，园中多种之"。① 漳州地区还引进了不少水果品种，例如
多罗蜜、菠萝、番木瓜、番石榴等。

（三）林业和渔业

清代闽南地区的农民懂得经营林业，并注意经济效益。漳州
各县都种植杉、竹、松等，虽然见效慢，但是获利十分高。由于
闽南森林资源丰富，许多外地人来这里种香菇，香菇生产很快发
展起来。花卉的种植也有相当的规模，乾隆年间修的《漳州府
志》就收录了 75 种花卉，其中有很多是从省外或国外引入的。
漳州的特产水仙花在清代康熙年间修的《漳浦县志》就有记载，
乾隆年间修的《龙溪县志》记载，"水仙名金盏银台，有千叶者
名玉玲珑。闽中水仙以龙溪为第一，载其根至吴越，冬发花时，
人争购之"。②

"海者，闽人之田也"，捕捞是沿海人民的主要生产活动之
一，"百姓藉以为自奉"。③ 海涂养殖是在元代以后开始的，明代

---

① 陈再成主编：《漳州简史》，第 74～75 页，漳州建州 1300 周年纪
念活动筹委会办公室编印，1986。

② 同上书，第 75 页。

③ 许旭：《闽中纪略》，第 12 页，上海古籍出版社，1990。

还是零星的养殖，到了清代发展迅速，主要品种有牡蛎、蚶等。闽南种植牡蛎的方法主要是，在浅海中插无数石条，牡蛎就会自动粘着，冬天割取后就把石头沉入海里，以防其他生物寄生在上面，端午节后再重新扶起，插立如故。由于清政府限制海洋捕捞，所以渔业的发展受到了极大阻碍。直到嘉庆十七年，规定远洋渔船可以到浙江的定海、镇海、象山三县边的洋面上捕捞黄花鱼和带鱼，但不得驰到江南海面，而小船只许在本省本港采捕，且不得在海上过夜。清代捕捞的主要鱼种除黄花鱼和带鱼外，还有鲨鱼、鲳鱼、鱿鱼、嘉腊鱼、墨鱼等。当时食用鲨鱼并不普遍，捕捞鲨鱼多为取其皮作装饰物，除了上贡朝廷外，民间所需不多，因此捕捞量不大。

（四）手工业的发展

战乱结束后，清政府曾一度宣布取消匠籍的免征代役银。康熙后又把工匠代役银一概并入田赋内征收，逐渐废除工匠代役银和匠籍制度，手工业者对封建国家的人身依附关系有所松弛。清政府还放宽对民营手工业的限制和监督，这对手工业的发展起到了积极的推动作用。此外，商品经济的重新抬头也为手工业的发展创造了条件。

1. 纺织业。

清代的外贸中心在广州，福建失去了原有的地位。此外，国外的丝织业进步迅速，使得福建的丝织品外销减少，导致丝织业的衰落。除漳州的纺织业还算发达外，福建其他地区的则湮没无闻。而漳州地区的纺织业，也转为主要以内销为主的家庭手工业，但有部分专业生产者的棉麻纺织品仍供外销。"漳纱、漳缎、漳绒，漳之物产也"，"棉苎等布，在机所织，不让他郡"。葛布，"漳产以长泰、南靖为佳"，"称海南葛"。蕉布虽不耐穿，但是因为它成本低廉，而且夏天穿着透风凉爽舒适，因此，直到清末漳州还有人织这种布。漳州出产的纱，各种花色都有，多是由专业的手工作坊生产的。

2. 制糖业。

制糖业在明代的基础上又有所发展，尤以漳、泉等地为盛，并出现了具有资本主义萌芽性质的手工工场。这些制糖坊具有一定的规模，或独家经营，或合资经营，业主与雇工之间是一种雇主出钱、雇工出力的雇佣关系。清前期，闽南的糖仍远销国外，但是到了后期，由于技术的落后以及和台湾糖的竞争，闽南地区的制糖业逐渐衰落下去。

3. 煮盐业。

清初，漳州的盐丘全在界外而被废弃，复界以后，盐业逐渐恢复。清代的漳州主要有漳浦东、漳浦南和诏安 3 个盐场，其中，漳浦南盐场有 8 个盐团，盐埕 1000 多丘，年产盐 2 万多担；漳浦东有 5 个盐团，盐埕 800 多丘，年产盐约 1.1 万担；诏安有 8 个盐乡，盐埕 3200 多丘，年产盐约 6.6 万担。

4. 造船业。

清王朝实行闭关锁国政策，对造船业加以种种的限制。例如，限制出洋的船只载重必须在五百石以下，只许竖双桅，梁头不得超过 1 丈 8 尺，舵手不得超过 28 名。民间造船还要先向官府呈请领料单，凭单领料，要受种种陋规的勒索。船造好后，还得贿赂官员，以便通过检查。在这种情况下，民间的造船难免走向衰落，而官营的船厂，则因贪污舞弊，管理不善，造船的质量差，效率低，造船的技术也无法提高，中国的水师对欧洲人的舰队只能是望洋兴叹了。

（五）商业的发展

清朝统治者对商业采取了较为开明的态度，康熙帝认为"商民为四民之一"，应该给以一定的地位，所以推行了一些有利于商业发展的政策，商业也随之进一步繁荣起来。闽南地区的集市和规模都在不断扩大，当时龙溪县有 28 条街道、23 个市场、17 个墟集，地处山区的南靖县也有 9 条街道、4 个市场、31 个墟集。这些众多的市集把生产和消费紧密地联系在一起，促进了闽南地区的经济发展，闽南地区所需要的粮食、棉花、蚕丝等原料都是通过对外地的贸易获得的。泉州和漳州是商贾的云集之地，泉州除大商贩外，小商贩"卖汤、卖饼、卖荔、卖柑、卖桃李、卖杨梅、卖甘蔗"，"熙来攘往，声满街衢，朝暮不息"；漳州"洒削卖浆者流，来自外郡，刀锥之末，未足自豪"。① 由于港口的淤积，以及明末清初的战乱，月港已经衰落下去，但漳州却并未因此而随之衰落下去。在鸦片战争前，漳州的海船还从本地收购漳纱、剪绒和土布贩往锦州、上海、宁波及台湾等地。此时，新的工商业城市迅速崛起，其中以厦门、龙岩等地的发展最为显著。以厦门为例，自清初开港后，发展十分惊人，从厦门港出海的船只北到天津、锦州等地，南到广东等地，与台湾往来频繁，有些则漂洋过海到日本、琉球、东南亚等地。厦门很快就取代漳州，成为全省最大的航运和外贸港口。

清代东渡台湾的人中间，绝大部分是闽南人，他们只身前往台湾垦荒，需要祖国大陆在经济上的接济，许多手工制品和生活必需品要从祖国大陆运去，所以清代闽台贸易主要以农副产品为主。台湾销往祖国大陆的主要是大米、糖和土特产，闽南地区销往台湾的主要是土布、陶器、烟草、建筑材料。有些商品还是专门为适应台湾的需要而生产的，例如，同安出产的棉布就有叫做"台湾庄"的。闽南还出现了专营对台贸易的郊商，仅泉州鹿港

---

① 吴之锜：道光《晋江县志》卷七二，《风俗志》，《中国地方志集成》本，第 1001～1002 页。

郊就有 46 家商行，可见闽台贸易之繁荣。

三、闽南三大港口和海外贸易

(一) 明代海禁

明代的对外政策具有双重性，一方面极力加强与周边国家的朝贡关系，另一方面严厉禁止私人与其他国家、部族间的海上贸易。《洪武实录》"四年十二月"条有这样一条记载："诏吴王左相靖海侯吴桢，藉方国珍所部温、台、庆元三府及兰秀山无田粮之民尝充船工户者凡 111730 人，隶各卫为军。仍禁濒海民不得私出海。"从"仍"字看出，以前也是实行海禁政策的。自此以后，每隔一段时间就可以看到申谕海禁的记载。洪武十四年十月："乙巳，禁濒海民私通海外诸国。"洪武二十一年正月："温州永嘉县民，因暹罗入贡，买其使臣沉香等物。时方严禁交通外夷之禁，里人许之，按察司论当弃市。上曰：'……非交通外夷可比也。释之。'"洪武三十年四月："申禁人民，无得擅出海与外国互市。"为了彻底的禁绝私人出海贸易，朱元璋发布诏令："禁民间用番香番货。""先是，上以海外诸夷多诈，绝其往来，为琉球、真腊、暹罗许入贡。而缘海之人，往往私下诸番贸易香（按：'香'字可能为'番'字之误）货，因诱蛮夷为盗。命礼部严禁绝之，敢有私下诸番者，必置之重法。凡番香番货，皆不许贩鬻，其见有者，限以三月销尽。民间祷祀，只用松柏枫桃诸香，违者罪之。其两广所产香木，听土人自用，亦不许越岭货卖。盖虑其杂市番香，故并及之"。[1] 终洪武一世，海禁始终较为严格地执行着，但从其屡次申诫来看，私人海外贸易仍在暗中时有进行，无法完全禁止。

---

[1]　张维华：《明代海外贸易简论》，第 17 页，上海人民出版社，1956。

自洪武之后，海禁时松时紧。根据张维华先生的研究：洪武建文间，由于政治因素，海禁最严。永乐至宣德间，由于当时的社会经济得到初步的恢复和发展，又由于统治者及其统治集团自身的要求，海外贸易获得大规模的发展。郑和等七次下西洋，在客观上也使"海禁政策"略显松弛。正统至正德间土地高度集中，但手工业与商业资本的发展也较为迅速，对于海外贸易的要求更为迫切，而统治集团内部的人也逐渐认识到发展海外贸易对解决财政困难的重要性，所以这一时期虽依旧执行海禁，但却出现了一些开放的倾向。自正德末至嘉靖末，由于葡萄牙侵略势力的东来以及"倭寇之患"逐渐严重，"海禁政策"又严厉起来。只是在"倭寇之患"初步平定之后，才又出现了开放海禁的征兆。隆庆至崇祯间宣布开放海禁，默许私人进行海外贸易，但仍加以种种的限制，不能算是海禁政策完全的取消。[①]

老子说："祸兮福之所倚，福兮祸之所伏。"虽然朝廷有禁令"寸板不许下海"，可是由于海外贸易有丰厚的利润，民间海上贸易还是蓬勃发展起来，即使是负责海禁的官员也很难禁得住丰厚利润的吸引，据《明实录类纂》载，有人上告漳州巡海指挥杨全收受贿赂，纵容私人往琉球贸易。从某个角度看，海禁还加强了闽南地区对海外贸易的垄断。

1. 安海港。

明代的海禁政策使官方垄断了海上贸易，而官方的贸易是以朝贡的形式进行的，明朝设置了市舶司来管理朝贡贸易，"市舶司国初置于太仓，以近京，后移福浙"。明朝在实行海禁的同时，禁止海商私自经营海外贸易，并在海外贸易比较繁盛的泉州府设

---

① 张维华：《明代海外贸易简论》，第52～53页，上海人民出版社，1956。

市舶司以加强管理。市舶司的职责是"禁通番、征私货、平交易",因此泉州官方的航海贸易很不景气,洪武七年一度废掉了市舶司,永乐元年复置,成化年间迁往福州,泉州港的后渚港从此一蹶不振。虽然泉州港的官方贸易衰落了,但是民间的走私贸易却兴盛起来,中心逐渐转向安海港。

安海港,位于围头湾内,港口有白沙、石井二澳夹峙而成的海门,过了海门则水面宽阔,岸弯流平,没有风涛之险,而且有避风的船坞。优越的地理环境是安海港兴起的自然条件。海舶从广州到泉州,首先到达安海港,然后再到北面的后渚港。围头地势突出在航道上,围头湾内风平浪静;而围头到后渚这段海面经常有横风、逆流,这种自然条件有助于将船舶导入安海港。在泉州港衰落后,安海港继续兴盛,并作为独立的港口活跃于闽南海外贸易的舞台上。由于安海港优越的地理位置,而且离郡治偏远,官府的管制有所不及,沿海的走私商人和豪强势族就把它当作从事走私贸易的基地。黄堪《海患呈》说,"况县治去远,刁豪便于为奸。政教末流,愚民易于梗化"。另外,安海离浯屿很近,而那里是外商的巢穴,便于贸易。于是安海港便与月港一同成为了17世纪闽商的活动基地。时人称:"泉州之安海,漳州之月港,乃闽南之大镇也,人货萃集,出入难辨,且有强宗世豪窝家之利",到了明后期,其户数有十余万,其商人势力足以与徽商匹敌。①

自明朝的天启到清朝的顺治年间,安海港在郑芝龙父子的经营下,成为了当时中国东南部海外交通的中心枢纽。崇祯元年,郑芝龙受招抚后,就将安海港作为其军事据点和海外贸易的基地。郑芝龙以安海港为基地,极力发展海外贸易,从1641年到

---

① 傅衣凌:《明代泉州安平商人史料辑补》所引资料,《泉州文史》,1981年第5辑。

1646 年的几年间，由安海港行向国内沿海各港口以及国外的船只穿梭往来，络绎不绝。郑芝龙的船队常年使往日本、巴达维亚和东南亚等地，与荷兰、葡萄牙、西班牙商人交易，其中以对日本的贸易为主。一些安平商人也依靠郑芝龙的令旗，积极参与海外贸易。安海港的海外贸易达到了空前的兴盛时期。航海贸易的发达，也促进了安平镇发展，"城外市镇繁华，贸易丛集，不亚于省城"。①

　　后来郑成功起兵抗清，此后的十年间，安海港一直是郑成功在沿海的一个重要的军事据点和对外贸易基地。据有关的外文资料记载，从 1645 年的 11 月到 1655 年的 9 月，共有 41 艘郑成功的商船从安海开往长崎。顺治十二年（1655 年），郑、清的谈判就在安海港的报恩寺举行。谈判破裂后，郑成功将安平的所有家资移到金门安顿。次年，清兵攻入安海，将房屋和城镇夷为了废墟。1661 年的迁界，使安海港闭绝将近 30 年，直到 1684 年复界，经过一番疏浚整治，安海才逐渐恢复过来。据《晋江县志》记载，"康熙年间，外洋大船时泊于此（安海），靖海侯施琅……奏设户部税馆在安海榷税"。② 乾嘉年间，安海港的海外贸易开始走上繁荣发展的新阶段，当时，往来的船只驶往全国各地，北上温州，南下漳州，东渡台湾，还有直接开往南洋的，这些来自国内外的船只，每天进港的少则二三十艘，多则五六十艘。鸦片战争以后，厦门成为了对外开放的自由港，殖民主义者把厦门作为他们侵略的基地，安海港便成为了厦门连接内陆的附属港口，逐渐衰落下去。

---

　　① 参考郑梦星：《安海港史发展概述》，第 14 页，《安海港史研究》，福建教育出版社，1989。

　　② 同上书，第 15 页。

安海港之所以能成为闽南海外贸易基地，除自然条件外，安平商人也功不可没。安平商人主要有两大特点：一多二善。安平的风俗就是"好行贾"，何乔远说"吾郡安平镇之俗，大类徽州，其地少而人稠，而衣食四方者，十家有七"。① 甚至富家豪族，庠生儒者也纷纷经商，这些人大多是出海贸易，这就为安海港源源不断地提供了海外贸易的队伍。安海港腹地的物产不是很丰富，但是安平商人善于将各地的物产集于安海港，以贩往海外，并将海外的货物销往全国各地，把国内的商业资本活动与海外贸易活动紧紧地联系在一起。不过，后来安平商人衰落了，傅衣凌先生对安平商人的衰落有一个很好的总结，他认为安平商人虽然人数多，也有积累，在国内外都占有一定的地位，但是并没有发展到十分成熟的阶段。此外，安平商人虽然富有冒险的精神，能出生入死，往来于万顷波涛之中，却弥漫着浓厚的封建气息，笼罩着温情脉脉的乡族纽带，不像欧洲中古后期的意大利城市商人那样，拥有独立的政治地位。还有一个重要的原因就是清代的锁国政策。

2. 月港。

漳州当时是全国"知名"的地区。"福州会城及建宁、福宁，以江浙为藩篱，东南抱海，西北连川，山川秀美，土沃人稠……故其民贱啬而贵侈；汀、漳人悍嗜利，不若邵、延淳简。而兴、泉地产尤丰，若文物之盛，则甲于海内矣。"② 漳州人被加上了悍嗜利的评语，这也许是漳州成为私人海外贸易中心的原因之一吧！

漳州受泉州港海洋经济发展的影响，海洋交通已然萌发。虽

---

① 转引自傅衣凌：《明代泉州安平商人略论》，第 82 页，《安海港史研究》，福建教育出版社，1989。

② 张瀚：《松窗梦语》卷四《商贾纪》。

　　然漳州在宋元时期并不是一个以海上贸易闻名的区域，但是，民间仍然存在着海上贸易。漳州境内群山起伏，森林茂密，沿海多良港，可以说是三面环山，一面临海。在这种环境下，海路成为了有效且便利的运输通道。朝廷的海禁实际上无法切断海上贸易，例如，景泰年间，漳州知府谢骞就在漳州滨海地区实行牌甲法，此法大体上如同过去的保甲法，只是更严厉，其方法是，按居住地随地编甲，数甲为一总，每总置牌，本总下民户一般每五天带牌赴官府点校，如五天未去点校，就要被怀疑是出海走私去了。当地官府按牌进行约束，一人走私，同甲之人有告发的义务，如知情不告，事发后就要受到连坐治罪。① 在这种情况下，海外贸易受到极大阻碍，但由于漳州地区濒临大海，土地贫瘠，单靠种地无法维持生计，所以这里的人民迫不得已去经商，追逐什一之利，以此来改善生活。

　　海外贸易的高额利润，使海商趋之若鹜。他们"每以贱恶杂物，贸其银钱，满载而归，往往致富"，所以，尽管海禁严厉，违者可能会被充军或处死，还是有许多人造船出海，私相贸易。再加上月港地理位置偏僻，离省会较远，官府很难管辖，所以走私活动十分频繁，并逐步发展成为东南沿海重要的港口。景泰四年，月港就因海外贸易引起了朝廷的注意。到成化八年，市舶司迁到福州后，这里的海外贸易就更加繁荣了，"豪门巨室，间有乘巨舰贸易海外者"。成弘之际，月港人烟辐辏，商贾云集，已有了"小苏杭"的美称，从这里出海的货物有瓷器、绸缎、药材、茶叶、糖、纸张、石料等，而进口的有燕窝、香料、象牙、犀牛角、鹿茸等，每年出海的船只多则上百，少亦有六七十艘。正德年间，葡萄牙商船来广东互市，被广东的官吏阻挠，就到月

---

　　① 晁中晨：《明代海禁与海外贸易》，第 131 页，人民出版社，2005。

港来停泊交易。尔后，外国商船联翩而至。嘉靖二十年（1541年），葡萄牙商人留居漳州的多达 500 多人。由于私商的集中活动和对外贸易的频繁，月港的政治地位也相应提高。嘉靖四十五年海澄设县，月港归其管辖。隆庆元年，明穆宗允许福建巡抚涂泽民奏开海禁的请求，还在月港设立"洋市"，置督饷官吏，开征商税。至此，月港由非法的走私港变成合法的民间海上国际贸易港，月港由此进入全盛阶段。漳州月港的对外贸易的兴盛，对我国东南地区特别是漳州地区经济的繁荣和发展起了巨大的作用，江、浙、赣、闽各地的生丝、棉织品、瓷器、蔗糖、茶叶等大宗商品大多由月港装舶外销，到吕松中转，再由西班牙商人贩卖到欧洲和南美洲。月港的对外贸易加深了我国与海外各国之间的经济、文化交流往来，是中外人民友好往来的桥梁。

万历二十七年（1599 年），明神宗派高寀督福建饷税。高寀专横跋扈，贪残成性，在月港极尽搜刮之能事，使得不少商人破产。他在福建 16 年，搜刮的珍宝不计其数，可谓富可敌国。月港受重创，贸易逐渐萧条。此外，外国殖民者的劫掠骚扰和商业垄断是造成月港衰落的另一个原因。万历三十一年（1603 年），荷兰海盗到中国东南沿海活动，尔后英国人也接踵而来，这些人称霸海上，烧杀抢掠，导致海路不畅，贸易受阻。荷兰人在占据台湾后，横行台湾海峡，封锁九龙江口。天启二年（1622 年），荷兰人占据澎湖，入厦门，犯圭屿，沿海居民望风而逃。此外，他们还垄断了月港商人长期经营的生丝和丝织品等贸易，使得生丝和丝织品在南洋一带价格猛跌，而传统的进口货物价格却直线上升，使月港商人的贸易活动大减。

明末清初月港地区的军事战争，使这一地区的社会经济遭受了毁灭性打击，这也是月港衰败的重要原因。海澄是郑成功抗清的主要战场之一，从顺治三年到康熙二十二年（1683 年），郑氏的部队与清军在这一地区争战长达 40 年之久。在这 40 年里，月港的水陆交通几乎中断，一些桥梁数次修复又数次毁坏。清政府的海禁政策使这里的商旅交通完全中断，月港所在方圆数十里皆无人烟，这一地区的社会经济遭到了毁灭性打击，月港作为国际贸易港的条件已经丧失。

　　3. 厦门港。

　　厦门港位于九龙江入海处的海岛上，港区的水深 20 多米，高踞堂奥，雄视漳泉，"鹭岛为全省诸水道之要冲，四面环海，群峰拱护，可为舟楫聚处"①，优越的地理条件为厦门港的崛起提供了区位优势。随着月港海外贸易的日渐兴盛，厦门也日渐发展。早在正德十一年，葡萄牙商船就来到了厦门，并在厦门设立了公行。嘉靖二十六年（1547 年），西班牙商船也来到厦门，并开辟了台湾和琉球去日本的航线。

　　明末清初，郑成功以厦门为抗清基地，采取以商养兵的策略，大力发展厦门的对外贸易，同时派出大批船队到日本和东南亚各国进行贸易。在郑成功的经营下，厦门成为了国内外贸易的中转港和东南沿海的贸易中心。郑氏抗清失败后，厦门的经济受到了严重的打击，"国初海氛四起，郑成功踞其地四十余年，其间城池宫室，兵戈焚毁，而鹭江遂成战场，亦一时之厄也"。②

　　康熙二十二年（1683 年）清廷收复台湾，取消海禁，并在此设立了海关，厦门港迅速发展起来。为解决福建沿海人民产粮不足的问题，康熙二十四年（1685 年），政府开放了厦门与台湾鹿耳门的对渡航运，厦门成为了"台运"的专门口岸，这一直延续了 142 年。厦门港进出的船只不断增加，可谓是商船辐辏，百

---

①　薛起凤：《鹭江志·廖飞鹏序》，第 19 页，鹭江出版社，1998。

②　薛起凤：《鹭江志·卷一·嘉禾里序》，第 20 页，鹭江出版社，1998。

货云集，盛况空前，"盖气韵流转，品汇咸亨，如花之着地，逢春得雨，甲折勾萌，无不各畅其生机矣"。[①] 雍正至乾隆的70年里，厦门的海外贸易极为兴盛。1750年左右，厦门港每年的贸易总额均在1821万两白银左右。

鸦片战争以后，西方列强企图将福建变成他们的商品销售市场和原料产地，于是想尽办法控制厦门港。五口通商以后，大批的外国商人来到厦门港，将国外的大量工业产品输入中国。到19世纪80年代，厦门已成为了棉纱、棉线的主要集散地。此外，各种商品也纷至沓来，其中鸦片贸易占有很重要的地位，1849年，从厦门输入的鸦片有3200箱，而到了1886年，输入的鸦片已达9000多箱，增长了近3倍。同时，外国商人用这些坑害中国人得来的钱购买了大量的廉价产品，把樟脑、冰糖、陶器、雨伞、纸张、神香等等运回国内。西方商人的直接采购使厦门的对外出口呈长期增长的趋势。

由于外国对茶叶的需求，厦门的茶市发展很迅速，1869年以后，厦门港成为乌龙茶主要的出口口岸，19世纪60至70年代，这里出口的茶叶达到900万镑左右。此后，厦门港一度因官吏的敲诈勒索而趋于萧条，商人的许多经济活动受到官僚集团的掣肘而无法发展，商业活动也不能顺利进行。

第二节　明清时期闽南的政治概况

一、闽南的行政区划

闽是福建的简称，闽南则是泛指福建省南部。实际上，一般

---

① 蓝达居：《喧闹的港市》，第123～124页，江西高校出版社，1999。

所谓的闽南是指福建省南部操闽南方言的诸县，大致包括今之泉州、漳州、厦门和金门。这片绵延在海岸线上的沃土，上接东海，下连南海，面对浩瀚的太平洋，隔一道海峡与宝岛台湾相望；陆地上，她在东北西三个方向分别与本省的莆田市、三明市、龙岩市以及广东的潮、汕接壤，地形总趋势是由北向南、由西向东逐渐降低。

泉州，古称南安、清源、平海，府城因当时城下皆植刺桐树又称"刺桐城"。元朝在这里设有泉州路总管府，设置了比较多的由蒙古人担任的官职，以监视汉人。明朝建立后，基本承袭了蒙古的官制，但做了一些改变。首先，明朝革除了达鲁花赤、蒙古学教授等蒙古官职；其次，减少了一些官职的任职人数，例如，将推官由2员减为1员，训导由6员减为4员。明朝在泉州府设置的职官主要有：知府1员，同知、通判、推官各1员，经历司经历、知事、照磨所照磨、检校、司狱司司狱各1员，儒学教授1员，训导4员，税课司大使、副使各1员（后革），织染局大使、副使各1员（后革），广平仓大使、副使、永宁仓大使、副使、晋安驿驿丞各1员，阴阳学正术、医学正科、僧纲司都纲、道纪司道纪各1员。[①] 除此之外，泉州还设有福建市舶提举司，泉州卫，左、右、中、前、后5所，永宁卫，左、右、中、前、后5所。

明时，泉州府辖下有7县，分别为晋江县、南安县、惠安县、德化县、安溪县、同安县和永春县。各县设有知县、县丞、主簿、典史以及儒学教谕各1员，训导1至2员，巡检数员，副仓使1员（南安县、德化县、安溪县、同安县、永春县无），驿

---

① 　参考何乔远：《闽书》，第2册，第1406页，福建人民出版社，1994。

丞 1 至 2 名，阴阳学训术、医学训科、僧道会司各 1 员。根据不同情况，有些县还设有河泊所河泊官以及盐课司大使等职。晋江县为府治所在地，《肇域志》对此地的评价是："冲，烦，民刁"，但"人文甲于诸邑"。南安县，县治在莲花峰南 1 里，位于泉州府西 15 里，北至永春县百里，西北至兴化府仙游县 210 里。《肇域志》对此地的评价是："僻，饶。"惠安县，县治在螺山之阳，位于泉州府东北 50 里，西北离兴化府仙游县百余里。海在县东南，两岸至海都是 45 里。《肇域志》对此地的评价是："沿海，冲，疲，淳。"《肇域志》中还记载："闽地多蓄蛊，其神或作小蛇毒人，独惠安最多，80 里间，北不能过枫亭，南不敢渡洛阳桥。蔡端明为泉州日，捕杀治蛊者几尽，其妖至今畏之，以桥有端明祠。而枫亭，仙游属。端明，即仙游人也，土人之庄事端明如此。"① 安溪县，县治在凤山下，名清溪城，即原来的小溪场，位于泉州府西 105 里。《肇域志》对此地的评价是："山僻，民刁顽，微瘴，有盗。"同安县，县治在大轮山南，位于泉州府西南 130 里，海在县的东南面。由于筑城时东西宽南北窄，形似银锭，因此县城得名"银城"。又因为城南有 20 条小溪，形状像鱼，颜色像铜鼓，所以又叫"铜鱼城"。《肇域志》对此地的评价是："沿海，冲，饶，有盗，微瘴。"永春县，位于泉州府西北 130 里，县治在大鹏山南，就是唐代宝历年间的桃林场所在地。《肇域志》对此地的评价是："山僻，民淳，微瘴，有盗。"德化县，位于泉州府西北 185 里，县治在浔龙山西南，丁溪以北。《肇域志》对此地的评价是："山僻，有瘴，有盗。"

清朝建立后，也基本沿袭了明朝的制度。清朝在这里设有知府 1 人，与明朝不同的是，同知和通判人数不定。其下设有经历

---

① 顾炎武：《肇域志》，第 2084 页，上海古籍出版社，2004。

司经历、照磨所照磨、司狱司司狱各1员，省去了知事和检校。府还设有教授、训导各1员，库大使、仓大使、税课司大使各1人，省去了副使。其他还有医学正科、阴阳学正术、僧纲司都纲、道纪司都纪各1人。各县设有知县、县丞、典史各1员，主簿无定员。教谕、训导各1员。医学训科、阴阳学训术、僧会司僧会、道纪司道会各1员。①雍正十二年（1734年），永春县被升为直隶州，并将泉州府的德化县、延平府的大田县并入。

漳州府，元朝时称漳州路，明初改为漳州府。下辖龙溪县、漳浦县、龙岩县、南靖县、长泰县、诏安县、海澄县、宁洋县、漳平县与平和县等10县。漳州府还设有漳州卫，辖左、右、中、前、后5000户所，后所后来调到了诏安。府设知府1员，同知2员，通判2员（于正德五年添设捕盗通判1员，后革），推官1员，经历司经历、知事、照磨所照磨、检校、司狱司司狱各1员，儒学教授1员，训导4员，阴阳学正术、医学正科、税课司大使、杂造局大使、副使各1员，僧纲司都纲、道纪司都纪、常平仓大使、副使各1员，丹霞驿驿丞1员。其下辖诸县一般设知县、县丞、主簿、典史以及儒学教谕各1员，训导1至2员，阴阳学训术、医学训科、僧道会各1员。在长泰县设有巡检司巡检、税课司大使。在漳浦县还设有4个巡检司巡检、1个仓敷是和2个驿丞。

龙溪县，为府治所在地，漳州城即位于此。《肇域志》对此地的评价是："治。编户160里。冲，烦，民刁，多盗。"漳浦县，位于漳州府南100里，县治在李澳川。县城东边有陆鳌千户所、镇海卫，县南有云霄驿、临漳马驿以及青山、井尾、古雷、后葛、盘陀岭五巡检司。《肇域志》对此地的评价是："事烦，民

---

① 《清史稿》志一二，第3357页，中华书局，1976。

刁，广贼出没。"龙岩县，位于漳州府西北 310 里处，县治在赵公城东，《肇域志》对此地的评价是："地僻，民悍，有瘴及流贼。有银坑、铁场、铅锡场。"南靖县，位于漳州府西北 40 里，县治在双溪附近，《肇域志》对此地的评价是："僻简，民刁，多盗。"长泰县，位于漳州府东约 40 里，《肇域志》的评价为："僻，简，多盗。"后来被裁减。漳平县，位于漳州府西北 320里，县治在九龙溪北。《肇域志》对此地的评价是："邑小，僻，简，刁犷，多盗，微瘴。"平和县，位于漳州府西南 205 里。平和县本来是漳浦和南靖两县的管辖范围，因王守仁上疏说这里地形险远，容易滋生盗贼，所以正德十四年析两县之地合为平和县。《肇域志》对这里的评价是："简，僻，多盗。"诏安县，位于漳州府南 200 里，县治位于檬林大山中。诏安县本来是属于漳浦县的南诏，后因广东的贼寇经常聚集在这里，于是在嘉靖九年便分出漳浦县的一些地方建立了诏安县。《肇域志》对这里的评价是："近海，僻，刁，有倭患。"县内设有守御玄钟千户所和守御铜山千户所，分别位于县东 30 里和县东 60 里。此外，这里还设有洪淡、金石、漳潮分界 3 个巡检司。海澄县，位于漳州府东南 50 里。《肇域志》对这里的评价是："边海，多盗。"海澄县本是龙溪县的海滨，明朝正德年间，因为"土民私出海，货番致寇。嘉靖九年，于海沧置安边馆，岁委通判一员驻守。三十年，建靖海馆，以通判往来巡缉。三十五年，更设海防同知。四十四年，分龙溪县自一都至九都及二十八都之五图，并漳浦县二十三都九图地方立县"。① 宁洋县，位于漳州府北四百里，《肇域志》对此地的评价是："无薄。多盗。"宁洋县本来属于龙岩县的集贤里，由于山中盗寇出没，经常扰乱地方，嘉靖四十四年（1565

---

① 顾炎武：《肇域志》，第 2122 页，上海古籍出版社，2004。

年）官兵讨平此地盗寇之后，明政府便于次年"分龙岩县集贤里五图、延平府的大田、永安县各三图立县"。[①]

清朝建立后，沿袭了明朝的制度，在漳州设有知府 1 人，同知和通判人数不定。其下设有经历司经历、照磨所照磨、司狱司司狱各 1 员，省去了知事和检校。府还设有教授、训导各 1 员，库大使、仓大使、税课司大使各 1 人，省去了副使。其他还有医学正科、阴阳学正术、僧纲司都纲、道纪司都纪各 1 人。各县设有知县、县丞、典史各 1 员，主簿无定员。教谕、训导各 1 员。医学训科、阴阳学训术、僧会司僧会、道纪司道会各 1 员。雍正十二年（1734 年），龙岩被升为直隶州，漳平、宁洋被并入。嘉庆元年，分平和和诏安一部分地区设置云霄厅。

二、闽南地区的抗倭斗争

"倭寇之患"始于元代，自元末至正十八年至明后期万历四十六年（1358～1618 年），先后延续 260 多年，以嘉靖年间最为严重。但是，元末明初时的倭患与嘉靖时的倭患成因并不相同，因此可以分为前期和后期两个阶段。前期，大约是 14 世纪中叶至 15 世纪后期，当时，日本分裂为南北朝，双方战争不断，为了筹集军饷，日本西南部的领主经常派武士抢劫中国的沿海。南朝灭亡后，一部分武士不愿投降北朝，遂相率下海，成为了海盗。而且，日本国内的战乱使武士阶层十分贫穷，于是又有一部分人为生计而下海劫掠。在中国，朱元璋消灭了张士诚、方国珍后，他们的余部也跑到海上，与日本的海盗勾结在一起，遂形成了最初的倭患。

后期的倭患主要在 16 世纪的嘉靖年间。嘉靖二年（1523

---

① 顾炎武：《肇域志》，第 2123 页，上海古籍出版社，2004。

年），两批日本贡使为了争夺贸易，发生了"争贡之役"。明政府因此下令禁止与日本通商，也禁止沿海人民泛海贸易，于是走私之风愈演愈烈，许多官员也从事走私活动。但是，一些走私商人不讲信用，拿了货物之后便赖账逃走。此外，一些官员也仗着自己的势力，骗取日本的货物后赖账，日本人为了索要货款便在海岛上居住下来，由于所带的粮食很快就消耗光了，再加上怨恨中国人不讲信用，于是就上岸烧杀抢掠，一方面泄恨，一方面筹集粮食。再者，一些日本的土豪为谋求家族的富强，遂聚集在一起下海劫掠，据濑户内海土豪河野氏家传，"永正、大永年间（明弘治十五年至嘉靖三年，即1502～1524年），伊豫国海岛中的因岛、久留岛、野岛、天岛的地士，饭田、大岛、河野、胁层、松岛、久留岛、村上、北浦等诸士，共同计议，航行国外，计划海战，以谋各家的富强。商定：以野岛领主村上图津为议主。把各家族里的浪人召集出来，合计约三四百人，乘坐大小十余艘的海船，向大洋航行"。①

政府的海禁也阻碍了正常的贸易活动，使得许多沿海人民不得不冒险走私，而腐败的官府无力阻止，便趁机勒索敲诈，中饱私囊。为了生存，许多人走上了亦盗亦商的道路，发展到后来便形成了与倭寇勾结，为害一方的局面。例如严山老、许西池、洪迪珍等人，最初只是走私商人，"洪迪珍初只通贩"，"载日本富夷泊南澳得利"，"尚未有引倭为寇实迹，或中国人被倭掳掠，辄以物赎之，遣还其人，人颇德之"；但由于他和外商贸易，"官府不能禁，设八桨船追捕，竟无一获，又妄获商船解官。于是迪珍始轻官府，官府又拘系其家属，迪珍始无反顾之期，

---

① 转引自朱维幹：《福建史稿》，第178～179页，福建教育出版社，1986。

与倭表里为乱"。① 后期的倭患为害范围以及为害时间都是空前的，这都是明政府的腐败无能以及政策失误所造成的。

洪武十七年（1384 年），镇海卫千户王庭出海运粮，途中遭遇倭寇，战死海上。此后，为加强海防，朱元璋便派周德兴经略福建，招募当地农民为沿海戍兵防倭，并在要害处建立卫所，所以倭寇很难进犯。后来，一些人以水寨"风涛汹涌"、"泊舟不便"为理由，将水寨移往近海的地方，例如，将浯屿水寨移往厦门，将铜山水寨移往铜山所西门澳。明唐顺之所上的《条陈海防经略事疏》清楚地指出："国初海岛便近去处，皆设水寨，以据险伺敌。后来将士惮于过海；水寨之名虽在，而皆自海岛移置海岸。"明代的军事评论家，多以水寨迁移为失策之举。《读史方舆纪要》也指出，浯屿的弃而不守为海寇提供了藏身之处。

粗略统计，泉州府城被倭寇围攻三次，第一次是在嘉靖三十七年五月，倭寇围城二十多天；第二次是在嘉靖三十八年三月，倭寇围城四个多月；第三次是在嘉靖三十九年四月，几天后倭寇退去。此外，惠安县城在嘉靖三十七年四月被倭寇围攻；同安县城分别在嘉靖三十七年的三月和五月、三十八年的夏季以及四十年的十月被围攻四次；漳浦县城分别在嘉靖三十八年和四十一年的二月被围攻两次；长泰县城在嘉靖三十八年四月被倭寇围攻五天；平和县城在嘉靖三十九年三月被围攻一次；德化县的下涌寨在嘉靖四十二年的十月被围攻半个月之久。这些地方都只是被倭寇围攻，而有些地方竟被倭寇攻陷，例如诏安县于嘉靖三十七年的十月被倭寇攻陷；永春于嘉靖三十八年的四月被攻陷；安溪于嘉靖三十九年七月被攻陷，南靖于八月被攻陷。

---

① 陈再成主编：《漳州简史》，第 48 页，漳州建州 1300 周年纪念活动筹委会办公室编印，1986。

倭寇的入侵使闽南地区遭受了极大的破坏，使得闽南"田亩沦为荒地，民无储谷，斗米值钞一百二十文；逃难入城，忍饥待毙；瘟疫流行，死者相枕藉"。刘佑《南安县志》记载："嘉靖三十九年，倭攻泉州府城，散据乡村，农不能耕，是年全郡荒，斗米价至银一钱四分。"而嘉靖年间，正常的米价最高也不过一石米一两银子，也就是说泉州的米价比最高时还多百分之四十。倭寇不但烧杀抢劫，还掳掠人口，他们将掳来的人开价，交了赎金就放人，那些交不起赎金的人就被卖为奴隶。月港是当时东南沿海对外贸易的中心，不但市镇繁华，且地势险要，倭寇多年来一直觊觎此地，不断的对它侵袭，企图将它占为巢穴。据《海澄县志》记载，月港的倭乱持续了将近 21 年，其中从嘉靖三十六年至四十三年（1557～1564 年），几乎是年年遭受劫掠，有时还一年好几次，月港所在的八九都被"焚千余家，掳千余人"，"九都庐落殆尽"。明人李英曾上疏说："屠城则百里无烟，焚舍则穷年烽火，人号鬼哭，星月无光，草野呻吟，生民涂炭，田园地宅，一概就荒。"①

闽南人素有习武的风气，顾炎武曾说漳州人"文则扬葩而吐藻，几酹三吴；武则轻生而健斗，雄于东南夷矣"。倭寇四处流窜，所到之处烧杀抢掠，人民饱受蹂躏。为了保卫家乡，闽南地区的人民逐渐自己武装起来抗击倭寇。泉州人善于技击，漳州人善于藤牌，这两个地区的人民还善于水战，名将俞大猷就在永春、德化、同安、诏安等地招募精壮 800 余人以抗击倭寇。在论及军事问题时，俞大猷说"藤牌手出在福建漳州府龙溪县，土名海沧、许林、嵩屿、长屿、赤石、玷尾、月港、澳头、沙坂等地

---

① 中共龙溪地委宣传部、福建省历史学会厦门分会编印：《月港研究论文集》，第 141 页，1983。

方，此各地方山川风气，生人刚勇善斗，重义轻生"，到这些地方，选募藤牌手 3000，可以御南倭北虏，"海战水兵，则龙溪县之月港、嵩屿、林尾、沙坂等澳之人，皆可用也"。①

嘉靖三十八年（1559 年），倭寇万余人突然进攻长泰县城，人民奋起反抗，用刀、箭、滚木、巨石等物打退了倭寇数次进攻，并派人偷袭倭寇，救出了被掳掠的人民。倭寇损失了数百人也最终未能攻破城池，只能拔营逃走。长泰县善化里高安乡有团练乡兵 1000 多人，当倭寇到处攻破寨堡劫掠时，高安的乡兵且战且守，还派兵支援安溪和龙溪等地的人民，以致倭寇望风而遁。明代赖翰颙在《长泰县志》中有一段论述："自倭奴得志于内地也，当事者召集客兵，蚁聚蚕食，见贼奔溃，且剽掠为患，独高安乡兵，团结自守，不烦馈饷；所至辄破敌，屹然为全漳保障。假令出于官，功赏已不赀矣。而未有一言及之者。故特表之，以见招募官健不如土著也！"像高安乡兵这样的人民武装，其他各县都有。

由于福建抗倭斗争形势的严峻，明政府派遣戚继光入闽。戚继光赏罚分明，所招募的士兵多是有血性的农民，且经过良好的军事训练，所以取得了横屿、牛田、林墩三大捷。此后，由于伤亡较大，戚继光回浙江募兵，而倭寇趁机发动进攻，攻陷了兴化府城。这时的福建巡抚是游震得，此公庸碌无能，当戚继光离开福建，而俞大猷在江西之时，他催促署都指挥欧阳深进军，由于没有援兵，欧阳深战死。黄任《泉州府志·忠义·周冕传》云："倭遁去东萧……冕百深，乘营守，毋与战。会催进兵急，命其子岳镇随深冲锋，俱战死。"李杜的《俞公功行纪》云："兴化城陷，事闻，上怒。督抚诸司责战益急。都司欧阳深与战于崎头，

---

① 转引自朱维幹：《福建史稿》，第 225 页，福建教育出版社，1986。

死焉。"明政府此时终于下决心起用戚继光和俞大猷了。俞大猷主张"备倭于陆，不如备之于海"，他征调大船，在月港、嵩屿招募水兵，建立起具有战斗力的水师。而戚继光在闽北、闽东大败倭寇后，挥师进入漳州。嘉靖四十三年（1564年），戚继光的军队将数千倭寇赶到了漳浦，狡猾的倭寇准备在蔡坡的蔗林中设伏，而戚继光指挥军队四面包围，然后放火烧林，歼灭了倭寇大部，剩下的被俞大猷的军队全歼。在歼灭了倭寇大部后，戚继光的军队又在梅岭和南澳大破海寇，杀死和俘虏共1.5万人。海寇的头目吴平（漳州人）逃到越南海面，后被追兵截杀，投海自尽。隆庆三年（1569年），海盗又勾结倭寇进犯诏安，被俞大猷的部队歼灭。至此，倭患基本被解决。

三、西方列强对闽南地区的侵略

西方殖民者对中国的侵略始于明代后期。万历年间，海澄人李锦与荷兰殖民者往来密切，遂撺掇荷兰人占据澎湖。李锦还潜入漳州搜集情报，后被捕。都司沈有容亲自带兵与荷兰人见面，晓以利害，荷兰人才退走。天启二年（1622年），荷兰人又占据澎湖，并进犯漳浦，给沿海居民造成很大伤害。此后，荷兰人接连来犯，均被打退。直到郑成功收复台湾，荷兰人对闽南地区的侵扰才告一段落。此后，西班牙、葡萄牙等国的船只也相继来到这里，一方面从事贸易，另一方面从事殖民活动。1840年，英国政府发动了侵华的鸦片战争，由于清廷的腐败，中国战败，签署了丧权辱国的《南京条约》，厦门被列为通商口岸，鼓浪屿被英国窃据，列强竞相争夺鼓浪屿为租界。1903年5月，鼓浪屿沦为"公共租界"，从此，鼓浪屿成为了西方各国冒险家的乐园和军阀、土匪、流氓、恶霸的庇护所，走私贩毒、赌博卖淫的渊薮。在领事裁判权的庇护下，西方列强无恶不作、横行霸道，将中国的主权践踏在脚下。

殖民者在侵略之初就遭受了闽南人民坚决的抵抗。1841 年 8 月 25 日，英政府派璞鼎查率领拥有 30 艘船的舰队偷袭厦门。8 月 26 日早晨，英军向鼓浪屿炮台的清军连续发炮，守军奋不顾身、坚决还击。英军登陆时，鼓浪屿的军民马上拿起武器予以抗击，清将杨清江虽然身负重伤，仍坚持抵抗，直到英军从后面将他砍倒，因寡不敌众，没有救援，鼓浪屿最终被英军占领。英国人为了长期占领鼓浪屿，在上面修建了营房、堡垒、道路、操场等设施。1844 年，英国人还建了一座领事楼。直到 1845 年，清政府还清了赔款后，英国人才没有了借口，撤出了鼓浪屿。此后，外国传教士接踵而来，通过传教、办学等方式进行渗透和宣传，并进行间谍活动。为了进行经济掠夺，西方列强在厦门设立了 5 家洋行，其中以英国商人最多，和记洋行直到 1941 年才关闭。这些洋行在大量的输入外国工业品的同时，还通过不等价交易，以贱价收购大量的土特产品，通过转口贸易，获取大量的利润。这些洋行还绑架、拐骗周围地区的人民，将他们贩运到美洲、大洋洲等地出售。与这些商行联系在一起的是英美等国的领事馆，这些领事馆与海关的关系密切，每次有什么消息，海关都会及时通知五行，以避免损失。居住在鼓浪屿的外国人也逐渐增加，1847 年居住在这里的只有 20 多人，到 1909 年增加到 250 多人。而外国侵略者在这里的经济侵略机构也不断增加，从 1873 年到 1890 年增加了十几家。此外，西方列强还在这里设立了许多公司，经营范围极广，基本操纵了市场。

为了加强对鼓浪屿的统治，帝国主义在这里设立了"领事团"和"领事公堂"、工部局、洋人纳税者会等机构。领事团设主席一名，初期由各国领事驻厦时间最长的担任，后来这一席位被德国和法国的领事长期占据。英国为取得这一职位，采用将领事升为总领事的办法，攫取了主席一职。日本人为获得这一职位与英国进行了长期的角逐；领事公堂则是帝国主义获取领事裁判权的具体表现；工部局，设立于 1903 年 1 月，并于 5 月 1 日开始行使权力。为了加强统治，工部局的组织不断扩大，人数也不断增加，巡捕由 10 余人增加到将近 30 人，内部组织也分为了内勤和外勤，并分设财政、建设和卫生三股；洋人纳税者会的前身是侵略者于 1878 年擅自组织的 "鼓浪屿道路墓地基金委员会"，协会成员拥有选举权。鼓浪屿成为了国中之国，严重损害了中国主权。

第三节　海外移民

一、移民的原因

自唐宋以后，闽南人开始大量外移，尤其在明清两代，向外移民之风更加盛行。根据研究，17 世纪中叶到 19 世纪中叶是我国人口及耕地空前增长的一个时期，在这两个世纪中，人口增加了两倍多，由 1 亿到 1.5 亿增加至约 4.1 亿，同时耕地也扩张了一倍，从 6 亿亩增至 12.1 亿亩。由于人口的增加，便出现了由人口密集地区向土地较为丰富的地区迁移的现象。而人口的迁移不但导致了耕地的增加，还使水利建设得到了加强。随着耕地及灌溉面积的扩大，不但总产量增加，连单位面积产量也随之增加。[①] 根据不同的开发程度，全国大致可分为 3 个区域：一是已开发区域，包括河北、河南、山东、山西、江苏、浙江、安徽、江西、福建、广东等地；二是开发中区域，包括东北、陕西、甘

---

① 林再复：《闽南人》，第 17 页，三民书局，1985。

肃、湖北、湖南、广西、四川、云南、贵州和台湾；三是待开发区域，其范围包括今内蒙古和蒙古人民共和国以及今新疆、西藏、青海等地。人口大致是由已开发区域向开发中区域迁移，而福建属于已开发区域，且域内山区面积较大，人口较稠密，仅有的耕地已达饱和状态，人口压力极大。[①]

　　人是有感情的社会性动物，所谓安土重迁，人对于自己所熟悉的环境异常依赖，除了情非得已，很少会背井离乡的，然而明清时期有大量的闽南人外移，究竟是什么原因使得他们外移呢？大致有以下几个方面的因素：

　　（1）地理因素。闽南海岸曲折，人民与海相习，视海洋为坦途，养成了冒险进取的精神。再者，台湾、东南亚与闽南较近，环境气候与闽南相近，且物产丰富，所以闽南人愿意往台湾和东南亚迁移。

　　（2）民族性格。中国人爱好自由，厌恶暴政，孔子云："道不行，乘桴浮于海。"每遇苛政，就会有人隐居山林或逃逸于异乡。

　　（3）战乱。中原的战乱使得大批人民南迁，或定居闽南或迁徙台湾。

　　（4）宗族关系。闽南人重视宗族观念，出外谋生有所成就者多喜欢提携亲族到海外。

　　（5）造船技术的发展以及航海知识的丰富。

　　（6）人口压力极大。闽南山多地少，人口稠密，谋生艰难，"漳泉诸府，负山环海，田少民多，出米不敷民食"。[②]

---

① 林再复：《闽南人》，第 17 页，三民书局，1985。
② 同上书，第 423 页。

二、明清时期的几次移民

明清时期闽南人向台湾移民进入了一个新时期，即大规模的有组织的移民时期。这一时期主要有四次大的移民，分别是颜思齐、郑芝龙的率众入台开垦；荷兰殖民者占领时期招募闽南人入台开垦；郑成功率领的部队入台建立抗清根据地；施琅平台后对台湾的移民。

第一，颜思齐、郑芝龙的率众入台。颜思齐，字振泉，漳州府海澄县人（一说为龙溪人），连横在《台湾通史·颜思齐列传》中也记载"思齐，福建海澄人，字振泉"。其人身材伟岸，精通武艺，因杀人逃到日本的长崎（因"遭宦家之辱，愤杀其仆"，而逃到日本为缝工的）。他在日本以裁缝维持生计，同时也做些海上贸易。因为精明能干，几年后他就有了不少积蓄，过上了富裕生活。但是，他不甘于如此的生活，于是便仗义疏财，广交朋友，结交了不少漳泉籍的兄弟，准备有所作为。"天启四年夏，华船多至长崎贸易，有船主杨天生亦福建晋江人，桀黠多智，与思齐相友善。当是时，德川幕府秉政，文恬武嬉；思齐谋起事，天生助之。游说李德、洪升、陈衷纪、郑芝龙等二十有六人，皆豪士也。六月望日，会于思齐所，祷告皇天后土，以次为兄弟。芝龙最少，年十八，才略过人，思齐重之。"他与郑芝龙、李德、洪升、陈衷纪等 28 人结拜为异姓兄弟，发誓"虽生不同日，死必同时"，并筹划在日本举行起义，夺取政权。失败后，有人建议逃往舟山，而陈衷纪则认为"台湾为海上荒岛，势控东南，地肥饶可霸。今当先取其地，然后侵略四方，则扶余之业可成也"，颜思齐认为有理，于是便带领 13 艘船航行八昼夜，在笨港（即北港）登陆。到达台湾后，颜思齐见台湾地广人稀，便有意在台湾立足，于是便和同来的人在北港安营扎寨。尔后，他将部下分为 10 寨，招引在闽南的故旧，以及在家乡难以生活下去的少年来台垦殖，总共有 3000 余人。

天启五年（1625 年），颜思齐病逝，大家推举郑芝龙为首领，继续招兵买马壮大势力。郑芝龙，"南安石井人，少名一官，字飞黄。父绍祖为泉州太守叶善继吏。芝龙方十岁，常戏投石子，误中太守额，太守擒治之，见其状貌，笑而释焉"，"与弟芝虎、芝豹游广东，其母舅黄程行贾香山澳，遇芝龙留之。已而为程贩货至日本，遂于颜思齐等相习。思齐之逃入台湾也，芝龙兄弟与之偕。及思齐死，众无所归，乃推芝龙为魁"。[①] 天启六年，福建大旱，郑芝龙率众劫掠粮船，于是众多饥民前来投奔，郑芝龙的实力大增。此后，郑芝龙率众进攻漳浦、海澄等地，"（天启）六年春三月，海寇郑芝龙犯漳浦县（芝龙连舳浮海，自龙井登岸袭漳浦镇，杀守将，进泊金门、厦门，竖旗招兵，饥民及游手悉往投之，旬日间，众至数千。所在勒富民助饷，谓之报水。唯不许虏妇女，焚房屋，颇与他贼异。）"。"（天启六年）夏四月，郑芝龙犯海澄县。初，都督俞咨皋请于巡抚朱钦相，招抚海寇杨禄、杨策，禄策既降，芝龙亦欲反正，托禄策以达咨皋，禄策要芝龙不为通，芝龙怒，遣贼将五老泊海澄，寻大掠芦坑、溪尾、九都诸处，海澄村落无幸免者。"[②] 此后几经周折，郑芝龙于崇祯元年（1628 年）降明。崇祯三年，福建又大旱，饿殍遍地，百姓嗷嗷待哺，郑芝龙遂向巡抚熊文灿建议将几万饥民运至台湾开垦，"人给银三两，三人给牛一头，使垦荒食力，渐成

---

① 连横：《台湾通史·颜郑列传》，第 728～731 页，商务印书馆，1983。

② 转引自福建师范大学历史系编：《郑成功史料选编》，第 22 页，福建郑成功研究学术讨论会组织委员会印，1982。

邑聚"。① 这一措施有两大意义：首先这是中国政府第一次有计划地向台湾大规模移民；其次，从一个角度说明了台湾是中国领土，因为中国政府从不会把自己的人民有计划地大规模地迁往国外！

第二，荷兰殖民者招募闽南人去台湾开垦。荷兰人于 17 世纪初摆脱了西班牙人的统治后开始了扩张的道路。1601 年，荷兰人率船队到达中国要求贸易，但未得到允许。但他们并不死心，1602 年他们成立了东印度公司，并开始了对中国的侵略。1624 年，荷兰人终于占领了台湾，此后 38 年，台湾一直在荷兰殖民者的魔爪下。《台湾通史》卷十五《抚垦志》记载："荷兰既得台湾，集归顺土番而抚之，制王田，设学校，开会议，立约束，以养以教，而土番亦效命不敢违。故终荷人之世，土番无有乱者。当是时，西班牙亦据台北，布政施教，以抚土番，而辄遭杀戮，诛之不畏。盖以北番之悍，不如南番之驯，故西人亦大费经营，且为荷人逐矣。"

从地理位置看，台湾西面正对着大陆东南两个重要的港口——月港和南澳港，占领了台湾就意味着可以控制中国的商品输出，直接打开中国的大门。再者，台湾可以作为中转基地，北边可以航行到朝鲜和日本，往南可以到东南亚各地，这样就可以垄断东西方贸易。荷兰人占领台湾之初，只重视贸易，忽视农业生产。所需的粮食主要靠从暹罗和日本输入，而砂糖则靠中国内地。但随着人口的增加，粮食供应困难，于是荷兰人便鼓励大陆人去台湾垦殖，而这时正是大陆战乱不断的时期，于是许多闽粤的贫苦农民不断迁往台湾，这些人掌握着丰富的农业生产经验，所以台湾的稻米和砂糖产量不断增加，且利润颇高，荷兰人便因此更加奖励垦殖，还曾从印度运来一批耕牛，并开始有计划地招

① 黄宗羲：《赐姓始末》，第 6 页，台湾大通书局，1987。

徕移民。"公司（荷兰东印度公司）由于迫切希望同中国贸易，就离开澎湖迁到福摩萨（当时荷兰人所称台湾岛），并答应准许该地的中国移民照旧居住和生活，新从中国来的人，也准予定居和贸易，以此作为交换条件。结果，有很多中国人为战争所迫从中国迁来，于是形成一个除妇孺外，拥有 25000 人壮丁的移民区。男人大部分依靠经商和农业为生。从农业方面生产出大量的米和糖，不但足以供应全岛的需要，而且每年能够用船载到东印度群岛地区，我们荷兰人从这项贸易上获利不小。"① "天启四年，荷兰人入台湾，借地土番。越二年，西班牙人亦入鸡笼，各据其地，以殖土宜，制王田，募民耕之，而征其赋。计田以甲，方一丈二尺五寸为一戈，三十一戈二尺五寸为一甲。上则年征谷十八石，中十五石六斗，下十石二斗。其时土田初辟，一岁三熟，糖米之利，挹注外洋，故至者日盛"。② 据陈孔立先生估算，当时全岛汉人有 4.5 万～5.7 万人。从闽南和台湾的族谱中可以看出，当时有陈、林、王、李、黄、蔡等 20 多个姓的移民在这一时期移居到台湾。以南靖县为例，当时有萧、黄、庄、简、吴、张等六姓移居台湾。

　　第三，明郑时期对台湾的移民。郑成功，初名森，钱谦益为之取字大木，生于天启四年（1624 年）七月十四日，其母为日本士人之女田川氏。江日升《台湾外纪》记载："（郑成功）性喜春秋，兼爱孙吴，制艺之外，则舞剑驰射，楚辞章句特余事耳。"南明隆武帝曾叹息说："惜无一女配卿，卿当尽忠吾家，无相忘也。"③ 后来，

---

①　连横：《台湾通史·田赋志》，第 167 页，商务印书馆，1983。
②　同上书。
③　转引自福建师范大学历史系编：《郑成功史料选编》，第 47 页，福建郑成功研究学术讨论会组织委员会印，1982。

隆武帝还赐郑森朱姓，改名成功。并赐尚方宝剑，仪同驸马。此后，中外皆称其为国姓爷。郑芝龙降清后，郑成功继续在东南沿海抗清。为建立新的抗清根据地，郑成功决意驱逐荷兰人，收复台湾。经过九个多月的战斗，打败了占据台湾的荷兰人，使台湾在阔别了38年之后重新回到了祖国的怀抱！收复台湾之后，为解决军队以及家眷们的粮食供应，郑成功仿照寓兵于农的古法，实施屯田制，并召集东南沿海人民到台湾开垦，"谘议参军陈永华请申屯田之制，以拓番地，从之。于是南至琅，北及鸡笼，皆有汉人足迹。番不能抗，渐窜入山，乃筑土牛以界之。而宁靖王朱术桂亦自垦竹沪之野，岁乃大熟，民殷国富"。[1] 清康熙七年（1668年）施琅所上的《尽陈所见疏》说："查自故明时，原住澎湖百姓，有五六千人，原住台湾者，有二三万人，俱系耕渔为生。至顺治十八年，郑成功亲带去水陆伪官并眷口共计三万有奇，为伍操戈者不满二万。"郑成功死后，郑经守不住金门、厦门等岛屿，便退守台澎，将原先驻守在金、厦的官兵及家眷一起迁往台湾。"又康熙三年间，郑经复带去伪官兵并眷口约六七千人，为伍操戈者不过四千。"[2] 据《台湾省通志·人口篇》的记载，台湾在郑氏末期的汉人约有12万左右。

第四，施琅平台后对台湾的移民。施琅，字尊侯，号琢公，福建晋江衙口人，生于天启元年（1621年）。早年，他曾在郑芝龙的部下，后跟随郑成功抗清。后因与郑成功发生矛盾，父、弟被杀，他遂投靠了清朝。康熙二十二年（1683年），他率清军渡海东征，一举攻克澎湖，招降了郑氏集团。施琅平台后，清廷把

---

① 连横：《台湾通史》，第290～291页，商务印书馆，1983。

② 施琅：《靖海纪事》，《台湾文献丛刊·第十三种》，第4页，台湾成文出版社，1984。

大量的台湾土地赐给他，作为勋业地。施琅所得的田地很多，称为"施侯租田园"，它的面积几乎占去了台湾南部已开垦的田园的一大半。跟随施琅平台的文武官员，也大多获得了这类赏赐。施琅在台湾获得大量土地后，他在晋江的族人纷纷从内地前往台湾，加入了建设台湾的行列。最有名的是施世榜，他开凿了清代台湾三大水利工程之一的八堡圳（又名施厝圳），为台湾彰化地区经济的发展奠定了基础。那些获得土地的文武官员，既有经济实力，也有政治势力，他们有能力组织和领导大规模的开垦事业。此外，由于两岸的统一，沿海人民纷纷冲破阻碍，涌入台湾，台湾的人口迅速增加。据推算，到康熙六十年（1721 年），台湾人口约有 26 万。"康熙六十一年，台湾总兵蓝廷珍移书闽浙总督觉罗满宝说：'国家初设郡县，管辖不过百余里。距今未四十年，而开垦流移之众，延袤二千余里，糖谷之利甲天下。'"[1]陈孔立先生著的《台湾移民社会研究》列出了乾隆二十八年到嘉庆十六年的人口变化：

乾隆二十八年（1763 年）　　　666040 人。

乾隆二十九年（1764 年）　　　666210 人。

乾隆三十二年（1767 年）　　　687290 人。

乾隆三十三年（1768 年）　　　691338 人。

乾隆四十三年（1778 年）　　　845770 人。

乾隆四十七年（1782 年）　　　912920 人。

嘉庆十六年（1811 年）　　　1901833 人。[2]

在不到 130 年的时间里，人口增加了 30 倍左右，这显然不是由原有居民自然繁殖的，而是移民造成的，特别是来自闽南的

---

① 施伟青：《施琅评传》，第 269 页，厦门大学出版社，1987。

② 陈孔立：《台湾社会移民研究》，第 32 页，九州出版社，2003。

移民占了大多数。

三、清代的移民政策

施琅平定台湾后，清政府取消了海禁，这对于几经战乱的人民来说是打开了一条生路，对促进沿海经济发展也起了积极作用。但是，清政府对台湾移民所采取的措施则是较为保守和消极的，对大陆人民前往台湾也有严格的限制：

首先，清政府在平定台湾后，陆续将郑氏官兵迁往大陆，侍郎苏拜欲令移驻畿辅、山东、山西、河南等省。其次，为限制祖国大陆人民前往台湾，清政府大致制定了三条规定："其一为，欲渡船台湾者，先给原籍地方照单，经分巡台厦兵备道稽查，依台湾海防同知审验批准，潜渡者严处……其二为，渡台者，不准携带家眷。业经渡台者，亦不得招致。其三为，粤地屡为海盗渊薮，以积习未脱，禁其民渡台。"这一政策的实施，不仅使渡台人民失去了天伦之乐，而且酿成了台湾人口之变态组合（即以男性为主），给台湾社会带来了不稳定因素。① 台湾诸罗知县季麟光曾经上疏请求清廷准许台湾按照四川招民例招民入台，但是没有得到清廷的批准。再次，清廷在移民携眷入台问题上总是摇摆不定。自康熙五十七年至乾隆五十五年（1718～1790 年），朝臣在台湾移民问题上的争论主要集中在携眷入台上，其间出现过五次禁四次弛禁。乾隆五十五年后，虽然设置了"官渡"，但是对携眷入台还是持不鼓励态度。又次，清政府对于偷渡采取了严厉的打击。针对"客头"在厦门等地偷运人民前往台湾，清政府制定了许多法律条文。例如，"闽省不法棍徒如有充作客头，在沿海地方引诱偷渡之人包揽过台、索取银两，用小船载出澳口复上

---

① 刘正刚：《东渡西进》，第 11 页，江西高校出版社，2004。

大船者，为首发边卫充军；为从及澳甲、地保、船户、舵工人等知而不举者，俱杖一百、徒三年，均不准折赎。其偷渡之人，照私渡关津律杖八十，递回原籍。……若有船户私揽无照之人偷载过台及将哨船偷载图利者，俱照此例分别治罪"。① 最后，清政府对台湾垦田起科征收高额赋税。季麟光上《再陈台湾事宜文》称："台湾田园分上中下三则，酌议匀征矣。然海外之田，与内地不同。内地之田，多系腴壤，为民间世守之业；台湾水田少而旱田多，沙卤之地，其力浅薄，小民所种，或两年或三年，收获一轻，即移耕别地，否则委而弃之。故民无常产，多寡广狭亦无一定之数。况田租之最重者，莫如苏松等府，每亩输纳一斗五六升至二斗止矣。今田园一甲计十亩，征粟七石、八石；折米而计之，每亩至四斗三斗五六升矣。民力几何？堪此重征乎？……大江左右，田税既重，丁税不过一钱；且或一家数口而报一丁，或按田二三十亩而起一丁，未有计口而尽税之，如台湾者；未有每丁重至四钱八分，如台湾者也。"② 高拱乾在《治台议》中也指出："内地一亩之赋，不过一钱；每丁徭银，多至二钱以外。番黎按丁输饷，竟有一二两，以至一二十两者。"这种重赋的规定直到乾隆时期才引起重视，乾隆元年的上谕："凡内地百姓与海外番民，皆一视同仁，轻徭薄赋，使之各得其所。闻福建台湾丁银一项，每丁征银四钱七分，再加火耗，则至五钱有零矣。查内地每丁征银一钱至二钱三钱不等，而台湾则加倍有余，民间未免竭蹶。著将台湾四县丁银，悉照内地之例酌中减则，每丁征银二钱，以纾民力。从乾隆元

---

① 光绪《清会典事例》卷七七五，第516～517页，中华书局影印，1991。

② 刘正刚：《东渡西进》，第20页，江西高校出版社，2004。

年为始，永著为例。"①

清廷限民渡台，但是由于前述诸原因，人们想尽各种办法偷渡去台湾，虽然路途危险重重，但是移民到台湾的人数却不断增加。从乾隆至嘉庆时的人口数字也能看出，限制移民的政策实际上只是一纸空文。

四、明清时期闽南人对台湾的开发

元末明初，许多人为躲避战乱，渡海到台湾开垦。朱元璋建立明朝以后，为防止方国珍、张士诚部逃往海上的残余势力卷土重来，也为防止倭寇的侵扰，就在东南地区实行迁界移民的政策，将居住在澎湖的居民强行迁移到漳州和泉州地区。但是，迁界政策并不能阻止大陆人民渡海到澎湖和台湾，越来越多的闽南人民来到台湾，与土著人民一起筚路蓝缕，开山造田，发展生产，促进了台湾的开发和发展。

一般认为，较大规模的开发台湾是从颜思齐、郑芝龙开始的。颜思齐和郑芝龙等人到达笨港后，就与一起来的人在笨港附近的诸罗山一带安寨设寨，从事开垦和贸易活动。消息传至大陆，他们的亲戚故旧纷纷来台，大约有 3000 多人，颜思齐将他们分为十寨，参加开发活动，发展生产，为以后的发展打下了基础。早在明成化、弘治年间，已有晋江的吴鉴兄弟在那里垦殖，嘉靖、隆庆年间又有吴绪兄弟到那里开发，后来还有惠安的庄姓兄弟到那里从事生产，此时，来的人更多了。嘉义一带的垦殖，可以看作是闽南移民开发台湾的滥觞，也打下了中华民族在台湾的基业。北港的"颜思齐登陆之地"碑和嘉义的"思齐阁"是台

---

① 《高宗纯皇帝实录》卷二四，《清实录》，第 9 册，第 551 页，中华书局影印，1985。

湾同胞为纪念颜思齐率众开发台湾而立的。颜思齐死后,郑芝龙被推为首领,继续从事贸易和开发。崇祯三年,闽地大旱,饿殍遍野,郑芝龙遂建议明政府,将饥民运往台湾,每人给银三两,三人给牛一头,从事垦荒,逐渐形成了村邑,于是闽南人来的越来越多。此后,台湾的开发得到了进一步的发展,农业生产也得到促进,每年的收获也大为增加。

荷兰人于天启四年占据台湾,但其势力范围主要在台南地区,其在台湾北部的势力范围,只有淡水、基隆以及宜兰的一部分,而且有一段时间还处于西班牙人的占领下。所以,荷兰招募的闽南人也主要在台南一带,他们从事农业生产,种植稻米和甘蔗。荷兰人在台湾的殖民政策,纯粹是商业性的,以取得贸易上的利益为主要目的,土地的垦殖只是附带的。到1650年,荷据地区的村庄已有293个,开垦的田面积达6516摩尔根(1摩尔根=2.116英亩)(约合558公顷),园面积1837.3摩尔根(约合157.39公顷)。到1660年,荷据时期总共开垦的土地约有12252摩尔根(约合1049.6公顷),可以说荷兰人对台湾的开发十分有限,最多不过1/10的地区,台湾的大片土地还是未经开垦的处女地。

郑成功驱逐荷兰人后,将随同入台的官兵、家属以及早先移民到台湾的人民组织起来,共同开发台湾。郑成功对台湾的开发十分重视,在其收复台湾的舰队中就携带有许多农具、种子和其他开垦所需的物品。收复台湾后,他又发布了垦地谕令,其实质是鼓励私垦和军垦。开垦的成效也是显著的,私垦部分,"文武官员田"曾达到23万亩;军垦部分据估计约有22万亩。其开发的地区主要集中在以今台南市为中心,北至北港溪,南至下淡水溪的台湾中南部地区。北港溪以北和下淡水溪以南地区也有少量开发。此外,为使开垦的土地获得灌溉,当时还修筑了许多水利设施，主要有三类：一种是军队修筑的，名称常带有军队的番号；第二种是明宗室和郑氏的文武官员修筑的；再一种是民间修筑的。由于土地的开发和水利的兴修，农业有了较大增长，粮食作物有五大类、三十多个品种，蔬菜有四十多个品种，水果有二十多个品种，还有丰富的水产品、家禽、家畜。在此基础上，制糖、制盐、烧瓦、建筑、造船、冶铁等手工业都有了一定程度的发展。"从耕地面积来讲，郑氏时代总面积达 30054 甲，比荷据时代增加 17800 甲，即扩大了 1.45 倍。这是当时开垦的成绩。但是，开垦的土地并没有完全成为耕地，有的是因为田土力薄而抛荒的，有的是因为被溪沙冲毁而不能耕种的。所以，到了郑氏退走时，可耕田园只有 18453 甲。这个数字较之荷据时代 1660 年的耕地面积 12252 摩尔根（约合 1049.6 公顷），多出 6200 甲。换句话说，郑氏时代开垦的实际成绩，或为后人提供的耕地只有 6000 多甲。"① 尽管这样，郑氏政权这一时期的开发，为以后打下了坚实的基础，这当中闽南人民做出了巨大贡献。

清政府统一台湾后，正式的、全岛性的开发拉开了帷幕。清政府在统一台湾后，在台设立了一府三县，以加强对台湾的管理，但政令所及仅限于台湾县及其周围地区。"清朝当初以台湾易成奸徒遁逃的渊薮为理由，实行了不准聚集百姓广辟土地的方针，对开发采取了消极的政策。对一部分出海商民查票后予以承认，而对无票者则作为偷渡处理。即使是有票者也严禁家属通行前往相聚，对以往的汉人，则对他们的垦拓范围加以一定的限制。但是，由于大陆方面的社会经济情况导致流移者不断出现，台湾官方又实行积极的招抚政策，这种限制和禁令终成一纸空文，没有实效。"最初到达的移民，主要以已开发台南的平原中

---

① 　陈孔立：《台湾社会移民研究》，第 139 页，九州出版社，2003。

心地带为依托，向南北两路进垦。由于台湾郑氏的官兵被陆续迁往大陆，许多已经开辟的田园又荒芜了下来，因此最初的开发也多是以复垦这些荒废了的田园为主。同时，对于嘉南平原大片未开发的荒野也进行了开垦。浊水溪以南的平地基本被开垦，原来荒芜的土地变成了良田。早期进入台湾的漳泉移民，继续着他们的开发工作，台湾中部和其他地方的开发工作有了新的进展。康熙五十五年，就有人率领漳州府的移民越过大肚溪，于大肚山的南侧开发新土地。还有的漳州移民在台中盆地进行开垦，还建立了新庄仔、大墩、桥仔头等村落，为以后台中市的建立打下了基础。后来，中部和北部平地的移民越来越多，荒野也得到了成片的开发。台北盆地的开发，以康熙四十八年著名的垦号陈赖章请垦大佳腊为标志。此后，开垦者络绎不绝。到雍正年间，开垦区已从盆地中心向周围的板桥平地、新庄平地发展。新竹的开发，是以同安人王世杰为领袖进行的，到康熙后期，新竹一带已开垦出了南北二庄，此后还一直开垦到河谷地区。桃源地区由于水源不足，开发的进程要比其他地区慢得多。台北地区的开发始于康熙末年，到乾隆末年，台北这里的荒地已基本被开垦完。台北市，包括市区和郊区基本都是闽南地区的移民开发的。艋舺地区的开发主要是晋江、惠安和南安的移民；大稻埕、大龙峒、社子一带，主要是同安县的移民；士林、内湖一带主要是漳州的移民。自康熙中期至乾隆后期，将近百年的开垦，使台湾岛的西部平地已基本成为良田。此后，开垦的目标逐步转为丘陵山地和交通不便的宜兰平原、埔里社盆地。宜兰平原本来十分适合耕种，但由于交通不便，许多人裹足不前，致使开发缓慢。后来，一些勇敢的漳州移民披荆斩棘闯入这里，并建造了城镇，这里的开发才逐渐有了起色。咸丰年间，埔里社盆地也基本被开发完毕。至此，台湾西部的开发已基本完成。

开发台湾，对移民来说是一部血泪史。疾病、洪水、台风以及土著的袭击，使许多人长眠在他们开垦的土地上。瘴气所引起的疟疾是最常见的疾病，在史籍中有许多关于开拓的先驱们死于疟疾的纪录，例如，嘉庆年间，开垦噶玛兰的官兵有一半死于疟疾。在这样的环境下开垦土地是十分艰辛的。再加上早期清政府不允许带家眷入台，男女比例严重失调，许多人终身未娶，没有享受家庭的温馨，在精神上和生活上都十分痛苦，他们为开发台湾付出了极大的牺牲。

明清时期，正是由于大量以闽南人为主的福建人渡海移居台湾，与台湾高山族同胞共同开发台湾宝岛，他们在台湾含辛茹苦、披荆斩棘、百折不挠、艰苦奋斗，成为开发台湾的开路先锋和主力军，有力地推动了台湾社会经济的迅速发展，使台湾从一个蛮烟瘴雨、地广人稀的初辟之乡变成了一个美丽、富饶的宝岛，并使台湾和祖国大陆完全融为了一体，台湾人民和大陆人民在政治、经济和文化生活各方面都息息相关，成为一个不可分割的整体。[①]

五、台湾与闽南的粮食贸易

从明代中期开始，福建就有了缺粮问题。入清以后就更加严重。漳州府的龙溪、海澄、漳浦、平和、诏安五县，以及泉州府的晋江、南安、惠安、同安四县土壤瘠薄，能够种稻子的土地大约只有一半。其余的土地多是沙地，只能种些杂粮，即使是风调雨顺，所产的粮食也只够半年所用。其他的像南靖、长泰、安溪三县，以及龙岩和永春两个直隶州所产的稻谷和杂粮加起来才刚

---

① 何振良：《略论明清时期福建人对台湾的开发和经营》，央视国际网，2006 年 8 月 17 日。

刚够本地食用。康熙四十九年（1710 年），漳泉地区大旱，政府将镇江、松江、湖州三府漕米 30 万石运到闽南以解燃眉之急。《泉州府志·风俗志》载："泉州地隘而硗瘠，濒海之邑耕四而渔六……谷入少而人浮于食……晋邑所概，尤啬他县。"为解决缺粮之急，清代每年均需从台湾购进大米和其他副食品，如雍正二年（1724 年）下旨，"饬发台湾仓谷每年辗米 5 万石，运赴漳、泉平粜"。《晋江县志》也有"稻米菽麦，今皆取给台湾"的记载。

台湾统一后，大量移民涌入，农业有了很大发展，粮食的产量很高。《台湾通史·农业志》载："台湾地广民稀，所出之米，一年丰收，足供四五年之用。"台湾出产的米必须出售，否则就没有钱扩大再生产，而闽南地区十分缺粮，需要买进大量的米，这样两地就形成了经济互补。台湾将米运往闽南解决了闽南乃至福建的缺粮问题，再用卖米的钱扩大再生产。两地形成了良性的经济互动。乾隆二十二年（1757 年），清政府下令封闭江、浙、闽三关，只准在广州通商，厦门则允许吕宋的商人前来贸易。于是，台湾的贸易只能通过厦门转口，凡是前往台湾贸易的商船都要在厦门盘验，而由台湾回祖国大陆的船只也要到厦门接受检查。厦门成为了台湾大米的分配销售中心。

商贩从台湾运进台米、台糖及台湾的土产，以台米、台糖为多，而台米尤冠。为了储存米谷，安海（东石）一带设立谷仓，据《晋江县志·仓廒》云："乾隆十八年（1753 年）……先后议建三十七社（仓）……安海……深沪、永宁、蚶江、龟湖……处因未择地起盖，将谷暂贮社长家。每岁春借秋还，于民为便。"从东石外运台湾的货物，主要是陶瓷、铁器、药材、茶叶、丝织品等大陆土特产，甚至有泉州特为台湾编印的"日历"、"通书"。于此可见，内销的台米成为泉州等地的重要米源，稍不接济立即影响民生。台米贸易，也刺激了台湾岛内农副业生产的发展。据施琅奏称，台湾"野沃土膏，物产利溥，耕桑并耦，渔盐滋生……舟帆四达，丝缕踵至，实肥沃之区，险阻之域"。当时与大陆对渡的鹿港也因此成为台米集散地，据《台湾通志稿》云："乾隆末年，三郊（泉郊、厦郊、鹿港郊）名著。嘉庆十二年（1809年），万商云集，各途生理皆起。"鹿港一变为"舟车辐辏，百货充盈"的台湾第二大市镇。同时，双边贸易的发展也促进台湾商务的振兴，据《台湾通史·商务志》云："泊乾隆间，贸易甚盛，出入之货岁率数百万员（元）……（商贾）各拥巨资，以操胜算……舳舻相望，络绎于途。"随着双方贸易的扩大，两地人民往来频繁，交流日甚，使东石与台湾两岸骨肉亲情更加牢固，而两岸亲情的巩固，又必然推动双方贸易的持续稳定发展。①

第四节 明清时期的闽南文化

一、文教的发展

明代，闽南经济逐渐走向繁荣，与之相应的是教育的发展。"俗多读书，男子生 6 岁以上则亲师。虽细民，读书与士大夫齿。"② 闽南地区当时建了许多书院，著名的有邺山书院、明诚书院，明末清初的大理学家黄道周曾在这两所书院讲过学。其他的如：龙溪的芝江书院、养正书院、建溪书院、霞桥书院，漳浦

---

① 何振良：《略论明清时期福建人对台湾的开发和经营》，央视国际网，2006 年 8 月 17 日。

② 陈再成主编：《漳州简史》，第 63 页，漳州建州 1300 周年纪念活动筹委会办公室编印，1986。

的崇正书院、鸿江书院，长泰的泰享书院、状元书院、龙津书院，诏安的崇文书院、南溪书院、新成书院、东瀛书院，海澄的清漳书院等。由于教育的发达，明代闽南地区的士子非常多，仅漳州就有贡生 1247 人，举人 1168 人，进士 79 科 325 人，其中还有会元和状元。此外，漳州还有武进士 52 人。明代也是闽南地区修纂地方志的高潮，从成化到万历年间，共修了 5 部漳州府志，还有许多县志是从明代才开始修的，龙溪修了嘉靖志和隆庆志；漳浦修了嘉靖志、万历己卯志和万历乙巳志；长泰修了两部嘉靖志和两部万历志；南靖修了隆庆志和万历志；平和修了嘉靖志和崇祯志；诏安修了崇祯志；海澄也修了崇祯志。①

　　清代，闽南地区人才辈出。漳浦的蔡世远是清代著名的理学家，曾做过侍讲学士，主持过鳌峰书院。鳌峰书院世称闽学正宗，培养出了许多人才，林则徐就曾在这里学习过儒家经典。漳浦人蓝鼎元也是清初知名学者，曾被选入京师，分修《大清一统志》。南靖人庄亨阳因学识渊博被任命为国子监助教。他对数学有很深的造诣，并将这些知识应用到实践中去。后来，他把自己的心得体会写成了一部《河防算法》，并被收入《四库全书》。蔡世远的侄子蔡新也是当时的名儒，编写了一部《事心录》，还参加了《四库全书》的编辑工作。清代，闽南学风更盛，除了将原有的书院重新修葺外，还新建了一些书院。这些重修和新建的书院有：龙溪的丹霞、芝山、仰文、锦江、邺山、霞文、芗江、观澜等书院；漳浦的明诚、崇正书院；长泰的登科、状元书院；南靖的欧山、南胜书院；平和的九和、向文书院；诏安的丹诏、石屏、崇文、傍江等书院。清代编纂的地方志也不少。康熙年间，

　　①　陈再成主编：《漳州简史》，第 63 页，漳州建州 1300 周年纪念活动筹委会办公室编印，1986。

蔡世远编纂了 34 卷的《漳州府志》。乾隆年间，蔡世远和官献瑶又重新修了一部《漳州府志》。龙溪、海澄和长泰在康熙年间分别修了一部县志；漳浦与平和在康熙年间各修了两次县志；平和在道光年间又修了一次县志，但未刊印；南靖县在乾隆年间修了两次县志；诏安在康熙年间和嘉庆年间各修了一次县志；东山在康熙和乾隆年间各修了一次所志；云霄在嘉庆年间修了一部厅志。

二、闽南地区的宗教

（一）道教的发展

明清时期，主要是嘉靖以前，道教在上层和民间都较为流行。这一时期，闽南地区修建了不少道观，例如，洪武年间，紫帽山的金粟崇真宫得到了重修；惠安县的人民重建了东岳行宫；永乐年间，泉州南门天妃宫和德化的崇道观得到了修葺；泉州的紫极宫在永乐、天顺和成化年间多次被修葺。此后，宣德至嘉靖年间，闽南地区不断新建和修葺了一大批道教神庙。嘉靖以后，福建地区道教逐渐衰微，且速度相当快。据方志记载：明清两代，福建新建的道观只有 8 座，其中 7 座建于嘉靖以前，另一座也建于明代，清代连一座新道观也没有建。这一时期正统道教的衰微，促使道教进一步世俗化，突出表现在两方面：一是道教与巫术的结合更加密切；二是道教的方术斋仪被民间宗教大量吸收，道教的内丹修炼成为民间宗教的重要内容。

（二）佛教的发展

明代前期，闽南地区的佛教曾一度出现了复苏的景象，被元末战争破坏的部分寺庙相继修复。但是，这次复苏的时间不长。明代中期以后，倭患日益严重，漳泉两地是重灾区，不但周围的县城被倭寇攻陷，就连泉州也几次被围，明政府为抵御倭患，在福建沿海不断屯兵，漳泉等地的寺庙成为了军队的驻扎地，此后，由于需要场地制造军事装备，佛寺又成为了军需制造的工厂。寺院经济也成为官府缓解军需储备匮乏的重要途径之一，官府对寺田征收很重的税收，基本上是抽六留四，倭患解决后，这一制度却一直保留，直到乾隆元年，这对闽南地区的佛教打击很重，失去了赖以生存的经济基础，佛教的式微则成了注定的。

明中期以后，佛教为摆脱困境，一方面积极向海外寻求发展空间，另一方面逐渐渗透到百姓的生活中，进一步世俗化了。世俗化主要表现在以下几个方面：一是许多僧侣过着亦僧亦俗的生活。明代人写的《五杂俎》中说："寺僧数百，惟当户者一人削发，以便出入公门，其他杂处于四民之中，莫能辨也。"① 二是在家居士增多。妇女念经事佛的很多，甚至一些文人也以佛教居士自居，例如泉州的李贽。三是佛教渗透到民间宗教中去。许多民间宗教杂糅了道教和佛教的养生法，还有些民间宗教用道教的内丹法来解释佛教理论。大概在明代后期，佛教随闽南移民传入台湾。郑成功收复台湾后，随着闽南移民的大量涌入台湾，佛教也开始兴盛。郑经大力提倡佛教，下令在东安坊建造弥陀寺，这是台湾最早的佛教寺院。

康熙二十二年（1683 年），清政府统一台湾后，闽南人移民台湾进入高潮，在地方官的扶持下，康熙、乾隆年间，台湾佛教从原来的以台南为中心发展为向台湾全岛拓展。据统计，到康熙末年，台湾共有佛寺 22 所，约占全台寺庙的 23%。在清代台湾佛教寺庙中，以观音宫、观音寺、观音亭最为普遍。乾隆之后，台湾佛教进一步发展，至日据台湾之前，全台的佛教寺院已经达

---

① 转引自《闽台区域文化研究》，第 373 页，中国社会科学出版社，2000 年 7 月。

102 座。部分民间信仰的庙宇也由僧侣主持。这一时期，台湾寺庙和闽南寺庙的关系仍然十分密切，寺庙的主持也多由闽南的僧侣担任，台湾的大多数僧侣都要到闽南受戒，以示正统，而闽南的祖庭有困难时，也时常求助于台湾的寺庙，基本都能得到帮助。

清道光以后，国力日衰，西方列强入侵，中国进入了半殖民地半封建社会，佛教也受到了西方政治思想、科学技术以及天主教的巨大冲击，并加速式微，但由于继承了宋朝以来对佛教僧侣的管理制度，特别是对僧尼实行了考试制度，虽然一方面限制了佛教的发展，但提高了僧尼的素质。僧尼对佛经的学习和研究有了很大提高，也对世俗社会产生了巨大影响，许多人成了在家修行的居士，在家里设有佛堂，还有一些富人离家建造净修佛堂。佛教教义劝诫人们多行善事、助人为乐，这也使社会形成了乐善好施的风气，对社会和谐起到了一定作用。

（三）伊斯兰教的衰落

由于蒙古人和色目人的联合统治造成了巨大的民族仇恨，明初发生了大规模的因民族仇恨而相互残杀的惨剧。在泉州"凡西域人尽歼之，胡发高鼻有误杀者，闭门行诛三日。凡蒲尸皆裸体，面西方……悉具五刑而诛之，弃其肉于猪槽中，报在宋行弑逆也"。① 明太祖还下令，不许蒲姓子孙读书、做官。这样，许多在泉州经商和传教的穆斯林乘船离开中国，另一部分逃到偏远的地方居住，并逐渐汉化。经过元末的战乱和明初的排斥蒙古、色目人的运动，闽南地区的伊斯兰教受到了严重的摧残。接着，明代的海禁政策又使闽南地区的伊斯兰教与外部失去了联系。永乐五年，明政府下令纠正排斥色目人的政策。但是，明政府又对

---

① 转引自《泉州宗教文化》，第 222 页，鹭江出版社，1993。

穆斯林实行了强迫汉化的政策，强令穆斯林与汉人通婚，并不准自相嫁娶。这就产生了穆斯林说汉语、穿汉服、改汉姓、随汉俗的历史性变化。到明代中期，穆斯林人口逐渐增多，形成了聚居点，经济地位也加强了，于是，他们又部分恢复了回族内部通婚，此时，他们内部的经济地位和政治地位发生了变化，阶级对立和等级观念也出现了，回族开始形成了。

泉州地区发现的回族谱牒的修撰年代主要在明中期，从中可以看出，穆斯林在逐渐汉化。并且，随着岁月的流逝，伊斯兰教也逐渐被儒家和道教冲淡。泉州地区的回族与西北地区的回族联系并不紧密，所以泉州地区伊斯兰教受西北地区伊斯兰教的影响并不大。嘉靖年间，陕西的阿訇胡登洲首创经堂教育，这种制度在我国伊斯兰教教育和宗教事业中起着非常重要的作用。但是，泉州地区却走上了与之相反的道路。经堂教育主要以阿拉伯文和波斯文的经典为主，很少涉及中国文字。而泉州的伊斯兰教则是将伊斯兰经典翻译成汉语，然后以汉语为传播媒介，使伊斯兰教步入全社会。一些"儒士化"的回族穆斯林甚至以儒家思想来阐发穆斯林教教义，这为广大汉族群众和知识分子了解伊斯兰教提供了方便，也为两种文化的相互吸收和交融创造了条件。同时这也引起了"回儒之争"。总的来说，明代伊斯兰教的衰落主要有以下几点原因：一是倭乱；二是大分散、小聚居，处在汉文化的包围之中；三是缺乏与外界的联系，泉州的穆斯林与西北和南京、苏州等地的穆斯林缺乏密切的社会关系。与明代相比，清代的伊斯兰教有所振兴，但是，这主要是由于外地来这里做官的穆斯林的提倡。这些人的提倡虽然起到了一定的作用，但是也有很大的缺点，主要是只顾眼前，忽视将来，只注重对礼拜寺的修饰，而忽视了置办寺产，于是出现了人在寺兴、人去同逝的现象。

（四）基督教的传播

明万历二年（1574 年），西班牙人就派遣使团向中国政府提出居留、传教的请求，但遭到了拒绝。公元 1625 年，被称为"西来孔子"的艾儒略来到中国后，以尊重中国文化为前提传教，得到了士大夫们的赞许。艾儒略除了加强与社会名流接触外，还广泛接触社会下层的人民，甚至异教的僧侣，因此，他很快打开了局面，信奉天主教的人逐渐增多，传教工作也日趋顺利。此后，西方传教会接踵而来。1631 年，西班牙的多明我会教士来华；1633 年，方济会的教士来华；1680 年，奥斯定会教士来华。但教派多了，意见难以统一，便出现了纷争，尤其是 1634～1635 年间的关于礼仪上的争论。明永历三年，艾儒略逝世。此后，西班牙的多明我会和方济会逐渐控制福建地区的教务，他们逐渐放弃甚至反对艾儒略的传教方针。康熙二十三年，教会向福建的教徒发出一封严禁中国礼仪的信函，此举引起了康熙皇帝的注意，他指出，西方传教士必须赞成中国礼仪。1704 年，罗马教廷通过特别通议，支持教会严禁中国礼仪。1724 年，雍正皇帝下令，严禁传习天主教。一直到鸦片战争前夕，基督教在中国被禁绝了。鸦片战争后，中国政府签订了《南京条约》，基督教各派将这一条约视为转机，乘机进入中国。

第六章

民国时期的闽南

第一节　闽南的政治概况

一、行政区划沿革

　　辛亥革命推翻了帝制，建立了民国，包括闽南在内的福建省行政区划发生了很大的变化。民国 2 年（1913 年）废除了府、州的制度，把全省分为东、南、西、北 4 个区，设立闽海（闽东）、厦门（闽南）、漳汀（闽西）、建安（闽北）四道。改永春州为永春县，废除厅制，改云霄为县，析出同安县的厦门岛成立思明县。全省仍是省、道、县三级。北伐后，国民党当权，废除了道的制度，成为省、县两级制。后又把全省划分为 7 个行政督察区。督察区系省的派出机构，名义上属于临时性质，不列为地方行政中的一级。对于县市也作出一些调整。民国 17 年（1928年）从龙溪县划出一部分设立华安县，22 年（1933 年）裁去思明县改设厦门市。1946 年至新中国成立前，福建共有 7 个行政督察区，其中闽南占其二：第四行政督察区和第五行政督察区。第四行政督察区（领十县）：晋江、莆田、仙游、南安、同安、永春、惠安、安溪、金门、德化县。第五行政督察区（领一市、九县）：厦门市，龙溪、漳州、诏安、海澄、南靖、长泰、平和、云霄、东山县。其中厦门市有时属省辖，有时归行政督察区。[①]

厦门市的行政建制始于宋朝，属泉州府同安县。辛亥革命后，于 1912 年 4 月，厦门从同安县分出设立思明县，行政区划包括大、小金门岛。1912 年到 1913 年间，思明县一度升格为思明州，旋废。1915 年元旦，大、小金门岛从厦门分出，设置金门县。1933 年 3 月，厦门设思明市筹备处，进行设市的准备工作。同年 11 月，驻福建十九路军将领蔡廷锴、蒋光鼐等人成立反蒋抗日的"人民政府"，12 月 1 日，成立厦门特别市政府，但不到两个月便夭折了。1935 年，国民政府行政院通过在厦门设市的决定，4 月 1 日成立厦门市政府，成为福建省的第一个市，比省会福州设市早 11 年。1938 年 5 月，厦门沦陷。沦陷期间，南京汪伪傀儡政权中央直辖的伪厦门特别市政府，其行政区域包括如今的金门县和龙海市的浯屿岛。抗战胜利后，国民政府恢复厦门市的建制。1945 年 10 月成立厦门市政府，下设厦西、厦南、厦港、禾山、鼓浪屿 5 个区。翌年下半年，将厦西、厦南两个区合并为中心区；未几，又改为市内设思明、开元两个区，禾山、鼓浪屿两个区不变。民国 38 年（1949 年）9 月，国民政府的福建省政府一度迁于厦门。[②]

漳州自唐朝设置后，沿革多变，管辖地域不一。元朝至元十六年（1279 年）升为漳州路。明洪武元年（1368 年）改漳州路为漳州府，管辖 5 个县。民国初年，改府为道。以后，从漳浦分

---

① 《八闽纵横》，第一集，第 9～10 页，福建日报资料室，1980。

② 中共厦门市委宣传部：《新中国成立五十年的厦门》，第 4～5 页，鹭江出版社，1999。

出了云霄县，从漳浦和诏安分出了东山县，从龙溪分出了华安县，漳州道仍管辖 10 个县。[①]

泉州古称泉州府，别称"鲤城"、"刺桐城"。其所辖范围，历代虽有变动，但自唐建制以后，基本上包括晋江、南安、惠安、同安、安溪、永春、德化 7 个县。除同安县现属于厦门市之外，即今泉州市所辖范围。[②] 清朝雍正十二年（1734 年），永春升为州，析德化属之，泉州仅辖 5 个县。民国废府设道，泉州所辖区五县初归厦门道，后属兴泉永道，1927 年设晋江行政督察专员公署于此。1949 年 9 月 1 日，泉州解放。[③]

二、闽南与台湾的关系

（一）厦门与台湾[④]

厦门与台湾一衣带水，隔海相望。早在宋元时期，就已航运互通。明朝万历二十年（1592 年），驻厦门的"南路参将"兼管澎湖，进一步发展了厦门与台湾之间的往来。此后几个世纪，厦门与台湾之间的区域贸易往来，从未间断。

1. 联结海峡两岸的通道。

1683 年，台湾归入清朝版图，祖国实现统一。清政府即在福建省增置台湾府，自康熙二十三年至雍正五年（1684～1727 年）的 40 多年间，台湾府与厦门划为同一行政区域，由同一行政机构"台湾厦门兵备道"统辖两地的文武机关。自清初到鸦片

---

① 《八闽纵横》，第一集，第 88 页，福建日报资料室，1980。

② 张瑞尧、卢增荣：《福建地区经济》，第 509 页，福建人民出版社，1986。

③ 《泉州市地名录》，第 2 页，福建省泉州市地名办公室，1982。

④ 中共厦门市委宣传部：《新中国五十年的厦门》，第 22～27 页，鹭江出版社，1999。

战争的 100 多年间，每年有几百艘甚至上千艘的厦门商船，航行于厦门、台湾海面，称为"台运"。台湾地方政府还特地在厦门港口太平桥街附近设立办事机构，厦门人民称它为"台湾公馆"。近代，厦门一直是台湾同胞抗击外来侵略的前线，同时又是后方基地。自 1895 年 4 月至 1945 年，台湾沦为日本帝国主义者的殖民地整整半个世纪。由于台湾居民中祖籍闽南的占人口总数的80％以上，这种地缘和血缘的因素，决定了日本殖民统治时期台湾继续保持与厦门联系，航运畅通。厦门仍然是闽台往来的重要口岸。1945 年 8 月，日本战败投降。10 月 2 日第一艘进入祖国口岸的台湾商船，以厦门港为首选港。此后 4 年，厦门与台湾之间各方面的联系，日益密切。

2. 经济贸易往来。

著名台湾史学家连横指出："历更五代，终及两宋，中原板荡，战争未息，漳泉边民渐来台湾，而以北港为互市之口。"①明清时期，两地贸易往来进一步加强：1725 年福建巡抚毛文铨在呈送雍正帝的一份报告中说，每年至少有 500 艘至 700 艘台湾商船停靠在厦门，而且实际数量可能还更多。出现了台湾海峡"船舻相望，络绎于途"的盛况。鸦片战争后，台湾与厦门仍保持经济来往。日本占领台湾 50 年，厦门与台湾贸易不再是国内的区域贸易而转化为对外贸易，且非法的走私贸易，极其猖獗。1945 年 9 月，台湾重回到祖国怀抱。10 月 25 日，国民政府台湾行政长官公署成立台湾省贸易公司，恢复厦门与台湾之间的区域贸易。两地的经济贸易往来一直保持到 1949 年 10 月厦门解放前夕。

---

① 连横：《台湾通史》卷一，《开辟纪》，第 5 页，商务印书馆，1983。

3. 台胞在厦门的抗日爱国运动。

1895 年，日本占领台湾后，不甘心受日本侵略者奴役的台湾同胞，前仆后继地开展抗日爱国运动。厦门成为台湾同胞联络祖国亲人共同抗日的重要根据地。1923 年 6 月 20 日，台湾人李思祯在厦门组织"台湾尚志社"，秘密进行抗日活动，8 月 15 日，出版《尚志厦门号》。翌年 1 月 30 日，尚志社在厦门召开"台湾大学生大会"，并发表"宣言"和"决议"，寄发台湾、东京和国内各地的台湾同胞，号召共同反对台湾总督府的压迫政策。继而在厦门求学的台湾学生联合会与"上海台湾学生联合会"互相联络，进一步推动抗日运动的开展。其后，台湾学生林茂铎等又联络厦门的学生，共同组成"厦门中国台湾同志会"，于 1925 年 4 月 18 日、24 日，两次在厦门市内各处张贴"宣言"。宣言在控诉日本统治台湾血腥罪行的同时，呼吁"中国同胞有爱国思想者，当然也要负起援助台湾的义务"。同年 6 月，又以"中国台湾新青年社"的名义，在厦门发行报纸。

1937 年，抗日战争爆发，日本驻厦门总领事馆于 8 月 28 日关闭，居住厦门的台湾同胞获得了长期被剥夺的爱国的权利，约有三四千名在厦台胞，不顾驻厦门日本总领事馆的威迫，抗命不随日本总领事撤退回台，纷纷向政府申请恢复中国国籍。其中有些台湾同胞受到全国轰轰烈烈抗日救亡运动的鼓舞，主动要求参加祖国的抗战。于 9 月 4 日在厦门成立"台湾抗日复土总同盟"，揭示"以团结全体台湾同胞打倒日本帝国主义、恢复台湾领土"为宗旨，提出"全国抗战也是我们台胞发挥热血"、"与祖国同胞站在同一战线，用火与血和日本帝国主义作殊死战斗"的口号。

厦门沦陷后，厦门"台胞抗日复土总同盟"的成员，有的奔赴内陆参加李友邦领导的"台湾义勇队"，在祖国抗日前线担任

"日军俘虏营"的翻译或从事战地救护工作，有的继续隐藏在厦门，改名换姓，组建"台湾革命青年大同盟"，与厦门青年组织的"厦门青年复土血魂团"联合作战，一起散发抗日传单，袭击日军军事基地。他们坚持抗日爱国的正义斗争，最后与全国同胞一起取得抗日战争的伟大胜利，从而实现了台湾回到祖国怀抱的夙愿。

（二）泉州与台湾

泉州与台湾一衣带水，最近处相隔 97 海里，两地人民有着密切的血缘和地缘关系。由于历史和地理的渊源，泉州的先民东渡移居台湾者众多，成为开发台湾的主力。他们从家乡带去农业、手工业生产技术的同时，也带去了家乡的方言、风俗习惯、宗教信仰和音乐戏剧。1895 年，日本侵占台湾，两岸人民的来往受到阻挠，但泉、台之间的探亲、祭祖、贸易和各种交流始终没有中断。两地革命志士并肩进行反对外强侵略，推翻封建政权的革命斗争，承前启后，不愧先贤。1945 年，台湾回归祖国怀抱，泉、台之间的交往随之密切，各类船行纷纷组建。泉州安海与台湾各口岸之间，每日平均 22 艘船只往来；泉州后渚港与台湾各口岸通航船只每日达 50 多艘。仅惠安白崎一乡就有 500 多人东渡台湾探亲访友。至 1949 年，此间泉州去台湾的各类人员已近 2 万名，台湾同胞滞居泉州的有 2000 多人。①

（三）闽（南）的台湾移民

民国时期，闽台间的移民数量逐年增加，至民国 6 年（1917年）在厦门的台湾人数已达到 2800 余人。民国 13 年，在厦门的台湾人数增至 5000～6000 人；民国 18 年为 6879 人；民国 24 年

---

① 庄晏成、张哲永、卢善庆：《中国沿海城市投资环境综览——泉州》，第 16、17 页，华东师范大学出版社，1991。

为 7356 人；民国 25 年为 9000 余人；民国 26 年为 10217 人；而且有尚未统计在内的人数达 15000 人。这些人先是在厦门活动，逐步向漳州、泉州等地迁移。大量台湾人移居大陆，其所从事的职业不同，有的创办实业，有的给地方势力当顾问，有的从事医药、杂货销售、药材贩卖等。①

民国时期台湾居民移居内陆的动机和原因有很多，台湾向祖国大陆移民主要在 1894 年甲午中日战争后，马关条约的签订，中国被迫割让台湾及附属岛屿，因此台湾人自然而然的成为日本属民。根据条约规定，自条约签订两年之内，当地居民可以变卖不动产撤离台湾，迁往自己所希望去的地方。倘若两年之内未迁离者即为日本国民。于是中国内地有财产者，居住不定之季节性劳动者，受谣言流言迷惑者，逃避流行黑死病者，纷纷迁离台湾。② 应注意的是，这只是台湾向祖国大陆移民的一个因素，而根本原因是，台湾自古以来就是中国的领土，两岸一衣带水，同根同源。特别是闽南与台湾的渊源关系最为密切，据 1926 年台湾人口普查表明，全台湾汉族人口 3751600 人，福建籍有 310 余万，占 83％。其中泉州府籍占 44.8％，漳州府籍占 35.1％。③ 同时两岸移民交流是双向的，抗日战争胜利后，台湾回归祖国，泉州地方有很多人到台湾工作，为重建台湾做出贡献。台湾地名有很多是泉州各县的地名，如泉州厝、武荣村、头北街、安平镇、安溪寮、永春坡等。④

---

① 汪征鲁：《福建史纲》，第 482、483 页，福建人民出版社，2003。
② 同上书，第 481 页。
③ 福建省历史学会厦门分会、漳州市历史研究会：《漳州历史与文化论集》，第 184 页，漳州市地方志编纂委员会，1989。
④ 《泉州文史资料》，新一辑，第 15 页。

三、新民主主义革命时期的闽南

（一）马克思主义在闽南的传播

1919 年五四运动的浪潮很快波及到闽南，闽南各地学生、工人等上街游行，高呼"取消二十一条"、"拒绝巴黎和约签字"、"还我青岛"、"惩办卖国贼"等口号，声援北京学生的反帝爱国运动。在漳州，省立二师和其他各个学校的学生向商界和市民散发了具有鲜明反帝反封建倾向的革命传单，揭露了日本帝国主义侵犯我国领土的罪行，号召人民团结一致，开展抵制日货的斗争。同年 6 月 8 日，漳州学生成立学联，联合工人、商人举行罢课、罢工、罢市，坚决声援北京学生的爱国斗争，要求北洋军阀政府释放被捕的学生。同时要求驻漳的粤军当局释放该部特务营无理逮捕的学生。粤军总司令陈炯明无条件接受，并且向学生道歉。1919 年下半年，陈炯明接受了孙中山的革命主张，开始在漳州"刷新政治"。他按照新三民主义，在闽南护法区内"提倡新文化，建设新社会"。新开设的"新闽书局"，有马克思和恩格斯的《共产党宣言》、恩格斯的《社会主义从空想到科学》、北京的《新青年》、北京大学的《新潮》、湖南的《湘江评论》、上海的《建设》杂志和《星期评论》，以及李大钊、陈独秀、鲁迅等人的著作。1919 年 12 月 15 日的《民国日报》在报道全国新文化运动的情况时，曾提到现时已成立的新闽书局，这间书局，就是专售最近出版的《新青年》、《星期评论》等书报。1919 年 12 月 1 日，《闽星》报（分半周刊和日刊两种）在漳州创刊。他以大量篇幅介绍马克思主义学说，传播新思想，欢呼十月革命的胜利。它还全文刊登了俄罗斯苏维埃联邦共和国的第一部宪法。它是福建最早传播马克思主义的刊物。此外，《闽星》还发表了孙中山、廖仲恺、朱执信、徐谦等人撰写的文章。它每期都免费分发给漳州居民，还邮寄到全国各地。在当时影响很大，效果很好，这使漳州成为全国注目的焦点。很多国民党上层人物如林森、居正，爱国华侨陈嘉庚等人士访问漳州，北京的学生和学生团体以及一些革命组织都来漳州参观学习。因此，1919～1920 年间，漳州曾一度被誉为"闽南的俄罗斯"。苏俄代表威廉斯基在一篇文章中曾说"漳州成了中国革命青年和中国社会主义者的朝圣地"。德国报刊也有文章称赞漳州是"东方一颗明星，正在放出光芒"。①

在厦门，受聘于厦门大学、集美学校的一批受新思潮和马克思主义影响的教师利用学校图书馆和讲坛等各种形式，建立马克思主义宣传阵地，介绍马克思主义学说。1923 年，厦门大学在映雪楼设立阅览室，陈列有《中国青年》、《中国工人》等进步的革命刊物供师生阅读。1922 年至 1923 年间，集美学校图书馆藏书有了《共产党宣言》、《马克思学说概要》、《社会主义讨论集》、《向导》等书刊。《集美学校周刊》还发表通告，向学生推荐这些书籍。马克思主义在集美学校的传播，促使一些先进分子接受马克思主义。1924 年该校师范部学生李觉民写信给陈独秀和恽代英，希望得到指导。他通过联系，承接了在集美代销革命书籍的工作，使《中国青年》、《独秀讲演录》、《工人流血记》等书刊在集美学校中广为流传。11 月，李觉民和罗善培、罗扬才等组织"星火周报社"，创办《星火周报》。1925 年，在"星火社"的基础上成立了"福建青年协进社"，着重"研究社会实际问题和国际政治状况"。②

① 陈再成主编：《漳州简史》，第 124～127 页，漳州建州 1300 周年纪念活动筹委会办公室编印，1986 年。

② 汪征鲁：《福建史纲》，第 523～524 页，福建人民出版社，2003。

（二）中共闽南地方组织的建立

五四运动后闽南各地进步社团相继成立，马克思主义在包括闽南在内的福建各地广泛传播，为在闽南建立共产党的地方组织作了重要准备。于是，在中共中央和共青团中央的直接指导下，首先建立了共青团闽南地方组织，然后以团组织为基础，建立起中国共产党闽南地方组织。

1924 年 1 月召开的中共"四大"和团的"三大"决定，推动了共青团和共产党闽南地方组织的建立。厦门地区共青团组织是在共青团中央和广东区委的帮助和指导下建立的。1925 年 5 月，共青团广东区委派蓝裕业到厦门筹建共青团组织。6 月初，从集美学校学生运动的积极分子中吸收李觉民、罗扬才等 7 人加入共青团，成立厦门地区第一个共青团支部，由李觉民任书记，隶属共青团广东区委领导。同年 11 月，罗扬才到广州出席两广地区学生代表会，广东学代会中共支部吸收他为中共党员。1926 年 1 月，李觉民赴广州出席国民党第二次全国代表大会期间加入中国共产党。为了尽快在厦门地区建立党的地方组织，广东大学学生、中共党员罗秋天根据中共广东区委的决定，转入厦门大学就读，秘密开展党的工作。月底，经中共广东区委批准，在厦门大学囊萤楼正式成立中共厦大支部，罗扬才任支部书记。这是厦门也是闽南和闽西的第一个中共支部。1926 年 2 月，先后发展了刘瑞生、柯子鸿等 18 名党员，林心尧、庄醒人等 25 人为共青团员。3 月间成立了党团合一的厦门特别支部，由阮山任书记，下辖厦岛支部和集美支部。4 月，党团组织分开，分别成立中共厦门特别总支和共青团厦门特别总支，属广东区委领导，下辖厦门和漳州、海澄、石码、惠安等地的党组织。1926 年底和 1927 年初，厦门地区已在轮船、罐头、电气等行业和集美、同安建立 10 个党支部，发展 90 余名党员。在罗善培主持下，1927 年 1

月，成立中共厦门市委，罗秋天任书记。[①]

1926年，除厦门外，闽南其他地方也成立了中共和共青团的组织，7~8月间，翁振华、罗扬才等在漳州的福建第二师范学校发展王占春等9名团员，并成立了团支部。同时闽南漳属、泉属的中共基层组织也相继建立。7月中共石码支部成立。12月，朱积垒等建立了中共平和支部。同一时期建立的地方党组织还有中共漳州临时支部、泉州特别支部以及惠安、同安、南安、德化、永春等县支部。1927年1月以罗秋天为书记的中共厦门市委成立后，紧接着以罗善培为书记的中共闽南部委在漳州成立。闽西、闽南的各地共产党组织，统归中共闽南部委的领导。[②]中共闽南地区组织的建立，给闽南地区注入了新的生机和活力，为闽南人民指明了斗争道路。在中国共产党的领导下，闽南人民和全国人民一道，积极开展工农武装运动，建立革命根据地，经过土地革命战争、抗日战争、解放战争三个时期的艰苦卓绝的斗争，推翻了三座大山，建立了人民当家作主的中华人民共和国。

第二节 闽南的经济

一、农业

闽南的粮食作物有水稻、小麦、甘薯，但水稻和小麦产量低下，不能支持本省的需要。与之相比，甘薯产量高，收获量是小

---

① 中共厦门市委宣传部：《新中国五十年的厦门》，第27~28页，鹭江出版社，1999。

② 汪征鲁：《福建史纲》，第527、529页，福建人民出版社，2003。

麦、水稻的 5 倍，且甘薯耐旱，易于栽培，所以甘薯是福建乡村人民用来维持生计的重要作物。民国后期，福建有 5 个县是食薯区，其中包括闽南的惠安、东山等地，有 13 个县是米、薯兼食县，其中包括闽南的永春、同安、安溪等地。应注意的是，漳州附近，土壤肥沃，灌溉条件良好，较有利的生产条件刺激了大米的生产，从而在一定程度上支援了闽南其他地区。但其耕作方法仍十分原始，仍不能满足闽南本地的需要。厦门消费的大米，有将近一半是从附近的龙溪、平和、漳浦、海澄、南靖、长泰等县运来，但一半多一点需要进口外国米。国外用大轮船运进厦门的大米，多半要用内港的小船转口运往晋江、南安、惠安等县，并由陆路分销永春、安溪等地。这些县总共需要购进大米逾百万担，而厦门只消费七八十万担。[①]

民国时期，福建的农业生产发展缓慢，粮食生产停滞不前。粮食不能自给，必须从外省和外国输入，而农村经济作物却有一定增长。[②] 漳州是闽南重要的产糖区，民国初年，糖的生产一度衰落，但到 20 年代初，有了明显增长。抗战前福建省政府在闽各地设立农场，其中漳浦实验场有 500 亩地，目标在于糖蔗的改良，并引进外国的甘蔗品种，由政府和私人培育苗圃出售给农民，糖蔗的栽培技术有了改进，同时取得的成果是令人鼓舞的。1937 年，泉州、漳州和兴化地区的糖产量有了显著增长，仅漳州一地的年产量，估计可达到 50 万担。据官方报告，1937 年本地有 948 家糖厂。然而，仅有 1 家糖厂采用机器生产，其资本额

---

① 汪征鲁：《福建史纲》，第 95～96 页，福建人民出版社，2003。
② 同上书，第 94 页。

为 3 万元，雇佣 100 名工人。①

民国时期闽南也是福建三大产茶区之一，茶叶是闽南重要的经济作物，从厦门出口的最好的茶叶来自安溪，最早的茶种也来自该地，它曾创造出繁盛的台湾茶叶贸易，但是在民国最初 20 年里，茶叶贸易失去了往日的辉煌。据记载，从前盛产茶叶的地区因农民不愿采用新的生产方法，甚至仍固守旧的质量标准，以及有掺假行为，加上因军阀混战而导致社会动荡不安，使茶叶生产、贸易一落千丈 ② 1934 年"福建事变"后，政府竭力鼓励、发展农业，茶叶生产也取得了一定的进步。大多数茶叶运往南洋，如果不是发生了太平洋战争，茶叶贸易无疑将会有进一步的发展。1937 年，厦门设立了商品检验处，检查出口国外的茶叶。③

水果种植方面的巨大成功也是十分令人瞩目的，柚子、桂圆和荔枝大量生产，出口的橘子是新鲜的，出口的桂圆和荔枝则是干货。大多数出口的水果销往上海和中国北部。同时在 1941 年太平洋战争爆发以前，每年出口到南洋地区的数量也不断增加。④ 此外，水仙球茎和烟草也是重要的经济作物，水仙球茎是主要出口货物之一，在漳州被广泛种植。1916 年以前，平和、长泰地区的烟草，被大量地运往台湾，但此后，这项出口贸易就大大地衰落了。⑤

民国时期包括闽南在内的福建农业生产发展缓慢，百业凋

---

① 秦惠中：《近代厦门社会经济概况》，第 373、412～413 页，鹭江出版社，1990。

② 同上书，第 373、390～391 页。

③ 同①，第 412～413 页。

④ 同①，第 374、413 页。

⑤ 同①，第 374 页。

敝，民不聊生，人口锐减。《漳州简史》载：辛亥革命后，福建的农业赋税虽一度有所调整，但随后又因大小军阀的割据中断。李厚基把持福建时，各地除任意截留各项税款外，又纷纷"提征"、"预借"田赋。1926 年初，漳州各县田赋大部分已提前征收至 1933 年或 1934 年。有的县"预借"田赋竟至十七八年。此外，还有其他捐税。当时平和县名目繁多的苛捐杂税就有八十多种之多。农民本来就已经濒临绝境，再遇上水、旱自然灾害，就只好远走他乡，造成田园荒芜、水利失修。据 1924 年度的农商部统计，"福建荒地共有 772047 亩"，而"龙溪之 16 万亩"，"占各县中最多之数"。① 为扩充势力，各地军阀到处抓壮丁，1931 年，军阀叶文龙为招兵买马，在长泰向各乡摊派壮丁 1500 人。② 也有很多人为躲避战乱，离开家乡，偷渡出洋。1926 年，永春、德化民众苦于军匪，忍泪抛弃乡土，仅 5 个月，偷渡出洋者达 6000 余人。③ 这导致了人口大量流失，使本来已不景气的农业经济更是雪上加霜。

二、工业（手工业）

近代厦门工业是随着开埠之后才发展起来的，其中有外资工业，也有民族工业。但数量、产量、产值不多，无法与商业相比拟。厦门第一个外资工业，是 1859 年英资创办的厦门船坞公司，后经增资扩大经营范围，改名厦门新船坞公司，主要业务为修造船舶。民族工业的资金以侨资为主，也有本地资金。厦门《华侨

---

① 陈再成主编：《漳州简史》，第 100～101 页，漳州建州 1300 年纪念活动筹委会办公室编印，1986。

② 《申报》，1931 年 1 月 1～9 日。转引自汪征鲁：《福建史纲》，第 98 页，福建人民出版社，2003。

③ 《民国时期民军、土匪蹂躏德化罪行》，《德化文史资料》，第 7 辑。

日报》1936 年 4 月 23 日刊载的《本市工厂统计》，仅有大同淘化罐头食品有限公司、中华糖果饼干厂、福记制造机器厂等 20家，2 匹至 80 匹不同型号的发动机 25 架，工人总数 360 人。而《厦门工商业大观》记述，20 世纪 30 年代厦门的工厂数为 70 多家，其中纺织业 12 家、食品工业 21 家、公用事业 3 家、化学工业 16 家、铁器制造业 16 家、造船业 6 家、轻工业 2 家。这份材料所谓的工厂，其实好多都是手工业作坊。1946 年 11 月出版的《厦门要览》指出：本市战前工业，合于工厂法规、使用动力作业、工人在 30 人以上者，计 21 家……资本总额 533 多万元，工人 730 人，年产品总值 181 多万元。抗战胜利后，据厦门市政府建设科造报的材料，厦门有手工业工厂 8 家，其中卷烟业 3 家、刺绣业 5 家；接收日伪工厂酱油、卷烟、酿酒各 1 家；民营工厂包括公用事业的电灯、自来水公司共有 73 家，员工（包括临时工）1331 人。①

　　纺织业及印染业是漳州人民尤其是农民的一项主要家庭手工业，明清时期，漳州东门一带的印染作坊生产的白土布印花染色水平在福建首屈一指，龙溪县北溪乡生产的葛布，以及漳丝、漳绒、漳缎等产品驰名全国。厦门辟为通商口岸后，洋纱、洋布源源流入，其质既美，其价复廉，很快就占有了市场，因此，漳州的纺织业开始衰落，只有天鹅绒还能抵制外来的竞争。甲午战争后，漳州纺织业开始恢复。辛亥革命前，府城东门一带经营土布的工厂或作坊，已由原来的十多家发展至二三十家，并逐步改用手工机器生产，成为府城的主要行业。同时，农村织布户也恢复起来，但多数仍用古式织布机，所织的土布约一市尺宽。漳州土

---

① 中共厦门市委宣传部：《新中国五十年的厦门》，第 12 页，鹭江出版社，1999。

布中以"半林半仔"最为闻名，大部分销售于闽西南及台湾等地。辛亥革命前后，漳州纺织所使用的机器是由上海引进的小型铁木织布机。这种机器仍用两脚踩踏，但不要用双手抛梭。使用它既提高功效，又加宽布幅，花色品种亦多。因而，织布商户纷纷更新设备，扩建厂房，招收工人。农村织布农户也跟着购买铁木织布机。据不完全统计，当时漳州城乡拥有这种织布机在千台左右。这时漳州生产的单面斜纹和双面斜纹布，十分畅销，尤其是双纺（双纱）布的销路更广。

五口通商初期，由于洋糖进口不多，糖业在漳州经济中仍占有重要地位。1895 年以后，由于洋糖的大宗进口，汕头制糖厂的创建及糖业税的加重，使漳州制糖业开始走下坡，糖年产量仅 5 万担左右，只有五口通商前的 1/10。虽然糖行有所增加，经销区域有所扩大，但总输出量不大。辛亥革命前，有着丰富经验的爱国华侨郭祯祥，为振兴家乡的制糖业，由南洋返回祖国。他奋力筹备，于 1910 年在漳州独资创办了华祥制糖公司。该公司拥有占地面积 4000 亩的甘蔗栽培场，移植了 250 万株爪哇蔗，在石码附近修建了制糖工厂，设备全由日本引进，每日可榨甘蔗 80 吨，年产红糖、冰糖共 10 万担。华祥制糖公司这一把改良种植和机器生产结合起来的联合企业，为当时全国首创。1932 年以后，为了控制洋糖的进口，国家提高了糖的入口税，从此漳州的制糖业又稍有转机。制糖作坊的规模扩大了，除了生产红糖、白糖外，还有刁糖、糖丸。漳州糖货远销天津、青岛、大连、温州、宁波、上海、北京等地，特别是"漳刁"（漳州刁糖）闻名北京和上海。

鸦片战争后，漳州其他手工业也受到不同程度冲击，以制烟业为例，漳州制烟业在清末就十分发达，石码有大小烟庄数十家。1880 年，海澄人曾文潜在石码创办了华山烟庄，拥有工人

80多名，所产之烟丝远销至印尼的雅加达、井里汶、三宝垅、泗水等地，年销量15万余斤。1912年，平和人周诵三又在石码创办了万山和记烟庄，拥有工人90多名，所产之烟丝远销至新加坡、爪哇等地，年销售量达到10万余斤。抗战期间，因海运渐绝，外销停止，漳州制烟业一片萧条，直至解放前夕，才稍有复苏。①

值得注意的是，闽南是侨乡，尽管民国时期闽南手工业受到外国资本的冲击，但由于大批的华侨返回祖国创办实业，这给闽南的经济注入了新的活力。从1912年开始到抗日战争爆发前夕，闽南的实业经济在华侨的支持与带动下得到了长足的发展。华侨为振兴民族经济，在闽南创办了一系列实业，包括食品加工企业、电力工业企业、染织工业企业等。以厦门为例，从1875年到1949年，华侨投资开办的工商企业共达2600多家，总资金额占全省华侨投资总额的62.88%。② 厦门是福建华侨投资用于振兴实业最多，最集中的地区。据统计，从1890年至1949年的60年间，华侨投资福建的金额共1.4亿元（折合人民币），其中投资厦门达0.87亿元，占全省华侨投资额的63%。华侨在厦门主要是兴办侨批业、进出口业、服务业、交通运输业、公用事业、轻工业、机械工业等。③

抗日战争爆发以前，是闽南工业发展的黄金时间，特别是在第一次世界大战期间，由于西方列强忙于战争，无暇东顾，暂时放松了对中国的侵略，加上海外华侨纷纷回归故里，投资

----

① 陈再成主编：《漳州简史》，第102～104页，漳州建州1300周年纪念活动筹委会办公室编印，1986。

② 中共厦门市委党史研究室：《中共厦门地方史》（新民主主义革命时期），第20页，中央文献出版社，1999。

③ 同上书，第18页。

兴办产业，使闽南侨资汇集，这给中国民族资本主义发展提供了有利的机会。但好景不长，日本帝国主义的侵略，使中华民族陷入巨大的灾难。闽南也不例外，1938年厦门沦陷，日寇以厦门为中心，对闽南进行侵略扩张，掠夺资源，这给已经具有一定规模的闽南工业带来了巨大灾难。在日本侵华战争中，厦门、晋江的民族工业备受日寇蹂躏，不断有企业破产、倒闭，受到严重挫折。厦门淘化大同罐头食品股份有限公司在沦陷时期损失惨重，连厂房都被日寇拆了，仅此一项损失就达15万银元。① 这导致许多产业纷纷内迁。应注意的是，这些内迁的企业在很大程度上促进了当地经济发展，而闽南的工业较之抗战前衰落了。

抗日胜利后，内迁山区的企业纷纷回迁，虽欲重振，然此时民生凋敝，民族工业无力回天。而国民党又发动全面内战，恶性通货膨胀再起，经济环境迅速恶化，福建近代工业屡遭致命打击，到了全面破产的边缘。② 闽南也是如此，但应注意的是，抗战胜利后华侨再次投资闽南，给闽南的工业带来了新的生机。特别是在厦门，华侨资本成为擎天柱。抗战结束后，福建全省各地经济都感疲软之际，唯独厦门一市，因利用华侨资本而稍有复兴迹象。③ 众所周知，企业重建需要很多资金，如厦门自来水公司投入5万美元修复，淘化大同公司汇拨港币10万元复业。这些复业资金来源的主要渠道是向华侨集资，其中侨商黄重吉的热情最高，一下子就创办了重吉罐头厂、重吉糖果饼干厂、重吉烟厂、重吉酒厂、重吉肥皂厂、重吉电池厂、重吉油厂、重吉橡胶

---

① 汪征鲁：《福建史纲》，第91、92页，福建人民出版社，2003。
② 同上书，第93页。
③ 罗肇前：《福建近代产业史》，第366页，厦门大学出版社，2002。

厂等 8 个工厂。①

　　鸦片战争后，中国沦为半殖民地半封建社会，成为外国资本主义的原料生产基地和产品的倾销市场，闽南也不例外，然而，闽南是幸运的，它是侨乡，许多华侨热恋故土，在闽南创办了一系列企业，在近代闽南，诚如有学者所说，在厦门、晋江、龙溪一带，工业发展几乎全仗华侨资本。② 他们投资的领域，不仅局限在工业领域，而且在教育、慈善等其他社会事业上也都做出了巨大贡献。

三、商业与市场

　　鸦片战争后，厦门开埠，外商涌进厦门，到清末光绪年间，已有外资洋行、公司 24 家。1933 年增至 40 多家，其中日商 15 家名列第一，依次为英商 11 家、美商 5 家、荷兰商 3 家、法商与印度商各 2 家、德商与葡萄牙商各 1 家。这个数字指的是真正的外商，不包括外籍华人的洋行、公司。华商经营的商业，自清初至民初的三四百年间，一般分为十途（行业）郊商，而以洋郊、北郊、药材郊资金最雄厚。清末厦门的商业营业额，每年约 2000 万至 2500 万银元。据 1929 年的调查，厦门岛内计有商店 6000 多家。《江声报》刊载的《厦门商业之大观》披露，1931 年至 1933 年厦门十大主要商业营业额，绸布业排名第一，杂货业和参茸业分列第二、第三。厦门沦陷期间，市场萧条，商店相继歇业。抗战胜利后市场逐渐复苏，1945 年底的统计，厦门商店总数为 3705 家，店员 1.9 万多人；到 1947 年，商店总数已经接

---

①　罗肇前：《福建近代产业史》，第 370 页，厦门大学出版社，2002。

②　汪征鲁：《福建史纲》，第 93 页，福建人民出版社，2003。

近战前水平，日市、夜市都很繁华。①

民国时期福建市场呈现波浪起伏的发展状态。根据其发展的态势，大致可以分为 3 个阶段。从民国元年到 1920 年前后，为福建国内贸易、对外贸易缓慢发展阶段；从 1920 年到抗战爆发为止，是福建国内贸易、对外贸易较快发展阶段；从抗战爆发到 40 年代末，是福建国内贸易、对外贸易衰退阶段。这种起伏发展状态，从其市场条件来看，得益于晚清已具雏形的省内区域市场，同时也有力地推动了这一区域的市场进一步拓展。福建省内区域市场以水运为主要载体的几大河流为准，分为闽东、闽西北、汀江流域、闽南等经济区。每一经济区内有 5～10 余个县级中心市场，每一县级中心市场又联系着为数众多的农村市场。全省以省级中心市场福州为核心，辅之以厦门，形成不同层次却又关系密切的市场网络。须知，近代福建交通落后，铁路只具有象征性，仅有的漳厦铁路不能营运。而山区公路在"围剿"红军以前也未开筑，陆路上与邻省的交通极为不便。全省的商品运输主要是利用省内几条河流，以及通过海运进行的。所以水运系统自然划分出闽东、闽西北、汀江流域、闽南等经济区。闽南经济区，包括九龙江流域和晋江流域诸县市。这里不仅有厦门港和泉州港，公路运输也相当发达，各县市场也十分活跃。由于民众下南洋成风，华侨上百万，每年有数千万美元的侨汇，故民众生活水平较高，市场上各种商品非常畅销。厦门市是闽南经济区的核心城市和物资集散中心，市内有许多洋商驻华机构，银行林立，与世界市场关系密切，闽南区进出口货物主要由厦门港转运。民国时期福建对内、对外贸易的逐步发展，不仅得益于区域市场条

---

① 中共厦门市委宣传部：《新中国五十年的厦门》，第 11～12 页，鹭江出版社，1999。

件的逐渐成熟，还受益于金融市场的支持。[①] 漳州于 1910 年前后出现中华银行，1920 年后银行发展到 30 多家，促进了城乡物资交流。[②] 包括闽南在内的福建金融业的发展，促进了福建市场的进一步成熟，以下将介绍闽南的金融业。

四、金融业

（一）厦门[③]

1949 年上半年，厦门居民不到 18 万人，却有钱庄 30 多家、银行 20 多家，依人口算，每 7000 人中就有 1 家银行，是世界上银行密度最高的地区之一。厦门钱庄约有 200 年的历史。清末钱庄，以经营财产的多寡为信用基础，除办理存放款业务，有的还兼营汇兑、茶叶出口贸易等业务。到了 20 世纪 20 年代，华侨纷纷汇款投资地皮、房产和工商企业。大量侨资进入厦门，经济繁荣、存款猛增，对富商巨贾产生强烈的刺激，新开业的钱庄 30 多家。各钱庄根据本身资金的厚薄和活动能力的强弱，分别经营活期、定期存款，信用贷款，信用透支、抵押透支，买卖黄金、白金、外钞，投资房地产，代理国家银行和商业银行发行钞票，零星兑换外钞、银元等业务。资金雄厚的钱庄，一般业务设在二楼，也有兼设门市的。

厦门钱庄业的黄金时代很快就消逝了。20 世纪 30 年代初的世界经济危机严重冲击东南亚华侨工商业，原来从事房地产经营的钱庄，由于侨汇、存款锐减，地价暴跌，银根周转不灵，业务

---

①　汪征鲁：《福建史纲》，第 100～107 页，福建人民出版社，2003。

②　何绵山：《闽台经济与文化论集合》，第 57 页，厦门大学出版社，2002。

③　中共厦门市委宣传部：《新中国五十年的厦门》，第 12～15 页，鹭江出版社，1999。

从此一蹶不振。据不完全的资料统计，从 1932 年到 1936 年，陆续停业倒闭的钱庄达 49 家。到 1937 年，仅存钱庄 40 家，全部资金国币 150 万元。抗战胜利后复业和新开设的钱庄共 30 多家，但大都经营外钞、银元兑换，有存放款和汇兑业务的极少。这一时期的钱庄，已是日薄西山，奄奄一息。

厦门的银行有外资银行、侨资银行、国家银行、省、市地方政府银行和商业银行。最先在厦门设立的外资银行是英资汇丰银行厦门分行，主要业务是代收海关关税、吸收外汇、存放款和办理洋行押汇。1895 年日本占领台湾。1901 年 1 月，日本财团的台湾银行就在厦门开设支行，办理中外汇兑、进行企业投资、吸收存款、发放贷款，还发行过票面 1 元、5 元、10 元和 50 元的 4 种银本位钞票，流通福建沿海各县。抗战前和沦陷期间的厦门日资机构，还有新高银行、金融银行、丰南信托公司。荷兰资金的安达银行厦门分行，1924 年开业。主要业务是外汇买卖，其次是存放款。存款以当年荷兰殖民地的归侨最多。安达银行还代办荷兰殖民地华侨有价证券和遗产内调，收取手续费和保险费用。美资的美丰银行，总行在上海，1924 年 9 月来厦开设分行，因业务不好于 1930 年停业。

厦门也有侨资创办的银行。新加坡华侨银行 1923 年就在厦门设立分行。菲律宾中兴银行于 1925 年 8 月在厦门设立分行。抗战胜利后集友银行从永安迁入厦门。此外，总行设在上海而在厦门设立分行的有中南银行和中国工矿银行，侨资分别占 75％和 50％。

民国时期中央银行和拥有大量官僚资本的中国、交通、农民 4 家银行具有国家银行的职能。抗战期间日伪中央储备银行，只在沦陷区行使伪政权国家银行的职能。上述国家银行都在厦门设立分支机构。省、市地方银行除一般银行业务外享有代理省、市金库和发行钞票或辅币的特权。福建省的省级银行，清末有福建银号，北洋军阀治闽时期有福建银行，民国时有福建省银行。各时期的省银行，也都在厦门设立分支机构。沦陷时期日伪创办的厦门劝业银行，抗战胜利后的厦门市银行，都属市级地方性银行。

解放前厦门的商业银行多数兼营信托和储蓄业务。有的总行设在国外、省外，也有总行设在厦门的，它们设立时间有先有后，存在时间有长有短。侨资银行还同时兼有商业银行职能。抗战前的商业银行有 1922 年 7 月开业的中南银行，1932 年 8 月开业的国华银行，1934 年开办的中国通商银行、中国实业银行、新华信托储蓄银行以及 1920 年 6 月开设、总行设在厦门的厦门商业银行，厦门商业银行于 1935 年倒闭。

抗战胜利后，战前各银行纷纷复业，国民政府的中央信托局、中央合作金库和邮政储汇局，以及亿中银行、浙江实业银行、广东省行也相继前来设立分支机构，合起来达 20 多家，盛极一时。临解放时，整个厦门市场陷入停顿状态。1949 年 9 月，除中央银行、福建省银行和厦门市银行因国库、省库、市库关系不能关门外，其他银行全告停业。

（二）漳州

漳州历史上为商埠海口城市，经济繁荣，金融业兴盛，在清光绪末年至宣统初年相继出现了源丰、庆源、谦记录、建隆、联记、启源等钱庄。1910 年，在漳州厦门路原启源钱庄楼上创办了中华福建银行，这是漳州的钱庄发展成银行的开始。辛亥革命后，尤其是 1920 年以后，漳州的银行发展至 30 多家，对促进城乡物资交流，扶助土特产运销起了一定的作用。1934 年"福建事变"以后，国家和省银行相继在漳州设立机构：1934 年初，中央银行最先在漳州设立办事处；继之是中国农民银行（1934

年)、交通银行（1935 年 7 月）、中国银行（1936 年 1 月）和福建省银行（1936 年 11 月）分别在漳州设立了分行或支行。此外，这一时期还开设了邮政储金汇业局、集友银行、龙溪县银行以及厦门合作金库，它们或为官办，或为官商合办，或为私营，至 1949 年各银行业务宣告结束。①

（三）泉州

泉州金融业历史悠久。早在清朝就有典当业、钱庄业、侨批业等，1909 年前后，泉州共有当铺 37 户。1935 年前后，随着泉州银行业的崛起，钱庄业很快从兴盛走向衰落，到 1949 年几乎荡然无存。泉州最早的银行当推 1911 年后福建银号设立的晋江支店，1914 年初设立的中国银行机构，标志着泉州现代银行业的诞生。从 1935 年开始，中央银行、中国银行、交通银行、农民银行、中央信托局、邮政储金汇业局、中央合作金库等"四行两局一库"及中国实业银行、中南银行、福建省银行、集友银行、县银行等 10 多家银行和其他金融机构纷纷在泉州设立分支机构，前后累计共达 40 多家。在典当、钱庄、银行发展的同时，由于每年有巨额侨汇收入，因此以各种民信局、汇兑庄为代表的侨批业在泉州应运而生，发展成独具侨乡特色的金融行业。②

五、航运与交通

（一）航运③

---

① 陈再成主编：《漳州简史》，第 107 页，漳州建州 1300 年纪念活动筹委会办公室编印，1986。

② 庄晏成、张哲永、卢善庆：《中国沿海城市投资环境综览——泉州》，第 38 页，华东师范大学出版社，1991。

③ 陈永成：《老福建：岁月的回眸》，第 49～53 页，海峡文艺出版社，1999。

1. 厦门港。

厦门港是我国东南沿海著名的良港，位于闽南沿海金门湾内九龙江入海处，港湾水域狭长，四周山峦屏障，港阔水深浪小，背靠大陆，毗邻漳州、泉州，面临台湾海峡，与台湾、澎湖仅一水之隔。船舶往来，货物吞吐，华侨出入频繁，是海上交通的重要枢纽。1842 年厦门港被辟为五口通商口岸之一，随着外国装备先进的轮船来到厦门，港口原有条件已经无法满足要求。1880 年，英商太古公司建造了太古趸船码头。1926 年驻厦门海军当局锐意建港，在漳厦海军司令部设立堤工、路政两处，收购民房地产，开山填海，筑堤造坝，拓建新区。前后耗时 16 年，在今鹭江道筑成了大小码头 32 座，使厦门港口码头发生了巨变。1912 年至抗战前夕，省外华商轮船出入厦门港的数量不断增长。1916 年，仅招商局行驶厦门港的轮船就有"新昌"、"广济"、"致远"、"飞鲸"、"爱仁"、"同华"、"善济"、"安平"、"新济"、"新康"等 10 艘。1935 年，招商局又指派"遇顺"轮专走上海至厦门线，作为定期航班。从民国初到 30 年代，厦门港成为福建省海运活动的中心。在船舶进出口吨数上，不论国轮还是外轮均占全省第一位。尤其外轮更为突出，1936 年外轮航线有英商"太古洋行"的沪、厦、港、粤航线；荷兰"渣华轮船公司"的港、厦、南洋群岛、爪哇航线；英国"和记洋行"的厦、南洋群岛、新加坡航线；"和丰"的厦、缅、新加坡航线；日本"大阪商船会社"的港、汕、厦、台航线。厦门沦陷后，闽南厦、漳、泉三角洲失去了对外贸易的一个重要吞吐港，海上交通为日军控制。抗战胜利后，厦门港仍是海运业中心之一，海运恢复较快。1947 年厦门港有英航、中兴、华侨、中联、泰送、中源、太平、益祥、美亚、福安、兴南、陈其风等 12 家航业公司和航务行，共有大小轮船 14 艘 14560.93 吨。1947 年 4 月，厦门已登记的航船及公司计 52 家，共有轮船 52 艘，厦门港逐渐复兴起来。

2. 九龙江。

九龙江是福建省第二大水系，位于闽南，水路航线主要分北溪、西溪和南溪。全程航线里程共 598 公里，能通航轮船的有 37 公里（不包括石码至厦门 35 公里）。九龙江有近代轮船，开始于清末的厦门内港交通航行驶至石码、漳州。民国以后九龙江沿线又相继出现当地创办的轮船业。

1919 年，在龙溪县成立的"始兴汽车股份有限公司"，修筑"漳浮"（漳州至浮宫）公路，将公路通至石码，并制造一艘"大通"号轮船，在石码办理轮船与汽车联运，直达厦门。这是九龙江最早的上班轮船。次年漳浮公路全线通车，该公司又在浮宫修筑码头，增加一艘"巨通"号轮船。在浮宫办理轮船汽车水陆联运，使漳厦全线水陆联运起来，商旅称便。1920 年，漳州当地船民以汽车发动机为动力，改装木帆船（俗称电船），先后置有"胜利"、"新漳美"、"青年甲"和"青年丙" 4 艘，行驶于漳州、石码、厦门之间。继此之后，九龙江北溪华安县新圩至浦南、石码，西溪的漳州至南靖，南溪的浮宫至白水营，也先后开始行驶轮船。九龙江内河交通也由木帆船时代进入轮船时代。

九龙江各县所产的粮食、经济作物以漳州、石码为中心，西运南靖平和，北达长泰、华安，东下经嵩屿而抵厦门。在近代轮船日益发展的同时，木帆船仍继续发挥重要作用，且在运输活动中显现繁忙景象。九龙江的木帆船包括篷船、连家船、西溪浅船和北溪平底、杉枋、社头小船等，这些帆船满载着漳属各地土特产或过往旅客穿梭在北溪、西溪和南溪。

（二）交通

1. 铁路。

闽南乃至福建省第一条铁路就是漳厦铁路，它于 1907 年开始兴建，1910 年，嵩屿到江东桥一段工程完竣，12 月 12 日开始通车。漳厦铁路实际上是"江嵩铁路"。起点在厦门对岸的嵩屿，终点在江东桥。由于资金匮乏，江东桥至漳州 17 公里铁路线无法续建。从厦门到嵩屿，从江东桥至漳州都必须靠水运。漳厦铁路一段成了"盲肠铁路"，营运状态每况愈下，1914 年由交通部收归国有，但仍未摆脱困境。爱国华侨为铁路建设曾做了种种努力，1923 年华侨黄奕住聘请德国技师乘飞机在沿线测量，并绘制详细蓝图，吁请将铁路修至龙岩，但没有得到政府的支持。1926 年华侨组织救乡会请求继续修筑漳厦铁路，还是不成。1936～1937 年，漳厦铁路公司内部进行清理，又不成功。1937 年，公司倒闭。抗战期间，漳厦铁路被悉数开掘，或运闽西，或运南平，或运峡南公路，另做他用。轰轰烈烈兴办起来的福建省第一条铁路寸轨不留。①

除漳厦铁路外，在闽南，还先后建成漳程葱（龙溪—程厝—葱岭）轻便铁路和漳蕉（龙溪—蕉坑）轻便铁路，分别成立里路汽车公司，以机关车（轨道汽车）营运。②

2. 公路。

民国时期，铁路运输发展滞后，公路运输却蓬勃发展，出现了很多汽车运输公司，主要有：1918 年陈炯明倡办的"汀漳龙长途汽车始兴股份有限公司"、1919 年陈清机创办的"闽南泉安民办汽车路股份有限公司"、1921 年华侨陈时欣等创办的"漳程汽车公司"、1922 年华侨陈嘉庚创办的"同美汽车路股份有限公

---

① 陈永成：《老福建：岁月的回眸》，第 54～55 页，海峡文艺出版社，1999。

② 《福建省建设厅月刊》第三卷，第 1 号，1929 年 1 月。转引自罗肇前：《福建近代产业史》，第 239 页，厦门大学出版社，2002。

司"、1925 年黄汉忠等创办的"南安汽车公司"、1926 年成立的
"泉永汽车股份有限公司"（由永洪汽车股份有限公司与桃源汽车
股份有限公司合并而成立）和 1926 年马来亚华侨黄晴辉等创办
的"厦门全禾民办汽车公司"。自陈清机、陈炯明等倡办汽车运
输以来，1926 年冬，厦门郊区、龙溪和晋江周围的汽车运输业
均已稳定开展，虽说仅在沿海点缀了几笔，却是福建省汽车运输
业的先声，为日后的发展开辟了道路。一直到抗战爆发前，在闽
南以侨资为主的商办汽车公司使闽南公路初步成网。抗日战争爆
发后，包括闽南在内的福建公路运输业遭到严重破坏，历尽千辛
万苦建成的福建沿海公路全部毁于一旦，公路汽车运输业的损失
令人触目惊心。抗战胜利后，福建各商办汽车公司步履艰难地渐
次复业，取得一定的成绩，修复了战时破坏和失修公路中不足一
半的里程，但远远未能恢复到战前水平。①

3. 民航。

福建省民用航空运输形成于 20 世纪 20 年代，1928 年旅居
菲律宾华侨吴纪霍等人筹集资金，订购飞机，在厦门禾山兴建福
建第一所民用航空学校——福建厦门五通民用航空学校，并修建
简易机场，培训民用飞机飞行员，这是我国最早的航空学校之
一，这所学校培养了福建第一批民用飞机飞行员，为我国航空事
业做出了贡献。1930 年因经济等问题，该校与广州航空学校合
并。1930 年 10 月，民国政府的中国航空公司经营的沪粤商业线
由上海经温州、福州、厦门、汕头抵广州，每周两次，运载货
物、旅客及信件，用的是水上飞机，载客不多。抗战时期民用飞
机停飞，偶有不定期的军用飞机，附载公务人员和邮件。抗战胜

---

① 罗肇前:《福建近代产业史》，第 135～140、220、392 页，厦门大
学出版社，2002。

利后，民国政府的中国航空公司和中央航空公司在厦门设有分公司，开辟定期航班，飞往上海、台北、汕头、广州、赣州、汉口和马尼拉等地。①

（三）邮电业

1. 厦门一等邮局。

1914 年全国重新划分邮区，更定局所名称，规定每个邮区设 1 个邮务管理局，福建邮区包括福建全省。福州府的邮务总局改名为福建邮务管理局，分邮局区为 3 个段：一段直属福建邮务管理局，其余两段分属厦门和三都澳一等局管辖。厦门一等邮局前身是 1899 年附设于厦门海关的厦门邮局。1931 年厦门一等邮局又改名为厦门一等甲级邮局，此时该局是福建省唯一的一所一等邮局。1936 年 2 月福建邮政管理局根据全国邮政总局《各区邮政管理局组织通则》进行改组，全省邮局按业务繁简划分一、二、三、四等，收入 5000 元左右且开发汇票 2 万元左右的为一等邮局，厦门一等邮局仍是全省唯一的一等邮局。1942 年底因抗战关系，厦门一等邮局无法与福建邮政管理局保持经常联系，全国邮政总局决定将其划入上海邮局管辖。抗战胜利后，厦门一等邮局划回福建邮区管辖。其经营邮件寄运（包括快递函件、保险函件、代收货价挂号函件等）和汇兑、储蓄、人寿保险等业务。②

2. 天一信局。

闽南是福建著名的侨乡。侨批（闽南方言，侨信、侨汇的俗称）业发展迅速。所谓侨批业是华侨与国内联系的机构，其兼有

---

① 陈永成：《老福建：岁月的回眸》，第 63～64 页，海峡文艺出版社，1999。

② 同上书，第 70～71 页。

金融和邮政双重职能。天一信局是民办侨批信局之一，它规模较大，影响广，在中外侨批史上占有重要地位。1892年菲律宾侨胞郭有品创办天一信局。在其故乡龙溪县流传乡（今龙海市角美镇流传村）设天一总局，又在厦门、安海和吕宋等地设立几个分局，经营华侨银信寄递业务。该局注重信用，以信誉第一，深受华侨信赖，业务区域也因此迅速扩展。1912年在国内漳州、港尾、浮宫、泉州、同安马銮、上海、香港等地设有分局。鼎盛时期有总局33个，其中国内有9个。1917年天一信局改为南兴信局，1921～1926年，每年收汇1000万至1500万银元。1928年1月，南兴信局倒闭。闽南金融业为之大起恐慌。①

　　除了邮政业，民国时期闽南的电报和电话业较之福建其他地方也有了很大发展，而且走在前列，在抗战前的10年里表现尤为突出。特别是电话业，诚如学者罗肇前所说："电话当时是奢侈品，尚不能普及至寻常百姓家，省城不过安装千部电话。但闽南是侨乡，侨汇使生活水平高于省内平均标准。因此，人口不及福州一半的厦门，电话机的台数倍于福州；漳厦之间通了长途电话，龙溪、海沧、石码各设电话分局，晋江筹设分公司，还在石美、角尾、海澄、天宝、南靖、浦南等处设分站……日本侵华战争如果推迟数年，福建沿海各地将遍布商办市内电话。侨乡的优势，由此可以略见一斑。"② 日本侵华，使闽南的电信业遭到重创，损失惨重，大量的电话线被拆除。抗战胜利后，闽南电信业虽然得到了一定程度的恢复，但是却未能恢复到战前的最

---

① 陈永成：《老福建：岁月的回眸》，第68～69页，海峡文艺出版社，1999。

② 罗肇前：《福建近代产业史》，第244页，厦门大学出版社，2002。

高点。[1]

综上，民国时期闽南社会经济的状况是以抗日战争的爆发为分水岭的。抗战前，闽南在华侨资本的资助下，社会经济得到了长足发展，而且走在福建的前列。日本侵华战争打乱了闽南各项事业的发展，社会经济陷于痛苦挣扎的境地。抗战胜利后，社会经济满目疮痍，残破不堪，因此重建工作困难重重，值得庆幸的是，闽南的华侨资本对其重建贡献了巨大力量，虽有侨资的支持，其发展却很难恢复到战前水平，社会经济发展步履维艰。

第三节 教育·出版·医疗卫生

一、教育

民国时期，福建的教育事业较之晚清有所发展，在闽南，学校的类型，大体可以分为华侨办学和教会学校两类。当然，也有政府所设立的学校，但那是凤毛麟角。

（一）华侨办学

近代以来，华侨为闽南乃至福建所做出的巨大贡献，表现在诸多方面。仅在支持家乡教育方面就投入巨大的精力和财力。在泉州，有 1905 年印尼华侨创办的紫阳小学，有 1907 年开设的晋江安海侨办的养正小学。[2] 在漳州，1905 年，龙海县旅菲华侨杨在田就在家乡角美杨厝村创办碧湖小学。1919 年，漳浦县旅居印尼的侨胞独资创办马坪小学。1936 年，漳浦旅印尼的侨胞

---

① 罗肇前：《福建近代产业史》，第 394 页，厦门大学出版社，2002。
② 《八闽纵横》，第二集，第 102 页，福建日报资料室，1981。

杨纯美在佛潭创办纯美中学。[①] 1925 年，石码的第二任商会会长兰步青倡办当地第一所中学——石溪中学，经费从米捐中提取。1929 年，印尼华侨常允敏独资（在石码）创办连三小学（连三是其父名）。[②] 在厦门，辛亥革命后，侨办的小学有集美小学、新光小学、奎壁小学、鼓浪屿普育小学以及同安马巷井头村小学。1934 年以前，厦门市共有 39 所小学，其中 17 所由华侨创办或资助，占小学总数的 45%。清末至新中国成立，华侨在厦门包括同安县兴办或捐助的小学共 79 所。侨办的中学有：陈嘉庚创办的集美中学，马侨儒、林珠光创办的双十中学，庄希泉、余佩皋夫妇创办的厦南女子中学，曹允泽等创办的大同中学和黄奕住创办的慈勤女子中学。此外还有华侨女子中学、中山中学、中华中学、同安发舫山中学等。据统计，1934 年以前在厦门市内正式立案的 11 所中学，有 5 所直接得到华侨资助，其中 2 所的经费每年由华侨提供补助。华侨还重视职业教育。清末设在鼓浪屿的女子师范学校是侨办的第一所职业学校。1912 年菲律宾华侨黄瑞坤在双涵创办的禾山甲种商业学校，是全省最早的商业学校之一。校址设在禾山前埔村的云梯中等职业学校，设有几个专业和程度不同的班级。而 1928 年由菲律宾华侨吴记藿、李清泉、林珠光发起创办的厦门五通民用航空学校，是当时全国仅有的 4 所航空学校之一。还有鼓浪屿的闽南职业中学，也是华侨捐资创办的。[③]

---

① 陈再成主编：《漳州简史》，第 240 页，漳州建州 1300 周年纪念活动筹委会办公室编印，1986。

② 《福建工商史料》，第三集，第 92 页，中国民主建国会福建省委员会与福建省工商联合会，1988。

③ 中共厦门市委宣传部：《新中国五十年的厦门》，第 21 页，鹭江出版社，1999。

　　特别是爱国华侨陈嘉庚倾资兴学，创办了集美学校，包括集美小学、集美中学、集美师范、集美幼稚师范和集美学校水产科、商科、农林部等，1921年还创办了厦门大学，为福建教育的发展做出重大贡献，功垂千古。[①] 从1913年开始在集美办学起"到1932年集美各类学校学生数已经达2700余人"。[②] 集美学校和厦门大学"都完全是由慈善的公民陈嘉庚先生提供经费。……他每月提供40000元的捐款以维持上述学校开支，包括师生们的免费膳食"。[③] 此外，为支持厦门大学，陈嘉庚还捐献了200万元和马来亚的一大片橡胶园作为开办费及图书馆、科学设备和校舍建筑等费用。[④] 20世纪30年代的经济危机波及陈嘉庚的其他事业，他再无力支撑厦门大学了，于是在他的要求下，厦门大学由私立变成国立。抗日战争爆发后，厦门沦陷，厦门大学内迁长汀，继续坚持教学活动，而且取得了相当大的成绩。尽管如此，陈嘉庚先生仍然一直关注厦门大学的发展。除了直接办学以外，陈嘉庚还曾经成立教育推广部，出资补助闽南30多所学校，[⑤] 毛泽东主席称赞陈嘉庚是"华侨旗帜，民族光辉"。自陈嘉庚先生创办集美学村和厦门大学后，在闽南各地，很多爱国华侨都在故乡捐资办学，兴建了一批中小学。"1925年至1927年间，晋江县有学校120所，经费17万元，其中私立学校占63.5％，而私立学校中侨办占70％。抗战前厦门立案的小学39所，其中17所与华侨有直接关系，占全市小学总数的44％；立

---

　　① 汪征鲁：《福建史纲》，第211页，福建人民出版社，2003。

　　② 《八闽纵横》，第二集，第102页，福建日报资料室，1981。

　　③ 秦惠中：《近代厦门社会经济概况》，第378页，鹭江出版社，1990。

　　④ 同上书，第398页。

　　⑤ 同②。

案中学 11 所，有 5 所与华侨有关。40 年代，仅新加坡华侨李光前在他故乡南安创办国光中学、小学、幼儿园，就捐资 400 多万元"。[①] 除了华侨办学之外，闽南还存在相当多的教会学校，它们在闽南教育史上的地位同样不可忽视。

（二）教会学校

鸦片战争之后，中国开始沦为半殖民地半封建社会，被迫开放五口通商，西方资本主义国家的势力通过通商贸易以及传教等手段渗透到包括福建在内的中国各地。创办教会学校是传教士传教的手段之一。五口通商之后，闽南成为西方列强侵略的焦点，教会学校的数量也随之增多。19 世纪中期，闽南的教会学校数量较少，主要集中在厦门地区，并且尚未形成规模，其教学内容是以识字和宗教教育为主。而到了 19 世纪末，闽南教会学校急剧发展，从厦门扩大到闽南其他地区，学科门类也有所增加。而且"外国教会学校，有自己的组织系统和领导机关，不受中国政府教育机关的管理。1898 年，英、美教会在鼓浪屿联合召开一个'教育研究会'。1917 年，美国归正教会派儿童教育专家卫升平到福建设立'美国归正教会教育部'，领导该会所属学校。教会学校的课本也是自己编印或由外国运来的，并有自己的视察、检测等制度"。[②] 闽南具有代表性的教会学校有：[③]

厦门福民小学——1844 年英国传教士施敦力夫妇在鼓浪屿创办伦敦教会时，就办起福音小学，1909 年与民立小学合并为福民小学。

---

① 《八闽纵横》，第二集，第 102 页，福建日报资料室，1981。
② 同上书，第 101 页。
③ 林金水、谢必震：《福建对外文化交流史》，第 421～422 页，福建教育出版社，1997。

厦门寻源中学——1881 年英国长老会与美归正教会在鼓浪屿合办的一所中学。1900 年美国归正教会在东山仔顶创办寻源书院。1907 年又将先前合办的中学及伦敦教会办的澄碧中学并入寻源书院,三会共管,是为寻源中学。

厦门毓德女子小学和中学——美国归正教会于 1847 年在厦门创办的第一个小学程度的女学堂。校长是打马字·马利亚,人称"二姑娘"。1880 年迁至鼓浪屿田尾,当时叫田尾女学堂,由小学发展到中学,后改名为"毓德"。

泉州培元中学——1902 年由英国长老会创办,校址设在平水庙,初名养正学校,后改名为培元学校,由安礼逊任主理。1925 年设立中学。

晋江毓英中学——1891 年由中华基督教会许子玉牧师创立,初名毓英义塾,1898 年易名毓英学堂,后又称毓英学校,分设男女两部。1948 年又增办初中,改称毓英中学。

教会学校的创办一直都让西方殖民者引以为豪。应注意的是,虽然教会学校在闽南有很大的势力,但华侨兴学的举动在很大程度上冲击了教会学校,而且到民国时期,很多教会学校也是由华侨或国内的中国人资助来维持的。根据 1922～1931 年的《海关十年报告》,教会学校的发展趋势是"愈来愈多地从中国人方面获得资助,而仅保留外国教师工资一项由教会支付。同样的一个强有力的趋势是,通过中国理事会成员逐渐取代他们的外国同事的地位。这样一个吸收过程,教会学校的控制权正逐渐转入中国人手中。同 10 年前相比,中国人开办学校数量已越来越多超过外国人开办的学校"。[①] 同时,在 1932～1941 年的 10 年时

---

① 秦惠中:《近代厦门社会经济概况》,第 398 页,鹭江出版社,1990。

间里，"教会学校被置于中国人的管理之下，并且愈来愈多地依靠学费和来自中国人的捐资以维持学校费用，而较少依靠教会的资助"。① 如何看待教会学校，我们应该对其进行客观评价。诚如有的学者所说："教会学校是西方殖民统治的产物，其初衷是在中国进行奴化教育，当时在客观上却为近代福建培养了一批有用人才，推动了福建文化教育和科学技术的进步。教会学校广大师生具有强烈的爱国精神，不少人投身于反帝爱国中去，这是传教士所始料不及的。"②

除教会学校和侨办学校外，闽南也存在一些政府创办的学校和不带有宗教色彩的外资学校。关于外资学校，《八闽纵横》载："美国和日本也曾在福建创办不带宗教色彩的学校，例如厦门的同文书院、博闻书院、东亚书院和旭瀛书院等。"③ 关于政府办学，以漳州为例，"辛亥革命前，漳州属各县始兴新学，创办官立小学堂，教学内容比私塾丰富。但招生少，平民子女入学者寥寥无几"。④ 辛亥革命后，漳州的教育事业有很大进步，将成立于 1907 年的汀漳龙简易科改为汀漳龙师范初级学堂。1913 年该学堂与漳州府中学堂合并为漳州师范中学堂，后来中学与师范分开。1916 年秋，汀漳龙师范学堂划归省属，成为福建省第二师范学校（简称"二师"）。学制分为预科（一年制）和本科（四年制）两种。1920 年和 1921 年，龙溪县府为培养师资，在省立"二师"附设龙溪县甲级教员养成所，学制一年。1926 年，北伐

---

① 秦惠中：《近代厦门社会经济概况》，第 423 页，鹭江出版社，1990。

② 汪征鲁：《福建史纲》，第 212 页，福建人民出版社，2003。

③ 《八闽纵横》，第二集，第 101 页，福建日报资料室，1981。

④ 陈再成主编：《漳州简史》，第 121 页，漳州建州 1300 周年纪念活动筹委会编印，1986。

军入漳，福建省成立教育改造委员会。漳州"二师"于翌年 2 月改为省立第三高级中学（简称"三高中"）。1929 年，该学校改称省立龙溪高级中学，仍开办师范科。1930 年 10 月，与省立龙溪初级中学合并为省立龙溪中学。除了设立中学外，还开设幼稚师范科和创办女子学校。1932 年秋，十九路军驻漳州后，当局增办幼稚师范科。这是漳州公立学校培养幼儿师资的创举。1921 年，女子师范讲习所在市区打锡巷创办后，改称芗江女子师范学校。同时在市区马坪街后河仔创办龙溪女子师范讲习所，但一年后就停办了。1930 年，在市区大马路果园重建县立芗江女子师范校舍。同时漳州当局比较重视学校师资力量的培训。从 1946 年至 1948 年，漳州地方当局为培训云、浦、诏等县的小学师资，在漳浦县开设漳浦师范分校，招收普通师范科学生。[①]

　　民国以来，无论是侨办学校还是教会学校，其教学方法、教学理念以及教育对象较之中国传统教育都有了明显进步，它采用西方现代的教学法，进一步完善考试选拔制度，促进了中国教育事业的发展。值得注意的是，自民国以来，女子教育越来越受到普遍的关注和重视。事实上，民国以前，厦门就有女子学校，1906 年 4 月 24 日，厦门女子师范学校设立于鼓浪屿。它依靠私人捐款、学费和捐赠基金的利息来维持学校的正常运转。[②] 民国以来，从 1912 年到 1921 年，"十年来教育进步中最显著的特点是女性教育的发展。女子学校及其注册学生数量都增长了百分之

　　①　陈再成主编：《漳州简史》，第 121～123 页，漳州建州 1300 周年纪念活动筹委会编印，1986。

　　②　秦惠中：《近代厦门社会经济概况》，第 353 页，鹭江出版社，1990。

几百。这表明，中国人已认识到让他们的女儿接受教育的必要性"。① 从 1932 年至 1941 年的《海关十年报告》可以看出女子教育事业有了进一步的发展，"女子教育在上一个 10 年已有了一个好开端，现在更是大踏步前进。女生和男生的比例，在小学是 2∶5，在初中是 1∶3，在高中是 1∶7"。②

从民国初年到抗日战争爆发前，闽南的教育事业得到了长足发展，并取得了令人瞩目的成就。抗日战争爆发后，厦门沦陷，在日本占领期间，厦门的教育事业惨遭破坏，"仅存小学 16 所，幼稚园 2 所，中学 4 所，学生数从 2 万骤降为 7600 多人"。③ 当厦门落入日本人之手时，所有仍留在厦门的学校关闭，其中部分学校由（日伪）新政权重新开办。由于大批人口撤退到鼓浪屿，当地的教育兴旺发达到前所未有的程度。所有的学校和幼儿园拥挤不堪。由于和政府失去联系，学校又恢复注册前的状态，并一度大多作为教会学校归外国人经营。1941 年 12 月太平洋战争爆发后，鼓浪屿的所有学校都关闭了。④ 值得注意的是，抗日战争爆发之时，厦门很多学校采取了相应的举措，仍坚持办学，"厦门大学迁到长汀。其他学校也同样迁移。一些迁到鼓浪屿，另一些迁到漳州和海澄。甚至距离厦门 18 海里远的集美学校也迁往内地。男中和女中迁往安溪，并且合为一所学校。水产学校、农校和商校也同样合并，称为集美职业学校。该校园现在大田。小学迁往同安。师范学校则关闭。据报告，所有这些学校在内地都

① 秦惠中：《近代厦门社会经济概况》，第 379 页，鹭江出版社，1990。
② 同上书，第 423 页。
③ 《八闽纵横》，第二集，第 98 页，福建日报资料室，1981。
④ 同①，第 424～425 页。

仍办得很好"。① 可见，尽管厦门的教育事业在此时遭到破坏，但从另一方面看，迁到闽西或闽南其他地方的厦门原有的学校，却促进了当地教育事业的发展。抗日战争胜利后，根据教育部关于教育复员的部署，福建省内迁的学校陆续回迁，教育处于相对稳定状态。不久，内战爆发，货币贬值，民不聊生，教育经费骤减，教师生活没有保障，学校陷入困境，福建教育从相对稳定走向衰落。② 一直到新中国成立后，包括闽南在内的整个福建的教育事业才渐渐步入正轨，继续发展。

二、出版事业

民国时期，闽南的出版事业有了较大的发展，以厦门的报刊业为例，1911 年底，厦门仅有两家报纸，即《全闽新日报》和《南声日报》，每日发行量为 2800 份。到 1921 年，厦门发行的报纸有《声应报》、《超然日报》、《民钟日报》、《江声报》、《厦声报》、《思明日报》和《商报》，其中有 5 家报纸日发行量达 5600份。1931 年底，厦门有 7 种日报，6 种周刊，其中 3 种附有插图。抗战爆发前，厦门本地刊行的报纸主要有《江声日报》、《华侨日报》、《星光日报》、《厦门大报》和日本人办的《全闽新日报》。厦门沦陷后，仅剩有两种报纸，即《全闽新日报》和《华南新日报》。③

同时，近代以来闽南是西方列强侵略福建的通道之一，所以在列强势力入侵的同时，他们的意识形态也纷至沓来，包括上面

---

① 秦惠中：《近代厦门社会经济概况》，第 424 页，鹭江出版社，1990。

② 汪征鲁：《福建史纲》，第 212 页，福建人民出版社，2003。

③ 同①，第 384、385、400、426 页。

介绍的教会学校的建立和即将介绍的教会出版物。现在将近代以来闽南的教会报刊列表如下：

闽南教会报刊一览表①

报 刊 名 称	编 者 或 刊 址	创办时间
《教育通讯》	厦门鼓浪屿闽南美国公理会	
《教育世界》	厦门鼓浪屿	
《培元》	泉州培元学校	
《道南日报》	厦门鼓浪屿龙头街 177 号	
《指南针》	厦门鼓浪屿厦语社	
《道南报》	李汉青（厦门鼓浪屿福民学校）	1913 年
《何时》	罗励仁（厦门泉州培元中学）	
《日光报》	集美私立集美学校	
《培元》	许志祺（晋江培元中学）	
《崇道报》	林启仁（永春五里街尾）	1923 年
《福闽声》	鼓浪屿福民学校	
《石生杂志》	厦门鼓浪屿笔架山	1929 年
《救国》	闽南基督徒救国会（厦门中山路大走马路口）	1933 年
《金声》	闽南金井中华基督教会	
《毓德校刊》	厦门私立毓德女子中学校	
《厦门青年》	厦门小走马路青年会	
《惠音》	福建惠安县基督教惠音报社	
《闽南圣会报》	厦门鼓浪屿洋慕口闽南圣教书局	

以上表格中所列举的教会报刊可以分为 3 种类型：一为纯教

---

① 本表参照"福建教会报刊一览表"，转引自林金水、谢必震：《福建对外文化交流史》，第 442～443 页，福建教育出版社，1997。

会事务的刊物，多数是教会的会刊，如厦门圣教书局出版的《闽南圣会报》。二为教会学校的刊物，如毓德女子中学创办的《毓德校刊》，这类刊物主要内容是教会教育、学校教务、学术动态。三为综合类，无论是教内还是教外都适宜，如厦门基督教青年会印行的《厦门青年》，主要反映了青年人活动的特点，诸如滑冰、划艇、钢琴演奏、篮球比赛等。① 教会报刊的目的是传教，进行文化侵略，但不管怎样，在客观上它促进了闽南对外文化交流。一方面它向闽南人民介绍外部的世界，另一方面帮助外国人了解闽南社会以及让外国人认识具有福建特色的乡土文化。

此外通过新文化运动和五四运动，马克思主义学说传入中国，它给中国社会注入了新的生机和活力，它也迅速传到福建，进入闽南，但是"除了少数例外，厦门的学校相对较少受到共产主义理论的影响。仅仅在一两所学校里，这种影响取得了明显进展。在本省的西部和南部来自邻省红色地区的共产主义思想通过各种渠道四处传播"。② 在闽南的漳州，新文化思想、马克思主义学说和共产主义理论被广泛传播，出现了很多传播新文化和马克思主义学说的刊物。（见本章第一节"闽南的政治概况"之"新民主主义革命时期的闽南"）

三、医疗卫生

新中国成立以前，福建交通不便，瘴气弥漫，疾病很多，医疗卫生条件很差。闽南地处福建沿海，是福建的富庶地区，尽管

---

① 林金水、谢必震：《福建对外文化交流史》，第 440～441 页，福建教育出版社，1997。

② 秦惠中：《近代厦门社会经济概况》，第 400 页，鹭江出版社，1990。

如此，医疗卫生条件也很落后，据 1912～1921 年的 10 年《海关报告》载："关于厦门卫生环境，港口卫生官员报告说：'卫生状况难已知晓，人民生活的一般环境，从公众健康观点来看，是很可悲的'。"① 地方流行病猖獗，据《八闽纵横》记载，鼠疫从 1844 年由香港传入厦门、海澄后，沿内河交通向全省蔓延，严重威胁着人民健康。1937 年，闽南发生鼠疫，在短时间内，死者达 2000 余人。②

民国时期，厦门相继成立了很多医院。有公共医院和私人医院，1912 年至 1921 年的《海关十年报告》载："1918 年，中日合办的厦门博爱医院开张，有 4 名日本医生、4 名中国助手和 8 名护士。总院设在鼓浪屿，在厦门设立分院。1918 年，回春庐医院开办，有 4 名中国医生，采用中药和中医疗法，该医院的财政支持来自捐款及对享受免费治疗的移民们每人收费 10 分。宏仁医院建于 1917 年……由本地陆军司令部主办，是陆军医院的附属医院。……有 15 名在国外受过训练的中国医生开设了独自行医的私人医院，济世医院馆的楼房在 1917 年的台风袭击中倒塌，医院也随之在创办的 75 年之后关闭了。"③ 除了公共医院和私人医院，民国时期，闽南存在相当数量的教会医院，这些教会医院大多是在 1840 年鸦片战争之后兴建的，仅仅在厦门，"除了鼓浪屿的救世医院，外国教会在厦门地区还保留有 11 家医院。所有这些教会医院都属英国和美国主办"。④ 这一时期，从就诊人数的增加和范围扩大可反映教会医疗事业的发展，从医院的设

---

① 秦惠中：《近代厦门社会经济概况》，第 379 页，鹭江出版社，1990。

② 《八闽纵横》，第二集，第 117 页，福建日报资料室，1981。

③ 同①，第 380 页。

④ 同上。

备、研究、经验、训练等方面，也可明显地看到它长足的发展。就教会医院的医生素质而言，各医院注重从著名医学院聘用毕业之医师，据记载，1934 年厦门鼓浪屿救世医院之所有医生，皆为医学院毕业。①

闽南教会医院一览表②

医院名称		所属教会	所在地
永春医院		美以美会	永春五里街
惠世医院	Chuanchow General hospital	中华基督教会	泉州
救世医院	Hope and Wilhelmina	中华基督教会	厦门鼓浪屿
仁世医院	General Hospital	中华基督教会	惠安
协和医院	Union Hospital	中华基督教会	漳州道口
救世医院		中华基督教会	平和小溪
源梁医院		中华基督教会	漳浦
同安医院	Blanvel Memorial Hospital		同安
惠德医院	Hwai The Hospital		德化
赤十字医院			安溪
加明医院			德化
同仁医院			南安山头
敦寿医院			南安千金庙
汉忠医院			南安

此外，教会还在一些教会医院附设护士学校，如泉州有惠世

---

①　林金水、谢必震：《福建对外文化交流史》，第 448 页，福建教育出版社，1997。

②　林金水、谢必震：《福建对外文化交流史》，第 449～450 页，福建教育出版社，1997。书中根据《中华基督教会年鉴》、《中国教会年鉴》(China Mission Year Book)、《传教士指南》(Direction of Protestant Missionaries) 等有关资料将近代以来福建的教会医院都加以列表说明。本文根据此表将闽南教会医院的信息析出，特此说明。

护士职业学校，龙溪有仁恕护士职业学校。福建近代的大部分西医人才都出自教会医院和学校。如郁约翰在闽南地区施医传教时期，曾培养了一些中国医生，如陈天恩、陈启裕、黄大辟、黄宜甫等。[①]

总之，施医传教为外国教会在闽南的势力发展开辟了道路。诚如有的学者所说："教会行医传教是教会事业不可分割的一部分。显而易见，教会在华发展医疗事业，是从属于传教这一目的的。当然，由于早期传教士进入福建等地传教，尤其进入内地山区后，因水土不服，气候环境及生活条件艰苦的影响，使得许多传教士染上疾病，或返回，或病死。因此，保障传教士自身健康以利于传教，也是教会创办医院、派遣传教医师的又一个原因。正因为教会医院是从属于传教这一目的的，所以许多教会医院设有宗教部，在医治病人的同时进行传教活动。"[②] 但必须承认，传教医生在客观上把西方近代先进的医学技术引入闽南，促进了闽南近代医疗卫生事业的发展。尤其值得注意的是，它为闽南乃至整个福建省造就了一大批的西医、护士人才。新中国成立后，这些教会培养出来的西医、护士，摆脱教会的束缚，直接投入到福建的社会主义建设之中，为闽南乃至福建的医疗事业做出了新的贡献。

除以上所介绍的医院外，闽南还存在华侨创办的医院，在厦门，华侨创办的医院有中山医院、鼓浪屿医院和同安同民医院。中山医院是林文庆、黄奕住等联络地方绅商于1928年发起创办的。厦门沦陷期间，中山医院被占为"日本海军医院"。抗战胜

---

① 林金水、谢必震：《福建对外文化交流史》，第451页，福建教育出版社，1997。

② 同上书，第448页。

利后菲律宾华侨捐资复办。鼓浪屿医院是 1931 年由华侨和地方人士共同发起创办并由华侨捐款襄助经费。1935 年改名为"鼓浪屿平民医院",为贫穷患者提供免费医疗和住院。1948 年复名鼓浪屿医院。1945 年,在陈嘉庚倡议下,新加坡的同安籍华侨成立以陈文确、孙炳炎等人组成的"筹建同安同民医院董事会",发起捐款创办了同民医院。1947 年 8 月医院竣工开诊。①

第四节　宗教·戏剧艺术·工艺美术

一、宗教信仰

(一) 民间信仰

民间信仰是相对于宗教而言的各种信仰的统称,它与宗教有相同的基本特征,既有信仰某种超自然的力量的内在特征,又有教义、教规、教仪、教阶制度、宗教组织等外在特征,所不同的是民间信仰不为统治阶级所承认,只能在民间流行。民国时期闽南民间信仰的代表是三一教。三一教是福建土生土长的民间信仰,创始人为明代莆田人林兆恩。教义是以三教合一,宗孔归儒为其基本特征,主张以儒家的纲常人伦为立本,以道教修身养性为入门,以佛教虚空本体为极则,以世间法和出世间法一体化为立身处世的准则。三一教还有一套以道家内丹法为基本内容,融合儒、佛修身法而成的独特的修身养性方法,它由 9 个逐渐深化的步骤构成,称"九序心法",具有一定的治病健身的功效,对群众很有吸引力。林兆恩所创立的三一教,最初是带有民间信仰

---

① 中共厦门市委宣传部:《新中国五十年的厦门》,第 22 页,鹭江出版社,1999。

色彩的一般结社，嘉靖四十五年（1566 年）后逐渐演变成民间信仰。信徒成千上万，遍及大江南北。特别是在福建影响最大，有清一代曾两度被官府禁止，从兴盛走向衰落，并演化成秘密民间信仰。清末至民国时期再度兴起，至今在莆田、惠安等地拥有 1000 多座教堂和众多的信仰者，在我国的台湾省和东南亚一些国家中也有一定影响。[①]

福建的民间信仰历史悠久，源远流长。从蛮荒的原始社会到文明的近现代社会，民间信仰时刻都在影响着人们的生活。福建各地民间信仰和神灵崇拜内涵大致有祖先和鬼神信仰、佛道神灵和民间其他俗神信仰以及各种自然神灵崇拜等。现将闽南的民间信仰介绍如下：

1. 文昌帝君。

文昌帝君又称文曲星，是民间传说中主宰功名、禄位之神，旧时读书人多崇祀之。福建各地亦普遍奉祀文昌帝君，中秋节要举行祭祀魁星活动。旧时福建大多数州县都建有魁星楼或文昌阁之类的建筑，如泉州等地的魁星楼、魁星阁为数众多。民国时期，文昌帝君奉祀现象在民间还有存在，近则少见。[②]

2. 土地。

土地神是由中国古代的社神演变过来的，明清至近现代在我国各地民间广受崇祀。后来，土地神的管辖权不断缩小，仅为管理某一境铺或乡村的小神。各地的土地庙都很小，庙中在供奉土地爷的同时，也供奉土地奶奶。福建民间俗称"土地公"、"土地婆"。尽管土地神是小神，但各地对其供奉有加，不敢有所怠慢。

---

① 汪征鲁：《福建史纲》，第 281～282 页，福建人民出版社，2003。
② 林蔚文：《福建民俗》，第 296 页，甘肃人民出版社，2003。

闽南的民间俗语说：“得罪了土地公，连鸡鸭都养不活。”①

3. 泗洲佛。

泗洲佛又称泗洲文佛、泗洲大圣、僧伽，是唐代僧人。古代民间传说他帮助民众治病和消除灾祸，因此受到人们的崇拜。明清以至近代，各地民间供奉泗洲文佛的庙、庵、亭、堂等场所为数不少。闽南民间传说泗洲佛具有撮合人间姻缘的神性，因此很受世俗欢迎。泉州洛江的双合村、三合村和坑内村等乡村迄今仍有供奉泗洲佛的寺庙，表明泗洲佛的民间崇拜一直都未间断。②

4. 瘟神。

由于古代卫生条件落后，民间经常爆发瘟疫，威胁人畜生存，人们往往谈瘟色变。福建民间瘟神崇拜的习俗由来已久。关于瘟神，福州及闽中等地的人称之为“瘟神”或“五帝”，闽南等地的人则称之为“王爷”。闽南民间所供奉的“王爷”甚多，每个“王爷”都冠以姓氏，有赵、康、温、马、萧、朱、李、池、范、姚、玉、周等数十姓，庙宇遍布沿海各地。供奉三尊王爷的称为“三王府”，供奉四尊的称“四王府”，供奉五尊的称“五王府”。其中以泉州南门富美宫最有名，该庙主祀萧望之萧王爷，同时配祀数十尊其他王爷，香火兴盛。近代前后，各地民间祭祀瘟神的活动礼仪复杂，其中有扎瘟船，厦门一带的瘟船是木制的，称为“王爷船”。此俗在民国时期仍盛行，每三年举行一次，祭奠极隆重，称之为“王醮”。民国时期，泉州富美宫附近还有一专门制造王爷船的工场。祭奠就在晋江边举行，有些王爷船漂至台湾海岸，当地居民辄立庙祭祀，故台湾王爷崇拜多源于闽南。1949 年后，医疗卫生条件有了明显改善，各地的瘟神崇

---

① 林蔚文：《福建民俗》，第 297 页，甘肃人民出版社，2003。
② 同上书，第 297～298 页。

拜渐渐淡化。①

5. 天后妈祖。

妈祖崇拜是闽南最具代表性的民间信仰。妈祖原名林默娘
(960～987 年)，莆田县湄洲屿人。传说妈祖生前聪明、勇敢、
善良，有预知气象变化、驱邪治病和泅水航海的本领，常在惊涛
骇浪中救助遇难船舶，故被后人敬奉为海神。闽南各地都建有天
后宫庙，以沿海地区居多。

宋元时期是我国航海事业较为发达的时期，许多福建海商便
将海神妈祖信仰带到各地，并建妈祖庙进行奉祀。如山东庙岛妈
祖庙，是宣和四年福建海商所建；宁波灵兹宫，绍熙二年福建船
长沈询建；宁波甬东天妃宫，肇建于宋，亦为闽人所为。在广
东，有南海天妃庙、波罗天妃宫等。在江苏，自吴县至刘家港之
间，有大庙宇 23 座，首屈一指的是吴县（今苏州）的天妃宫。

6. 保生大帝。

保生大帝又名吴真人、吴真君、大道公等，他原名吴夲
(979～1036 年)，同安县人。少时父母亡故，后立志学医，寻求
方药，慈济苍生。17 岁就精通医术，此后经历数十年的行医生
涯，其医术精湛，医德高尚，广为民间赞誉。在一次采药时不幸
坠崖而亡，民间为之立庙祭祀。保生大帝的祖庙现存今漳州龙海
市角美的白礁慈济宫（西宫）和厦门海沧青礁慈济宫二处。宋代
以后，保生大帝的影响日渐增大，其崇祀的范围扩大到两广、台
湾以及东南亚等地。每逢岁时节庆，各地都要举行各种祭祀典礼
活动，沿途锣鼓喧天，舞龙演戏，热闹非凡。民国《同安县志》
卷二二载："迎神，各祠庙皆有，而以保生大帝为最。祀大帝者，
往白礁进香，归则盛设仪仗、彩旗、銮舆及马匹扮演故事。鼓乐

---

① 林蔚文：《福建民俗》，第 299～301 页，甘肃人民出版社，2003。

喧天，绕城乡各保外，皆须妆故事会迎，名曰迎香。"保生大帝信仰历千载而不衰，至今仍是闽南和台湾等地民间崇拜的主要神祇之一，其主要原因就是广大民间百姓对他的精湛医术和救死扶伤的高尚医德极为崇拜敬仰。所以明清以来，闽南等地对其崇拜的烟火一直经久不衰。①

7. 广泽尊王。

广泽尊王又称为圣王公、郭圣王、郭尊王等，原名郭忠福，安溪县人，生于后唐同光元年（923 年），是民间神化了的孝道传说人物。相传其为牧童，家贫而至孝父母。父亡后，随母亲迁居南安十三都之龙山。后晋天福三年（938 年）的一天，他牵牛携酒登绝顶，垂足蜕化在古藤上。酒尽于器，牛存其骨，时年 16 岁。里人异其神而感念其德，遂在郭山下立庙祀之，称郭山庙或凤山寺，此后其神屡屡显灵。其在南安等地影响很大，被当地民间视为保护神。明清前后，仅南安县就有数十座广泽尊王庙，泉州的河市、江南镇等乡间至今还有多座广泽尊王庙，漳州、厦门等地也有不少广泽尊王庙。每逢诞忌日，远近男女纷纷到凤山寺祖庙进香。民国《同安县志》卷二二载：祀广泽尊王者，往南安凤山寺请火。明清以来，广泽尊王的信仰流传到台湾及东南亚等地，海内外崇祀者至今仍有很多。②

8. 萧王爷。

明正德年间，富美渡头创建了富美宫，供奉萧望之。此后，香火极盛，并且每年都要举行多次祭祀活动。这些活动，牵涉面很大，除泉州府所辖地方外，漳州、龙岩等地也有许多人赶来参加。该宫主要的祭祀活动有三：一是送王爷船，意在消灾解厄，保境安民；二是放生公羊；三是向神借钱。萧太傅的崇拜不仅在

---

① 林蔚文：《福建民俗》，第 311～312 页，甘肃人民出版社，2003。
② 同上书，第 312～313 页。

当地盛行，还传播到港、澳、台，乃至菲律宾、新加坡、印尼、马来西亚等地。仅台湾省的云林县、新竹县、嘉义县、彰化县、苗栗县等地，就有从泉州富美分灵出去的神宫共数十座。光绪二十五年（1899 年），云林县的萧王爷出巡，历时长达一个多月，可见影响之大，这也反映了泉州道教民俗对台湾的影响。

此外，闽南各地民间还有开漳圣王、三平祖师、清水祖师、灵安尊王、田都元帅、裴仙公、杨六郎、七娘妈（或称"檐口妈"）、奇仕妈（临水夫人）等民间神祇崇拜。应该注意的是，包括闽南在内的人们对各种神灵的崇拜其共同的目的是为了消灾祈福。民间信仰所宣扬的积善积德，安分守己，和睦相处，和气生财，不要以势欺人等等，这些信仰有利于社会稳定，在维系社会秩序方面会发挥很大作用。特别是在政治腐败的旧社会，有些涉及面广的群众性活动，政府无能为力，而民间信仰却能一呼百应，起到组织作用。如 1943 年，泉州鼠疫大发，遍及郊区邻县，许多百姓因鼠疫而死亡，全城陷于一片恐怖之中。当时政府无能为力，任由瘟疫蔓延。后来，泉州通淮关帝庙出面，要求城内外民众斋戒沐浴，全市大扫卫生，清除沟泥，洗厕所，除障碍。巡狩时千家万户摆设香案，熏烧贡木、檀香，巡狩后，果真疫情大减，泉州通淮关帝庙在制止瘟疫的蔓延上起到很好的组织作用。[①]

（二）宗教

1. 佛教。

佛教产生于公元前 6 世纪至前 5 世纪的古印度，学界一般认为，佛教传入中国的时间是在西汉末东汉初，而传到福建的时间

---

① 陈支平、詹石窗：《透视中国东南：文化经济的整合研究》，第910 页，厦门大学出版社，2003。

是在三国时期东吴经略闽中之时，比印度佛教传入中原要晚约200年。福建最早的佛教寺院创建于西晋太康三年（282年）福州城北的绍因寺，此后，又相继建造了5座佛教寺院，他们分别是：南安县的延福寺、上杭县的天王寺、瓯宁县的开元寺、建阳县的灵耀寺、建阳县的水陆寺。数量虽不多，但分布在闽北、闽中、闽西、闽南，说明佛教的影响已经遍及全省。从魏晋南北朝开始，包括闽南在内福建的佛教事业发展迅速，佛教寺院在全省各地星罗棋布。近代以来，特别是鸦片战争之后，张之洞提出"寺产兴学"的救国主张得到社会的广泛赞同，很多寺院被改为学堂，佛教陷入危机，福建佛教也不例外。民国初年，革新佛教、复兴佛教的运动有所起色，并席卷福建佛教界。太虚法师在20世纪20年代末，主持厦门南普陀寺并担任闽南佛学院院长，虚云、弘一、常惺、太醒、圆瑛等名僧出任福建丛林名刹住持，组织佛教社团、创办刊物、兴办佛教教育、出版佛学报刊和刻印经书、兴办慈善教育、推行寺院制度改革等等，使闽南成为中国佛教复兴思潮的策源地之一。[①] 虚云等全国知名高僧先后入闽，曾住持过福州涌泉寺、厦门南普陀寺、泉州开元寺、漳州南山寺等丛林名刹，并与福建名僧古月、泉水、会泉、转蓬等组织"中国佛教会福建分会"和市县支会，还在福州、厦门等地出版《佛音月刊》、《人间觉》、《佛教论坛》等佛教刊物，宣传佛教和佛学经义。近代东南亚各国不少佛寺是由福建僧侣传法兴建的，菲律宾的信愿寺为闽南僧人建造。[②]

2. 伊斯兰教。

伊斯兰教又名清真教、天方教、回教、回回教等。关于伊斯

---

① 汪征鲁：《福建史纲》，第267～273页，福建人民出版社，2003。

② 《八闽纵横》，第二集，第135～136页，福建日报资料室，1981。

兰教传入闽南的时间，学界虽有分歧，但均认为至迟在唐朝末年伊斯兰教就已在泉州传播。宋元时期是泉州伊斯兰教发展兴盛时期。到元末，泉州伊斯兰教开始走下坡路。清代，泉州伊斯兰教虽有所复兴，一些回族后裔恢复信仰伊斯兰教，并且一度设立"经堂教育"制度，教习经文，但其影响远不如宋元时期。19世纪末和20世纪30年代，中国西北部的伊斯兰教组织曾经派教职人员到泉州弘教，创办学校，给泉州伊斯兰教带来一点生机。1939年，中国回教协会成立，各省设立分会，福建回教分会会址设在泉州，出版《正源月刊》宣扬伊斯兰教义和抗日救国的真理。①

二、戏剧艺术

福建历史上存在过和至今仍在民间流传的剧种共有30多种，约占全国的1/10。而闽南是福建的戏剧重镇，福建五大剧种中，闽南独占其三。福建五大剧种包括莆仙戏、闽剧、梨园戏、高甲戏、芗剧，除莆仙戏、闽剧流行于闽中、北部外，其余三者皆流行于闽南方言区，甚至流行于台湾和东南亚地区。此外，闽南还有木偶戏、打城戏、竹马戏等戏。民国时期，这些戏剧都有不同程度的发展变化。《福建省志》载："民国时期是福建戏剧竞争嬗变盛衰交替时期，有的剧种在大交流中壮大发展，有的则受冲击而逐渐失去阵地，有的受兼并而迅速解体。（抗日战争时期）在闽南，歌仔戏被民国政府视为'亡国之音'，遭到严禁。四平戏先是改唱潮调、汉剧，而后又吸收京剧皮黄生腔，最后还是无法生存。……至于小剧种竹马戏，漳州地区漳浦县仅有漳浦'老

---

① 汪征鲁：《福建史纲》，第278~280页，福建人民出版社，2003。

马'与'新马'两个班也于抗战期间消失。"①

（一）福建本土剧种

1. 梨园戏。

梨园戏是中国古老的剧种之一，宋元之际南戏入闽后，即与泉州地区民间歌舞伎艺、百戏、杂剧、傀儡戏等相结合，并吸收闽南的声腔音乐，经过融化，至迟在明代就已形成独特的地方戏曲声腔剧种。② 清末，由于受到高甲戏、歌仔戏和打城戏等剧种冲击，梨园戏逐渐衰落，至 19 世纪 40 年代末，梨园戏已濒临消亡。1949 年后，在政府的大力扶持下，梨园戏重获新生。③

2. 高甲戏。

高甲戏又称戈甲戏、九角戏等。其源于明代闽南民间流行的街头装扮游行表演，以姣童装扮故事中的人物角色。明末清初，姣童装扮为水浒中的英雄好汉，表演宋江故事，人称"宋江戏"，为高甲戏的前身。宋江戏主要演出武打戏。道光年间，南安岭兜村出现三合兴高甲戏班，开始突破只演武打戏的传统戏路，吸取了竹马戏、梨园戏等戏目，文武并演，题材扩大，大受欢迎。于是在清末民初终于形成了高甲戏这个剧种，并迅速流行到闽南各地。④ 《福建省志》载："20 世纪 20 至 40 年代，高甲戏发展很快，在晋江、南安、惠安、同安、安溪、永春、德化就有 400 多个戏班。"⑤

3. 木偶戏。

木偶戏，又名傀儡戏，是由演员操纵木偶表演故事的特殊剧

---

① 福建地方志委员会：《福建省志·戏曲志》，第 5～6 页，方志出版社，2000。

② 汪征鲁：《福建史纲》，第 241 页，福建人民出版社，2003。

③ 林蔚文：《福建民俗》，第 359 页，甘肃人民出版社，2003。

④ 同上。

⑤ 同①，第 33 页。

种。根据木偶形体和操纵技术的不同，可分为提线木偶、布袋木偶、幔帐木偶、铁枝木偶等。最有名的是提线木偶和布袋木偶。提线木偶大约在唐末传入泉州，俗称"嘉礼"。南宋时已在漳州等地广为流行。民国初年，仅仅在泉州城里，大小木偶戏班就多达 60 余班，艺人 300 多人。在福建，泉州提线木偶戏最为出名，主要特征之一就是头型雕刻技艺超群，形象生动，制作精美，被中外爱好者誉为"巧夺天工"。布袋木偶戏产生于明朝，木偶形体比提线木偶小，头部连在布袋上，艺人用手伸入布袋操纵木偶动作，故又称"布袋木偶戏"。在福建，该戏剧分南路、北路两大派别。南路流行于泉州地区，曲调以南调（包括傀儡调）为主，表演艺术模仿梨园戏。北派流行于漳州地区，曲调以北调（汉调、昆调、京调）为主，表演艺术模仿京剧。

4. 打城戏。

打城戏又称师公戏、法事戏等，流传于闽南泉州等地，属于宗教戏剧。旧时泉州等地的宗教法事和七月普度活动十分盛行，民间为此常请僧、道念经拜忏，超度亡人鬼魂。《福建省志》载："20 世纪二三十年代，是打城戏繁荣时期，除泉州大开元班、小开元班外，晋江成立小荣华班，南安成立小协元班，活动于闽南各地。……泉州大开元班，因超尘与圆明两位班主意见不合，圆明离班，于民国 19 年（1930 年）另组小开元班，挖走大开元班的台柱，使之走向解体。抗战期间，小开元班因演员被抓壮丁而散伙。抗战胜利后，小开元班复办。民国 36 年（1947 年）晋江青阳镇洪金水组建'赛龙漳班'，南安县洪赖镇成立打城戏业余剧社，打城戏进一步发展。"①

---

① 福建地方志委员会：《福建省志·戏曲志》，第 35 页，方志出版社，2000。

5. 竹马戏。

竹马戏是以竹马为道具表演的小戏，因此而得名。竹马戏流行于漳浦、华安以及漳州等地。这种戏早在南宋时期就已出现，主要在冬末农闲时演出，含有祈年祭庆之意，所以亦称"乞冬"。民国时期，竹马戏在闽南各地一度十分流行，仅漳浦一县就有竹马戏班 18家。竹马戏的表演形式奇特，开演正戏前，要表演一个"跑竹马"，即由四个年轻俊俏的姑娘，分扮春、夏、秋、冬角色，腰上扎骑一匹竹纸编做的马，以青翠的竹枝为马鞭，按序上场边舞边唱《四季曲》，因此民间亦称"跑四美"。一曲唱完下场，才正式开始演正戏。① 20 世纪 30 年代，由于艺人全是文盲，艺术传授只是依样画葫芦，加上受周围其他剧种如潮剧、汉剧、歌仔戏的冲击，竹马戏逐渐衰落，民国 23 年（1934 年）漳浦县只剩下"'老马'、'新马'两个班，到民国 28 年（1939 年）则完全散班"。② 1949年以后竹马戏获得新生，漳浦等地至今仍有竹马戏班演出。

6. 芗剧（歌仔戏）。

芗剧原名"歌仔戏"，由于主要流行于闽南芗江流域，1954年改称芗剧。明末清初，郑成功收复台湾时，将流行于闽南的民间剧种"锦歌"带到台湾，后来锦歌吸收了台湾当地的民间小调和其他剧种等艺术，最后发展成为一个剧种——歌仔戏。据台湾省《宜兰县志》载，在 20 世纪初期，宜兰农村有一名叫阿助的农民，以善唱山歌被称为歌仔助。起初只是他一人自拉自唱，只有歌没有戏，后来他将山歌改编成有剧情的歌词，传授给徒弟搭台演出，开始形成歌仔戏。1928 年后歌仔戏传回闽南，在厦门、

---

① 　林蔚文：《福建民俗》，第 363～364 页，甘肃人民出版社，2003。

② 　福建地方志委员会：《福建省志·戏曲志》，第 17 页，方志出版社．2000。

漳州、龙海等地开始流行。抗战期间，日本侵略者为扼杀台湾人民的民族意识，开始推行"皇民化"政策，千方百计控制歌仔戏班，毒化戏剧内容，并强迫演员穿日本和服演出，不从即遭禁止，从而迫使歌仔戏演员纷纷转业，歌仔戏濒于绝境。但是，艺人们为了维护剧种的生存，把作为歌仔戏的主要标志的"台湾调"进行改造，柔和其他民歌曲调，创造了一种新的唱腔，叫"改良调"。这时歌仔戏，也称为"改良戏"。抗战胜利后，台湾回归了祖国，"台湾调"又重新出现。芗剧代表人物有李少楼和陈玛玲。李少楼 1914 年出生于台北，13 岁开始学戏，1947 年底，李少楼随台湾歌仔戏班来闽南的厦门、漳州、泉州一带演出，一直留居到新中国成立后，并把台湾带来的歌仔戏班与漳州新春戏班合并，成立了漳州芗剧团。陈玛玲，13 岁参加了台湾省台北复兴社剧团，开始学艺。1948 年，她和母亲参加当时到台湾演戏的厦门"艺光"歌仔剧团，从台湾来到厦门、漳州一带演出一直留居到新中国成立后。二人为芗剧事业的发展做出了巨大贡献。① 芗剧的形成是福建与台湾两岸人民艺术劳动的结晶，在闽台关系史上有重要的意义。诚如有的学者所说："在闽台关系史上，最能代表共同的乡音乡曲莫过于芗剧。台湾歌仔戏和芗剧可以说一脉相承，血肉相连，其孕育发展过程，无不包含两岸人民的悲欢离合和血肉深情。其所共有的音乐唱腔如'大哭调'、'宜兰哭'、'卖药哭'等，以及那大量低沉悲切的杂念调与民歌小调，无不表现了长期迁徙与思乡念祖的深切情思以及台湾长期沦为荷、日殖民地的血泪诉说。这种深刻时代烙印的文化现象，是中国其他地方剧种所没有的。"②

---

① 《八闽纵横》，第二集，第81～83页，福建日报资料室，1980。
② 林蔚文：《福建民俗》，第361页，甘肃人民出版社，2003。

（二）其他剧种

除了以上本土的剧种以外，民国时期闽南也有外来的剧种，如潮剧、四平戏、京剧、昆曲等，它们在闽南戏剧发展史上占有重要地位，以下逐一介绍。

1. 潮剧

潮剧因形成于广东潮州地区而得名，俗称潮调、潮音戏，明末已在闽南的诏安、云霄、平和、东山、漳浦广为流传，与梨园戏关系密切。……从清末到 20 世纪二三十年代，是潮剧的发展时期。据《云霄县志》卷四载："按本邑今潮音剧盛行，查此剧喜演乡曲，流传鄙俚不堪之小说，以迎合妇孺，每一唱演，则通宵达旦，举国若狂"，且"每岁一街社最少演出数十台，所费用不赀"。抗战时期，潮剧处于衰落阶段，原先云霄县 30 多个班社，到此时只剩下 3 个。①

2. 四平戏

四平戏古称"四平腔"，系明嘉靖年间（1522～1566 年）由江西弋阳传入安徽一带后形成。明末，经江西三路传入福建，其中一路传入闽南漳属广大地区。清末民初是闽南四平戏最繁荣时期，漳属每县都有四平戏专业班社。在漳州龙溪有凤仪表班、万盛班、玉凤班、永春班等。在南靖、平和有永丰班、荣华班、新福班、彩霞班、金麟凤班、麟凤班等。在云霄、诏安有万利班、庄东堂班、全发班等。20 世纪 20 年代，因芗剧崛起，潮剧盛行，闽南四平戏走向衰落。②

---

① 福建地方志委员会：《福建省志·戏曲志》，第 18 页，方志出版社，2000。

② 同上书，第 22～23 页。

3. 昆曲

昆曲又称昆剧、昆腔、昆山腔，形成于江苏昆山县。明万历年间（1573～1619 年）前传入福建……民国 10 年（1921 年）东山县昆曲爱好者林彭川在上海经商时，购得一套《六月曲谱》，回东山后，创办"东山国乐研究会"与"昆曲传习所"等组织，东山县又成立"洞天和昆曲馆"，人数达 70 多人，至抗战爆发前夕，东山县昆曲达到全盛时期，抗日战争期间，东山昆曲组织随之解散。①

4. 京剧

京剧，或称京戏，曾称平剧（北京改称北平期间），它是由清中叶徽调（又称徽班）与汉调结合，并吸收昆曲、秦腔等艺术而形成，徽调是其主要成分。清道光（1821～1850 年）之后，徽班开始传入闽南龙海县，从 20 世纪 30 年代至 50 年代，京剧在闽南地区相当盛行。当时厦门出现"国乐研究社"、"通俗教育社京剧部"、"落海工会京剧部"等组织。仅漳州、厦门两地就有"联凤"、"联华"、"天仙"、"天声"、"沪联"、"沪声"等固定剧团，其中不少演员来自上海、浙江。"天声"剧团在漳州的时间最长，1955 年后改为龙溪京剧团。泉州 30 年代组织业余性质的京剧团体，其中以"籁如票房"最为有名。抗日战争胜利后，晋江石狮镇成立三余京剧社，此外还有"大上海"、"金连升"、"天连升"、"福乐升"等京剧社在晋江地区活动。民国 36 年（1947 年）菲律宾归侨龚君等在泉州花巷发起组织"国风平剧社"，演出《乌龙院》、《翠屏山》、《打严嵩》、《辕门斩子》等大戏。②

---

① 福建地方志委员会：《福建省志·戏曲志》，第 19～21 页，方志出版社，2000。

② 同上书，第 35～37 页。

三、工艺美术

福建省是全国工艺美术的重点产区,有着悠久的历史传统和精湛的技艺,产品丰富多彩,具有独特的民族风格和浓厚的地方色彩,它是我国灿烂的民族文化艺术遗产的重要组成部分,在国内外具有较高的声誉。闽南是福建工艺美术行业最重要的集中地,清末民国时期,闽南的工艺美术继续蓬勃发展。

1. 德化陶瓷。

德化窑系列产业,不仅在日常生活用瓷方面继续扩大生产规模,发展新品种,而且在艺术瓷塑方面时有创新:产品形象空前多样化,即能烧制中国传统题材的神话、宗教、历史人物和动物花卉,也能按照外商提供的样式,烧制西洋故事人物、肖像和日常物品。清末民初,德化瓷塑代表人物是许有义三兄弟。其作品曾在英国、日本和上海、台湾的博览会上四次荣获金奖。许有义被誉为"特等雕塑师"。当时有许有义的瓷塑是"一箱瓷塑,一箱白银"的说法,可见其价值之高。①

2. 漳州彩塑。

漳州彩塑工艺品,也称泥偶,相传起源于明代,清嘉庆年间漳州桥头开设了漳州第一家经营彩塑的"许恒盛土昂店"。彩塑原先是用泥塑出,简单上彩,大部分以鸟、鸡、狗、狮、鱼、蛙等动物为主,以后为适应销路的扩大,便于大量生产,用泥、木模压印坯,并加热烧制坯胎。清末民初,漳州著名的民间艺人有陈世明、柯海。陈世明是福州人,后迁入漳州,以制作泥偶为生,店称"巧自然",他的作品受福州泥塑技巧精细影响,大有异于漳州粗犷的传统,他善于塑造戏剧人物,身材线条,婀娜多

---

① 《八闽纵横》,第一集,第 257 页,福建日报资料室,1980。

姿，作品精工细致，衣纹简练概括。柯海善于塑造武打人物，手法简练，粗犷有力，上彩大胆，线条流畅。他的作品《吕布》、《姜子牙》、《申公豹》、《刘海戏蟾》、《八仙》等，深受人们好评。①

3. 永春漆篮。

永春县的漆篮是深受群众喜爱的家庭实用工艺品。闽南一带及海外华侨办嫁妆，很多人要用漆篮。漆篮原产地是永春县龙水乡。民国初年，龙水乡漆篮艺人郭仁金，为了便于销售产品，开始在永春县开设漆篮店，以后龙水乡人陆续在泉州、厦门等地进行漆篮生产，因此产品称为"永春漆篮"或称"龙水漆篮"。漆篮的制作过程需要 50 多个工序，两个来月的时间才能完成一件产品。品种分为格篮、扁篮、果盒、漆盘、提篮等六七十种。由于篮坯编制精细，层层衔接紧密，涂髹灰地生漆十分坚牢，经久不腐，甚至菜汤溢出也不会渗到下层。一件漆篮可用几十年。永春漆篮在昌盛时共有 13 家生产。新中国成立前夕，只剩 4 家。②

4. 漳州"缎凸绣幛"。

1935 年前后，漳州地区的乡间开始出现一种有趣的丝织工艺品：在婚嫁、寿辰的喜庆场合，经常悬挂着一种纹案华丽、织缀讲究的"浮雕式"丝缎绣幛。它的做法是先将主要纹样的橘红色的衬底面料上绘出轮廓，用棉花填实其中，外蒙讲究的丝锦缎面，边沿用丝线缝好，再在突凸状纹案上或绣或绘，一来进一步装饰面纹，二来掩饰缀边针角。有人称之为"缎凸画"，其实确切点说，应叫"缎凸绣幛"。这种"浮雕式"丝缎绣幛面多以民间传说、历史故事中的人事为主，如以"福禄寿星"、"和合二

① 《八闽纵横》，第一集，第 260～261 页，福建日报资料室，1980。
② 同上书，第 280～281 页。

仙"、"麻姑醉酒"、"郭子仪拜寿"等喜庆吉兆情节为内容。十几年后漳州"缎凸绣幛"形成颇具规模的产业，畅销于闽省内外。①

5. 惠安石雕。

闽南的惠安素有"石雕之乡"的美誉。石雕工匠足迹遍布全国各地，以"南匠"饮誉于国内石雕界。惠安石雕以青石、白石为材料，经种种不同工艺雕琢而成，大者在运输、安装中需用起重设备，小者可以放在掌中甚至可以浮在水面上。作品或为神话传说中的翔龙游凤、怪禽异兽，或为古典雅致的士子淑女，或为玲珑剔透的器皿用具……无不造型优美，栩栩如生，是一种具有独特风格和浓郁地方特色的工艺品。② 民国中期，惠安石雕工艺最出名的代表作首推1926年举行"奉安大典"时落成的南京中山陵主要景观：牌坊、石碑、廊柱、石屋、台阶、拱门。在福州、厦门等地设店承接青石雕刻业务的惠安专营商号中，较有名气的是福州的"蒋源成"，厦门的"蒋泉记"、"蒋泉益"等。③

6. 泉州、厦门的金银首饰加工。

泉州港作为通商的大港口已有千年历史，其在民国初年依然是侨商云集的重镇。泉州人喜爱金银首饰，此地自然成了金银首饰加工业发达的地区。泉州城乡遍布首饰店铺，一般都是前店后场。民初统计，当时全城的金银首饰店共有近80多家。先后开业的店铺中较有名气的有"庆芳"、"天德"、"瑞春"、"金和春"、"玉春楼"、"聚芳"、"金华"、"金城"、"联芳"、"金协春"、"董

宝发"、"金都"等。泉州的金银首饰店讲究信誉，都在自己出售的商品上标注店名和含金纯度。其中"庆芳"、"瑞春"等老牌号连用金都是自己店里炼的，一般含金纯度都在 99.6％以上，以确保自己的首饰品质纯正、"足金"。厦门的金银首饰加工业虽起步比泉州晚，但在民初（20 世纪 20 年代）发展较快，至解放前竟达 103 家。[①]

7. 泉州木偶头。

关于木偶头，首先应该介绍流行于闽南一带的木偶戏，其又称为"傀儡戏"，它在国内外的剧坛上享有很高的声誉。在千余年的时间里，形成了提线木偶和布袋木偶两大类。木偶戏分为两类，木偶头雕刻也分为两类：三寸左右长的提线木偶头和一寸左右长的掌中木偶头。泉州的木偶头大多是掌中木偶头。木偶头的雕刻，小巧玲珑，形象逼真，刻工精致，性格突出，面谱造型、粉彩都具有鲜明的民族特色。青年男女两颊丰腴，正派人物龙眉凤眼，保存了宋画风格。木偶头雕刻艺人较早的有黄良司、黄才司兄弟。黄氏兄弟的木偶头雕刻和粉彩技艺，名闻闽南，可惜在新中国成立之前就已失传。[②] 清末民初，由于出现了以江金榜、江加走父子和徐松年父子为杰出代表的近代木偶头造型大师，极大地提高了古老的"木偶头雕刻艺术"的艺术造型和工艺制作水准，使之从民国初期到解放后持续了半个多世纪的繁荣。[③]

8. 彩扎。

彩扎是福建省传统的工艺美术品之一。远在唐宋时代，泉州已成为我国南方的海外交通重镇，城市手工业、商业十分繁荣，

① 汪征鲁：《福建史纲》，第 265 页，福建人民出版社，2003。
② 《八闽纵横》，第一集，第 273～274 页，福建日报资料室，1980。
③ 同①，第 264 页。

庙寺林立，歌榭舞台繁多，封建迷信极盛。在迎神赛会、祈福迎祥时往往有商绅富户，雇请扎纸艺人，扎制鳌山、楼台等建筑物，还有的富贵人家，布置道场，超度亡灵，也常请彩扎名手扎制"灵厝"。在这个基础上逐渐发展起来的彩扎，至少也有上千年的历史了。民国时期，彩扎在闽南十分盛行。逢年过节都要用彩色纸扎成庙宇中的关帝爷、观音、判官之类。出殡时要扎阴宅、冥屋、纸兵、纸马来焚烧，以送死人到阴间。还有迎神赛会的彩楼、花灯和商店橱窗，活动布景之类，以及用于结婚喜房中的陈设品"花盆人仔"等等。[①]

9. 漆线雕。

福建漆工艺中还有一项很有特色的技艺，叫漆线雕。它类似"识文"，起源于明清时期的闽南一带。为佛像做表面装饰的泉州"妆佛"工匠，受中外"沥粉布线"工艺的启发，参照漆艺胎骨技法，用陶粉调入生漆、桐油、搓成细线，按纹样要求布贴成型。同安县的"妆佛"艺人又进一步改进了漆、油、灰之间的比例关系，加快了漆线干结的速度，使漆线雕技术在泉州、晋江、同安、厦门、龙海、漳州、漳浦等闽南地区逐渐流行起来，并传播到台湾、广东潮汕地区。[②] 在闽南，漆线雕是厦门历史最悠久的工艺品，早在几百年前，厦门的漆线雕佛像就驰誉中外，畅销东南亚各国。[③]

此外，民国时期还有其他工艺品，如泉州的扎花工艺，代表人物是陈德良，当时著名的扎花商号有"万盛"、"天其然"、"金

---

①　《八闽纵横》，第一集，第261～262页，福建日报资料室，1980。
②　汪征鲁：《福建史纲》，第261页，福建人民出版社，2003。
③　同①，271页。

凤"等。① 永春的纸织画高手王华亭、黄永源的作品在 1940 年福建工商展览会上获得了"优质奖"。1941 年的《福建省工商特刊》具体描述了王华亭作品的做工如何讲究、细致，称他一幅作品在当时"售国币 150 元，其织造费时十余日"。1949 年，尚有"黄芳亭"一家永春纸织画的专营店家在开业。②

---

① 汪征鲁：《福建史纲》，第 263 页，福建人民出版社，2003。
② 同上书，第 267 页。

第七章

新中国成立后的闽南

　　东海之滨，福建南部，厦门、漳州、泉州三市呈犄角之势，称闽南三角地区。全区包括三市各区和三市所辖的龙海、漳浦、东山、云霄、诏安、平和、南靖、长泰、华安、石狮、惠安、晋江、南安、安溪、永春、德化、金门等县（市），面积24989平方公里，占福建总面积的20.77％。党的十一届三中全会以后，国家实行了"对外开放，对内搞活经济"的政策。1980年国务院正式批准成立厦门经济特区，尔后又将特区范围从湖里2.5平方公里扩大到厦门全岛、鼓浪屿及邻近小岛共131平方公里；1985年，国务院进一步批准漳州、泉州为沿海经济开发区，初步形成闽南三角地区的对外开放格局；1988年1月，国务院又批准扩大闽南三角地区的开放范围，至此，整个三角地区实现了全方位对外开放。闽南三角地区积极利用党中央给予的特殊政策与灵活措施，发挥地处东南沿海与邻近港台的优越地理位置，以及侨乡特有的优势，不断加强基础设施建设，大力发展外向型经济，促进了全区社会经济的迅速发展。如今，闽南三角地区生机盎然，日新月异，被海内外称为"闽南金三角"。

第一节 厦 门

新中国成立后,厦门的各个方面取得了前所未有的发展。中共十一届三中全会以来,特别是厦门被辟为经济特区之后,其发展真可谓一日千里,如日中天。

一、农业

厦门的粮食作物以稻谷、小麦和地瓜为主,经济作物以花生、糖蔗、烤烟、黄麻、茶叶等为大宗,并有柑橘、龙眼、荔枝、凤梨、香蕉等闽南名水果。畜牧业以生猪和家禽为主。新中国成立前,厦门市的农业十分落后,耕、种、管、运、储、加工全靠手工操作,农业经常受旱、涝、台风和病虫害的威胁。1950年,全市耕地面积52.7万亩,农业总产值3707万元,平均每个农业人口产值148.48元,每个劳动力产值280.06元。改革开放以来,生产条件的改善,促进生产水平的提高,农业生产得到了长足的发展,这使厦门市的农业生产总值大幅度提高。1984年农业总产值达2.5亿元,比1950年增加5.8倍,比1978年增长18.7%。农业结构也不断趋于合理,农林牧副渔五业产值构成从1950年的64.1:0.2:24:2.6:8.3转变为54.3:0.8:18.9:15.2:10.8。[①]

20世纪90年代以来,厦门农业迅猛发展。"八五"期间厦门农业内部结构逐步趋向合理,传统的单一种植业为主的农业生产体系已被非种植业为主的农业生产体系所替代。乡镇企业蓬勃

---

① 张瑞尧、卢增荣:《福建地区经济》,第139~140页,福建人民出版社,1986。

发展，成为农村经济的支柱。① 进入新世纪，政府加大了"三农"工作的力度，厦门市坚持统筹城乡发展，创新"三农"工作机制，把过去更多关注农业生产本身，转向更多关注增加农民收入，改善农民的生活和农民社保等问题上。据厦门市农村住户抽样调查资料显示，2005 年前三季度厦门市农民人均现金收入为 5532 元，比增 510 元，增长 10.2%。其中工资性收入 2376 元，比增 558 元，增长 30.72%，家庭经营现金收入 2725 元，比增 235 元，增长 9.46%。② 2005 年全年厦门市农民人均纯收入为 6230 元，增长 10.3%，其中人均工资性收入 2974 元，增长 24.5%。人均生活消费支出 4593 元，增长 11.3%，其中食品类支出消费 1897 元，占消费支出的 41.3%。③

二、工业

新中国成立后，厦门市的工业由小到大，不断发展。1958 年兴建了杏林工业区。从此逐步建立起机械、化工、轻纺、建材、电子仪表和电力等工业部门，成为一个粗具规模的工业城市。中共十一届三中全会以来，厦门开展经济特区建设，工业生产更是持续高速发展。1985 年，厦门工业总产值 208852 万元，占闽南地区的 40.01%，占全省的 14.83%，是闽南最大的工业中心，也是福建省仅次于福州的第二大工业中心。工业门类也较为齐全，机械工业是厦门最大的工业部门。其中电子工业是最主要行业，主要电子产品有电视机、微型计算机、计算器、录放机

---

① 《闽西南区域经济合作与发展规划》工作组：《闽西南区域经济合作与发展战略研究》，第 219 页，厦门大学出版社，1996。

② 毛涤生：《厦门市经济形势：2005 年分析及 2006 年展望》，第 85～87 页，厦门市经济师协会、厦门市经济研究所，2006。

③ 厦门市统计局：《2005 年厦门市国民经济和社会发展统计公报》。

等，是省内仅次于福州的主要电子工业中心。食品工业是本市第二大工业部门，主要有卷烟、罐头、制糖、糖果蜜饯等工业。厦门卷烟厂是省内两大卷烟厂之一，厦门罐头厂是福建省最大的罐头厂。化学工业是本市的第三大工业部门，目前是闽南最大的化学工业中心，同时也是全省最主要的橡胶工业中心。此外，纺织工业和建材工业也占有较重要的地位。①

　　"八五"期间，厦门的工业内部行业结构日益优化，形成了相对集中的电子、机械、化工、建材、食品、纺织六大支柱行业；工业技术结构不断升级，技术进步的速度加快，技术进步对工业产值增长的贡献率达50％以上；工业组织结构不断完善，初步形成了以大中型企业为主体、专业化分工协作的格局，形成了一批在全国有一定影响的企业集团和拳头产品；工业出口创汇能力不断增强，外向度显著提高，工业出口交货值比重已达45.8％，初步形成了门类多样的外向型工业体系。② 进入新世纪，厦门的工业经济快速增长，工业经济起到关键性的支撑作用。到2005年，厦门工业生产快速发展，支柱型行业平稳运行，出口增长仍然较快，主要经济指标好于预期，对社会经济发展拉动力进一步增强，圆满完成年度和"十五"工业经济发展目标。③

---

　　①　陈佳源、黄公勉：《福建省经济地理》，第464～465页，新华出版社，1991。

　　②　《闽西南区域经济合作与发展规划》工作组：《闽西南区域经济合作与发展战略研究》，第220页，厦门大学出版社，1996。

　　③　毛涤生：《厦门市经济形势：2005年分析及2006年展望》，第92页，厦门市经济师协会、厦门市经济研究所，2006。

三、对外经济贸易

厦门市是闽南商品贸易的中心城市，自明清以来就是我国对外交通和贸易的重要港口之一。新中国成立以来对外经济贸易有了较大的发展，1980～1995 年厦门市口岸外贸总值从 1.4 亿美元上升到 60.3 亿美元，增长了 42 倍，年均增长 28.5%，比同期国内生产总值增长率高 7.8 个百分点。1995 年厦门市地产工业产品出口交货值已占全市工业销售值的 46%。截至 1995 年底，厦门市累计实际利用外资 50 亿美元，累计投产开业的外资企业 2300 多家。几年来，外商投资的到资率和开工率始终位居全国的前列。1995 年"三资"企业工业总产值已占全市工业总产值的 73.2%，"三资"企业上缴的税收占全市税收总额的 1/3以上。在发展对外经贸关系的同时，厦门特别注重发展对台经贸关系，积极采取"以侨引台、以港引台、以台引台"的策略和"同等优先，适当放宽"的政策，多渠道、多层次地吸引台资，逐步使对台经贸从产业合作转向区域性开发，台资结构由劳动密集型为主转向资金密集型为主，台资项目由小型转向大型。至1995 年年底，厦门市已吸收台商投资企业 1269 项，合同台资金额 25.2 亿美元，使厦门成为全国台商投资的热点地区和台资进入大陆的桥头堡。[①]

进入新的世纪，厦门利用侨、台、特、海的优势，对外贸易进一步发展。2005 年 1～10 月厦门市外贸进出口总值为 234.22亿美元，同比增长 19.5%。其中出口 141.3 亿美元，同比增长25%，进口 92.92 亿元，同比增长 11.9%。在利用外资方面，

---

① 《闽西南区域经济合作与发展规划》工作组：《闽西南区域经济合作与发展战略研究》，第 221 页，厦门大学出版社，1996。

2005 年厦门市利用外资除了化工、机械、电子支柱产业外，公用事业、医疗、旅游、码头、现代物流等行业利用外资有明显突破，造就了厦门利用外资新的增长点，增强了厦门综合服务功能，进一步提升了厦门旅游文化品位。①

四、交通邮电

新中国成立初期，厦门市的交通主要依靠船舶运输，到 1953 年市内仅有 2 辆货运汽车。1950 年，全市货运量仅 30 万吨，客运量只有 15.7 万人次，港口吞吐量也仅有 3.3 万吨。邮电事业十分落后，1950 年，邮电业务量仅 26.3 万元。随着社会经济的发展，厦门交通邮电事业也有了很大的变化。1955 年，厦门海堤建成后，陆上有鹰厦铁路和福厦、漳厦铁路，过堤跨海通达各地。厦门成立经济特区以来，交通运输、邮电事业进一步改善，厦门机场和东渡新港口陆续投入使用，并引进国外万门程控电话和 960 路微波通讯设施，加快了交通邮电的发展。② 20 世纪 90 年代厦门市的运输邮电业继续发展与改善。1990 年，全市交通系统货物运输量 1073.52 万吨，比上年增长 13.2%；旅客运输量 1118.07 万人，比上年增长 1.6%。邮电通信事业又有较大的发展，全年完成邮电业务总量 5201.36 万元，比上年增长 51.8%。完成了市区扩建 2 万门程控电话工程和同安县 2500 门程控电话工程，并顺利地完成了程控电话的升位工作，使同安县并入了厦门市内程控电话网。年末市内电话到达户数达 28640

---

① 毛涤生：《厦门市经济形势：2005 年分析及 2006 年展望》，第 49 页，厦门市经济师协会、厦门市经济研究所，2006。

② 张瑞尧、卢增荣：《福建地区经济》，第 143 页，福建人民出版社，1986。

户，比上年增加 8863 户，增长了 44.8%。① 21 世纪以来，厦门的交通邮电事业进一步发展。2005 年，海港生产保持稳定的增长态势，厦门国际港务公司年底成功在港上市；空港开辟低成本航空业务和国际航线市场卓有成效，逐步确立东南亚航空枢纽港地位；旅客运输量稳步上升，水路和航空客运量快速攀升；货运运输量高速增长，物流业已经成为厦门市支柱产业之一；邮电业务循序渐进，持续保持较高的增长率。②

五、文教、科技、卫生、体育事业

新中国成立以来，厦门的文教、科技、卫生等各项社会事业都得到了长足的发展。社会事业迅速发展，科技进步步伐加大。1980～1995 年，全市科研机构由 7 家增加到 574 家，各类科技人员从 7000 多人增加到 6 万多人；全市共安排各种科研和新产品试制计划 2600 余项；取得科研成果 1200 多项；全市共投入 18.43 亿元，用汇 1 亿多美元，引进 2000 多台（套）技术设备和专利，有计划、有步骤地对特区 450 多家老企业进行不同程度的技术改造，使目前全市经济发展中的技术进步因素达到 45% 左右。同期，厦门市的高校由 2 所增到 9 所，高校在校生由 6602 人增加到近 2 万人，高校教师由 1666 人增加到 2500 多人；卫生机构数量由 336 个增加到 500 多个，医疗床位数由 3222 张提高到 5000 多张，卫生技术人员由 3697 人增加到 6400 余人。③

---

① 厦门市、漳州市、泉州市统计局：《闽南三角地区社会经济概况——1991》，第 41 页，中国统计出版社，1991。

② 毛涤生：《厦门市经济形势：2005 年分析及 2006 年展望》，第 107 页，厦门市经济师、厦门市经济研究所，2006。

③ 《闽西南区域经济合作与发展规划》工作组：《闽西南区域经济合作与发展战略研究》，第 222 页，厦门大学出版社，1996。

经过"九五"和"十五"两个五年计划的建设，厦门的文教、科技、卫生等事业取得了可喜的成就。文化方面，到 2005 年年末，全市拥有各类艺术表演团体 6 个、艺术表演场所 7 个、公共图书馆 8 个、群众艺术馆 1 个、文化馆 5 个、博物馆 3 个、文物保护管理机构 2 个。完成有线光缆干线改造 48.1 公里，新发展农村用户 4.62 万户。民营影视传媒经营机构 8 家，已在全市 700 多部公交车上安装车载移动显示屏。[①]

教育方面，截至 2005 年年底，厦门市省一级达标校由 4 所增加到 8 所，省二、三级达标校达 10 所；4 所一级达标学校的扩招改革继续逐步完善。全市拥有各级学校（含成人教育）1108 所，全年招收生员 13.71 万人，在校生员共计 50.59 万人。各级特殊教育学校 4 所，在校学生 412 人。初中毕业生 2.70 万人 100％升入高中阶段就读，就读一级达标学校的学生占普高学生总数的比重达 40％；高考录取率 85.45％，高考成绩已连续 7 年名列全省第一。农村义务教育体系建设进展顺利，对农民工子女就学取消借读费，让由教育部门统筹进入公办初中、小学就读的进城务工就业农民工子女享受市民子女教育的同等待遇，学校不再收取借读费。[②]

科技方面，至 2005 年年底，全市已有市级高新技术企业 251 家，其中，国家火炬重点高新技术企业达到 21 家。工程技术研究中心 18 家（其中国家级 2 家、省级 2 家），企业技术中心 38 家（其中国家级 4 家、省级 16 家）。全市专利申请量 2859 件、授权量 1507 件，其中发明专利授权量 88 件。20 项优秀科技成果获福建省 2005 年度科学技术奖，57 项获市科技进步奖。

---

① 厦门市统计局：《2005 年厦门市国民经济和社会发展统计公报》。
② 同上。

厦华电子的自有技术"微晶神画"荣获"中国平板电视技术先进奖";"E 通卡"信息化项目在全省覆盖面进一步扩大;全国首个覆盖全市域的森林明火远程监控系统建成使用,林地监控面积达到 90％以上。①

医疗卫生方面,到 2005 年年末,全市共有各类卫生事业机构 895 个,其中医院 28 家、疗养院 4 个、社区卫生服务中心 19 家、卫生院 16 个、门诊部 57 个、妇幼保健机构 7 个、疾病预防控制中心 7 个、专科防治机构 1 个,有专业卫生技术人员 1.06 万人,卫生机构床位 7372 张。实行合作医疗或保险的有 266 个村,设置农村医疗点 309 个,拥有执业医师 35 人、乡村医生和卫生员 979 人。2005 年全年有 7 个医学科研项目获市科技进步奖。②

体育事业方面,新中国成立以来厦门的体育事业蓬勃发展。经过几十年的努力,培养出郭跃华、栾劲、林瑛、倪志钦、郑达真等一大批著名运动员。进入新世纪,厦门体育事业步入一个新的台阶,从 2003 年到 2006 年业已成功举办了四届国际马拉松比赛。特别是 2005 年,在举办国际马拉松比赛的同时,还举办了"首届中国国际马拉松高峰论坛"和"中国(厦门)体育休闲用品博览会",构成了"一赛两会"的赛事格局。③

新中国成立以来,特别是厦门经济特区成立之后,其发展成绩斐然。从 1980 年 7 月国务院正式批复厦门设立经济特区到 1999 年建国 50 周年,厦门经济特区走过了近 20 年的建设发展

---

①　厦门市统计局:《2005 年厦门市国民经济和社会发展统计公报》。

②　同上。

③　毛涤生:《厦门市经济形势:2005 年分析及 2006 年展望》,第 107 页,厦门市经济师、厦门市经济研究所,2006。

历程。20 年来，在中共中央、国务院以及福建省委、省政府的正确领导下，通过全市人民的共同努力，厦门经济建设和社会发展发生了举世瞩目的变化。这 20 年是厦门最辉煌的 20 年。进入 21 世纪，厦门已由昔日一个封闭的海防城市，发展成一个经济繁荣、环境优美、生活温馨、社会文明的现代化港口城市。

第二节　漳　州

　　1949 年 9 月 19 日漳州解放，从此漳州市的经济建设进入了一个崭新的历史阶段。漳州人民在党和政府的领导下，团结一心，艰苦奋斗，致力于社会主义现代化建设，终于使漳州的工业、农业、邮电和商业等物质生产部门、流通部门的生产条件有了很大的变化，生产能力和生产量有了很大的提高。与此同时，漳州的科技、教育、文化、卫生、体育等事业也取得长足的进步，城乡面貌发生翻天覆地的变化，人民生活水平有了很大提高。

一、农业

　　漳州历来是福建农业的发达地区，是粮食、蔗糖、水果、水产的主要生产基地。漳州的芦柑、华安的文旦、天宝的香蕉、九湖的荔枝、云霄的金枣、平和的蜜柚久享盛名。圆山下的水仙花饮誉海内外，因此漳州有"花果之乡"的美誉。新中国成立以来，漳州的农村经济经历了两个阶段。第一阶段从 1950 年至 1978 年，虽然生产受"大跃进"影响，走过弯路，但农业生产条件得到显著改善，农业生产有了长足的进步。第二阶段从 1978 年至今，农村经济结构有了很大变化，其主要特点为：
(1) 种植业内部经济作物比重上升，如：大农业结构中林牧渔业比重 1978 年为 71.15：28.5，到 1990 年为 61.3：38.7。（2）外向型农业经济发展迅速。1978 年以来，相继建立了畜牧、水果、水产、茶叶、花卉等七类具有南亚热带特色的创汇农业基地。东山、龙海、漳浦，已经分别成为全国最大的芦笋、蘑菇、对虾县级生产基地之一。（3）乡镇企业规模日益壮大，20 世纪 90 年代，漳州就有镇级企业 6.16 万家，总产值 24.2 万元。（4）与台湾农业合作交流日益频繁，各区县积极引进台湾农业先进技术和优良品种，开展农业科技试验合作，合作方式从单一经营到多元经营，交流渠道由民间往来转向半官方接触。①

种植业是漳州农业的重要组成部分，包括粮食作物、经济作物和水果三大类。粮食作物主要包括水稻、甘薯、大小麦、大豆及高粱、绿豆等杂粮。水稻是漳州最主要的粮食作物，播种面积在 1983 年以前一直保持在 200 万亩，约占耕地总面积的 70％。九龙江下游的冲积平原上稻田面积达到 85 万亩，为福建省最大的平原，是全省农业高产区和商品粮基地之一，素称"福建粮仓"。1979 年福建省确立 13 个县为首批商品粮基地，其中就有漳州的龙海、漳浦、南靖、长泰、平和五县。经济作物主要有甘蔗、花生、芦笋、烟草、茶叶、玫瑰茄、水仙及油菜、黄麻等。其中甘蔗是漳州最主要的经济作物。漳州的土壤气候对于发展甘蔗生产十分有利。全国平均 3.8 亩蔗地才产一吨糖，漳州仅需 1.7 亩。甘蔗单产和出糖率均居全国前列。漳州水果主要有柑橘、荔枝、香蕉、柚子、凤梨、龙眼等。新中国成立初期，水果生产未得到应有的重视，致使果树种植面积增加不快，水果产量几起几落。1978 年以后，各级政府重视发挥山海优势，开展果

---

① 何绵山：《闽台经济与文化论集》，第 57～58 页，厦门大学出版社，2002。

树种植。此外，林业、畜牧业、渔业和乡镇企业较之建国之初都有了显著的发展，到 1990 年，均超出历史最高水平，而且农业投入增加，农业生产条件有所改善。

"八五"期间国家级外向型农业示范区初具规模。1994 年漳州市设立了国家级外向型农业示范区，农业转型升级迈出了关键性步伐，建成了全省规模最大的十大创汇农业生产基地，龙海产粮大县、东山湾珍稀海产品养殖、麻竹肉桂系列开发、水土保持与乡村发展、秸秆氨化养牛、红壤二期改造等高优农业项目取得实质性进展。"八五"时期累计水果产量 329 万吨，比"七五"时期增加 235 万吨，增长 2.5 倍；水产品产量 175 万吨，比"七五"时期增加 98 万吨，增长 1.3 倍。乡镇企业异军突起，1995 年总产值达到 341 亿元，比 1990 年增长 11 倍以上，已成为全市经济发展新的增长点。①

进入 21 世纪，漳州的农业进入到从传统向现代升级的新阶段。经过多年的农业和农村经济结构的调整，基础农业在漳州也同样经历着质的飞跃。从原来的福建粮仓变为全国著名的果蔬基地、创汇农业基地和全省最大的绿色食品基地。漳州正逐步实现从传统农业向现代农业的转型。工业带动和品牌战略是漳州农业提升的两张王牌。尽管漳州发展重点在工业，但农业仍是漳州的一大特色。围绕"工业立市"的战略，漳州着力打造优质食品加工基地，提升农业产业化水平，跳出农业促增收。在全市实施"工业立市"战略重点发展的"4＋3"产业体系中，食品工业摆在首位；市以上农业产业化龙头企业中，食品加工及制造业有95 家，占总数的 90％。同时漳州还通过加强对农民的实用技术

---

① 《闽西南区域经济合作与发展规划》工作组：《闽西南区域经济合作与发展战略研究》，第 242 页，厦门大学出版社，1996。

和职业技能培训，引导农村富裕劳动力向第二、三产业转移，增加农民农外的收入，2006年上半年，农民工资性收入达到人均920元，比去年同期增长18.7％。在实施品牌战略上，漳州被农业部绿色食品发展中心批准为计划单列的城市。全市现有55家农产品加工企业通过ISO9000质量体系认证，绿色食品和有机食品认证数量均居全省设区市的首位，有32家企业名牌产品获省级名牌产品，省著名商标称号。①

二、工业

新中国成立以来漳州工业发展经历了三个阶段。第一阶段从1950年至1966年，漳州现代工业的大部分骨干都创办于这一时期，如漳州糖厂、漳州罐头厂、龙溪机器厂、漳州轴承厂、漳州制药厂、漳州香料厂、漳州麻纺厂、漳州织布厂、漳州毛巾厂、漳州机械厂、江东机砖厂、漳州瓷厂、漳州钢铁厂等，初步建立了食品、纺织、机械、冶金、化工、建材、制药等工业门类。第二阶段从1967年至1978年，各县兴建了一批小型的糖厂、化肥厂、水电站。1970年，创办了电子工业、橡胶工业。第三阶段从1979年至今。漳州进行了以轻纺工业为重点的工业结构调整，先后兴建了四家罐头厂、两家中型糖厂以及毛纺厂、针织厂、棉毯厂三家纺织企业，新开发了家用电器、服装、家具等工业门类，形成了以轻工业为主体的工业体系和格局。1985年工业总产值首次超过农业总产值，标志着漳州经济结构发生了重大变化。②

---

① 《漳州：乘海西春潮而上》，《福建日报》2006年10月9日，第1版。
② 何绵山：《闽台经济与文化论集》，第58～59页，厦门大学出版社，2002。

　　漳州工业以轻型为主，轻工业产值占全市工业产值的 70%
以上，制糖、罐头、纺织是漳州工业的三大支柱。其中食品工业
的产值又占轻工业产值的 32% 以上。食品工业是本市最大的工
业部门，是闽南地区仅次于厦门市的第二大食品工业中心。食品
工业以罐头、制糖工业为主，漳州糖厂是福建省规模最大的一家
甘蔗制糖企业，也是目前国内规模最大的碳酸法甘蔗厂。其主要
产品白玉兰牌优质白砂糖在全国同行业的质量评比中多次夺得第
一、二名，曾被轻工业部评为优质产品；漳州罐头厂是我国十大
罐头厂之一，1984 年被列为国家经委重点骨干企业，1985 年列
入轻工部轻纺系统大型企业。其水仙花牌罐头享誉海内外，是国
际市场上认可的高档名牌罐头。纺织工业是本市的主要工业部门
之一，漳州纺织工业有麻纺、棉纺、织布、丝纱、棉毯、毛衫、
毛巾等 14 家企业，是闽南地区内第二大纺织工业中心。以区内
黄、红麻为原料的漳州麻纺织厂是福建省最大的麻纺厂，麻袋产
量占全省的 60% 以上。该厂生产的麻袋，多年来一直保持部优
产品称号，畅销全国各地和东南亚、欧美等 10 多个国家和地区。
同时毛纺织工业在省内也占有重要地位，是省内主要毛纺织工业
中心。漳州毛纺厂是福建省最大的毛纺企业，产品有腈纶、混
纺、纯毛三大类 16 个品种 168 色号，产品畅销海内外。机械工
业和化学工业也是漳州的主要工业部门。本市国药加工提炼相当
著名，所产的"荔枝"牌片仔癀享誉中外，年销量高达 10 多万
两，它曾获国家优质金奖，与漳州水仙花、漳州八宝印泥合称
"漳州三宝"。①

　　此外，新中国成立后，漳州家用电器工业和电子工业都得到

---

　　① 　陈佳源、黄公勉：《福建省经济地理》，第 466～467 页，新华出版
社，1991。

了前所未有的发展。20 世纪 90 年代以来，漳州工业继续向前发展，"八五"期间，漳州市工业化水平有了进一步提高，工业经济在国民经济中起主导作用，新增经济总量有 50％以上来自工业。1995 年全市工业总产值 276 亿元，五年年平均增长 41.6％，特别是食品、机械、建材、电子、包装等重点行业发展尤为迅猛，生产能力增长 3 倍以上。预算内国有企业经济效益继续提高，"三资"、集体、个私等非国有工业占经济总量的份额迅速扩大，其工业产值占全部工业产值比重由 1990 年的 30％提高到 70％以上，呈现多种所有制竞相发展的局面。[①]

　　进入 21 世纪，漳州市根据区位特点和产业状况，提出发挥对台、港口、农业的比较优势，打造两岸经贸合作基地、新兴产业基地和优质食品基地，把漳州建成与厦门特区互动、对台合作紧密、对外开放领先的生态工贸城市，积极参与海峡西岸经济建设。同时确定扶持"4＋3"产业体系，即食品、机械、材料、能源四个主导产业和制药、家具、电子三个重点产业，重点培育一批实力雄厚、产业关联度大的龙头企业，形成一批叫得响的"漳州制造"品牌。以上一系列的措施让漳州工业开始突飞猛进：从 2001 年到 2005 年，漳州市工业总产值 5 年内增长 1.35 倍。第二产业比重提高 7.4 个百分点，工业增长速度位居全省各设区市的前列。2006 年的 1～8 月全市共投建 500 万元以上的项目 738 个，共完成投资 60 亿元，累计完成工业产值 475.05 亿元，比去年同期增长 23.6％，高出全省 1.2 个百分点。[②]

---

　　① 《闽西南区域经济合作与发展规划》工作组：《闽西南区域经济合作与发展战略研究》，第 242 页，厦门大学出版社，1996。
　　② 《漳州：乘海西春潮而上》，《福建日报》2006 年 10 月 9 日，第 1 版。

三、商业与对外贸易

新中国成立后，随着工农业生产的发展，商品流通逐渐扩大，商业出现了崭新的面貌。中共十一届三中全会以来，漳州商业有了新的发展。如广泛发展横向联系，建立联合实体，建立各种形式的工商、农商、商商等跨部门、跨地区、跨行业的贸易中心或商业联合体 100 余个，个体工商户迅速增加，农贸市场不断出现，商业专业市场和专业门市纷纷建立，如天宝香蕉市场被称为"十里香蕉"。① 进入新世纪，漳州的商业市场进一步繁荣，全市 2005 年社会消费品零售总额 229.94 亿元，增长 11.8%，增幅为"十五"以来最高。分商品销售地域看，城市消费品零售额 85.10 亿元，增长 13.8%；县的零售额 41.36 亿元，增长 11.6%；县以下零售额 103.48 亿元，增长 10.2%。分行业情况看，批发零售贸易业零售额 202.39 亿元，增长 13.3%；餐饮业零售额 24.28 亿元，增长 2.7%；其他行业零售额 3.27 亿元，下降 5.9%。连锁企业经营规模不断扩大，零售业态多样化。国美、永乐等大型零售商场入驻漳州，进一步丰富了零售业态，为零售市场注入新活力。②

在商业发展的同时，漳州对外贸易活动也有很大拓展，外贸出口商品的品种逐渐增多，并形成一批骨干商品和拳头商品，建立出口商品基地，外贸机构逐步增加，出口额不断增大。1985年出口金额在 100 万元以上的骨干产品有蘑菇罐头、芦笋罐头、

---

① 何绵山：《闽台经济与文化论集》，第 59 页，厦门大学出版社，2002。

② 《2005 年漳州市国民经济和社会发展统计公报》，http://www.zhangzhou.gov.cn/zzjj/sy.htm。

猪肉罐头、水果罐头、甜菜心罐头、脱水蔬菜、速冻菜、柑橘、蜜饯、活猪、乌龙茶、片仔癀、淡水珠、麻袋、锡纸、塑料拖鞋、蚊香、木糖、兔毛、鸭绒毛和玫瑰茄等 20 多种。其中出口额在 500 万元以上的"拳头"产品有蘑菇罐头、芦笋罐头、乌龙茶、片仔癀、淡水珠、麻袋、锡纸、塑料拖鞋等 8 种。以上出口商品中，有部分商品在全省的对外贸易中占有重要地位，有的对全国贸易也有一定影响。

20 世纪 90 年代，漳州外贸进一步发展，出口保持旺盛增长的势头。"八五"期间，外经外贸与对台经贸发展迅猛，五年出口总值累计 15.6 亿美元，比"七五"累计数额增长 8 倍，全市已有外贸企业 10 家，有出口经营权的生产企业 9 家，初步形成了多渠道、多层次的对外经贸体系。[①] 进入新世纪，漳州外贸出口增势强劲，实际利用外资明显加快。据海关统计，2005 年 1～12 月全市累计进出口 370722 万美元，比上年同期增长 14.27%。其中出口 259767 万美元，进口 110955 万美元，分别增长 20.52%（全国增长 28.4%，全省增长 18.53%）和 2%（全国增长 17.6%，全省增长 7.59%）。出口累计增幅在全省沿海五地市中位居第三位，其中厦门 1726697 万美元，增幅 23.86%；泉州 320695 万美元，增幅 23.46%；福州 851780 万美元，增幅 14.04%；莆田 111554 万美元，增幅 10.76%。[②]

四、交通与邮电

新中国成立前夕，漳州交通以水运为主，公路运输不发达，

---

① 《闽西南区域经济合作与发展规划》工作组：《闽西南区域经济合作与发展战略研究》，第 243 页，厦门大学出版社，1996。

② 《2005 年 1～12 月我市（漳州）外贸出口情况通报》，http://www.zhangzhou.gov.cn/zzjj/wjwm.htm。

全市公路通车里程 213.7 公里，简易公路桥梁只有 82 座，1646 千米。新中国建立后，漳州公路建设发展迅速，至 1986 年上半年，公路通车里程 5233.7 公里，是 1949 年的 24.5 倍；桥梁 809 座，2.63 万米。同时货物周转量也明显提高。在水运和铁路方面也有很大的发展。1956 年鹰厦铁路建成后贯穿全市 4 个县区，共有 8 个车站。同时海运也发展较快，1985 年前后，航行港澳的货轮已有 12 艘，还开辟了南至广州、湛江、海南岛，北达上海、青岛的内海航线。漳州邮电事业起步较早，电信始于 1892 年，邮政始于 1902 年，但在旧中国发展极其缓慢。新中国成立之初，市话不过 200 户，话机只有 300 门，农村电信几乎空白。到 20 世纪 80 年代中期，漳州已经初步形成了四通八达的邮电网，邮电的现代化水平明显提高。①

"八五"时期漳州市把路、电等基础设施建设作为先导性的产业来抓，取得了显著的成绩。五年累计完成全社会固定资产投资 139 亿元，其中 34 亿元用于交通、能源等基础设施建设，占改革开放以来基础设施建设总投资的 88%。五年中基本建设投资项目达 1000 多个，更新改造投资项目达 344 个。319、324 国道拓宽改造 269 公里，建成了漳州大桥、江东大桥、西溪大桥、盘陀岭隧道、南一水库、3.5 万吨泊位码头、3 座 22 万伏和 18 座 11 万伏变电站等一批重点骨干项目。五年中城乡电话交换机共扩容 31 万门，城乡电话主线普及率提高 3.27%，市内电话普及率提高 22.59%，电话用户新增加 14 万门。市区相继完成了胜利东、西路，元光南、北路以及新浦路拓通工程，南大道、金

---

① 张瑞尧、卢增荣：《福建地区经济》，第 902～903 页，福建人民出版社，1986。

峰路、新浦路这三条出城大道已经通车，城市面貌有较大的改观。[①]

经过"九五"和"十五"的建设，漳州的交通、邮电事业飞速发展。到 2005 年，全市交通运输、仓储及邮电通信业完成增加值 42.08 亿元，增长 9.7%。公路运输货运量 3121 万吨，水路运输货运量 122 万吨；公路运输货运周转量 210639 万吨/公里，水路运输货运周转量 89587 万吨/公里。公路客运量 5644 万人，水路客运量 71 万人；公路运输旅客周转量 349004 万人/公里，水路运输旅客周转量 1884 万人/公里。港口货物吞吐量增长较快，全市沿海港口货物吞吐量达 2081 万吨，增长 36.9%，集装箱吞吐量 13.43 万标箱，增长 11.6%。[②]

五、文教、科技、体育、卫生事业

新中国成立以来，漳州的文教、科技、卫生、体育等事业都取得了巨大的成绩。在文化方面，到 2005 年年末，全市共有艺术馆 1 个、文化馆 11 个、博物馆 12 个、图书馆 10 个、专业艺术团体 11 个、电影公司 11 家、影剧院 35 家，全市文化产业和文化市场经营单位总数达 4800 家。文化艺术经营单位年营业额超过 6 亿元，固定资产上千万元的文化产业单位 2 家。《闽南日报》年发行 2096 万份，《漳州广播电视报》年发行 218 万份。成功举办闽南文化节，市木偶剧团获国际木偶节最高奖，漳浦县获得"全国文化先进县"称号。教育事业有了新发展，2005 年，全市拥有各类学校 4468 所，全年招生 25.43 万人，年末在校生

---

① 《闽西南区域经济合作与发展规划》工作组：《闽西南区域经济合作与发展战略研究》，第 242~243 页，厦门大学出版社，1996。

② http://www.zhangzhou.gov.cn/zzjj/jtys.htm。

共计 102.10 万人。其中，研究生培养机构 1 个；普通高等学校 3 所，全年招生 1.30 万人，在校生共计 3.31 万人；中等职业学校招生 2.50 万人，在校生 5.67 万人；普通高中招生 3.56 万人，在校生 8.99 万人；初中招生 6.44 万人，在校生 23.57 万人；小学招生 5.31 万人，在校生 34.05 万人；幼儿园招生 5.99 万人，在园幼儿 12.32 万人。高中阶段教育入学率达 71.2%，高考上线率居全省前列。新增省级重点职校 1 所，省级重点专业 5 个。南靖县被省政府授予"农村教育综合改革示范县"。①

科技方面，1978 年以来，科技事业逐渐走向正轨，科研机构不断完善，科技队伍有所扩大。"八五"期间，漳州市组织实施各类科技计划项目 249 项，获市级以上科技进步奖 137 项，科技进步对经济增长的贡献率由"七五"时期的 30% 提高到 40% 左右。进入新世纪，漳州的科学技术发展步伐加快。截至 2005 年，全市高新技术产业产值 150 亿元，增长 25%，增幅居全省首位。共有 84 家省级高新技术企业，其中万利达、科华、片仔癀制药、红旗股份等 7 家企业被科技部列为国家火炬计划重点高新技术企业。科技管理取得新成果，全市组织实施省级以上科技计划项目 50 项，落实省下达项目 46 项，争取经费 992 万元。组织科技项目评审鉴定 28 项，其中，达到国内领先水平 10 项，国内先进水平 17 项，省内领先 1 项。有 31 项成果获省级科技进步奖。漳州市和 11 个县（市、区）全部通过全国科技进步考核。②

体育方面，新中国成立以来，漳州的体育事业不断发展。截至 2005 年，市十运会取得圆满成功，共有 31 人次打破 60 项市

---

① 《2005 年漳州市国民经济和社会发展统计公报》。
② 同上。

青少年最高纪录，121 名运动员达到国家一级或二级运动员标准。成功承办了全国十运会的射箭预赛。群众性体育活动广泛开展，全民健身运动蓬勃发展，新建全民健身路径 61 条。"亚洲女飞人"谢荔梅获亚洲田径锦标赛女子三级跳远金牌，这是福建省女子运动员在该项目获得的首枚金牌。"福建蛙王"王猛健夺得全运会男子 100 米蛙泳冠军。① 更值得漳州人骄傲的是，漳州体育训练基地是夺得世界"五连冠"的中国女排组建和训练的地方，被誉为女排成长的摇篮，也是全国排球训练基地之一。现任中国女排主教练陈忠和就是漳州龙海市人，他于 2001 年出任中国女排主教练，在 2003 年年底率领中国女排以 11 战不败的战绩获得世界杯冠军，并于 2004 年 8 月，率领中国女排征战雅典奥运会并获得冠军。

医疗卫生方面，新中国成立以前，漳州城乡仅有地方公办的县卫生院和数间教会或社会团体办的医院，卫生技术人员仅 200 余人，而且多集中在城市，人口占 80% 以上的农村严重缺少医药。新中国成立后，漳州大力进行卫生事业建设，改变了卫生落后的状况，提高了人民健康水平。到 2005 年年末，全市共有各级各类医疗机构 258 个，实有床位数 8733 张，卫生机构从业人员 9364 人，卫生技术人员 7770 人。通过创建国家卫生城市省级调研，并正式申报国家卫生城市。全市疾病预防控制体系进一步形成，公共卫生应急能力增强。实行就诊初检信息共享等一系列减轻群众负担的措施，新型农村合作医疗试点工作在长泰顺利开展。②

---

① 《2005 年漳州市国民经济和社会发展统计公报》。
② 同上。

第三节 泉 州

新中国成立前，泉州经济落后，仅有几家工艺技术原始的手工作坊。农业生产水平低下，交通闭塞，邮电通讯不便，人民生活十分贫困。新中国成立后，经过几十年的建设，经济社会等各方面事业都得到了突飞猛进的进步和发展。

一、农业

泉州山海资源丰富，发展农业生产有良好的条件。改革开放以来，泉州农业生产条件有了明显改善，农、林、牧、副、渔五业都有较大发展，农业产值、产量和农民收入成倍增长。1990年，全市农村社会总产值达 79.29 亿元，农业总产值 31.01 亿元，比 1949 年增长 4.9 倍，比 1980 年增长 66.6％。泉州粮食作物以水稻、大小麦、薯类为主，经济作物主要有甘蔗、花生、茶叶以及龙眼、荔枝、柑橘、菠萝、杨梅等水果。通过科学种田，推广良种，粮食单产不断提高，总产持续增加。1990 年，粮食总产量达 104.95 万吨，比 1949 年增长 1.5 倍；鲤城区、南安县是我国的龙眼基地，安溪是我国著名的"茶叶之乡"，永春的柑橘闻名遐迩。林业、畜牧业、渔业迅速发展，为社会创造着越来越多的财富。① 此外，随着农村经济政策的放宽，乡镇企业蓬勃发展。1990 年，全市乡镇企业总产值 46.77 亿元，比 1985年增长 18.75％，"七五"时期年均递增 23.02％，乡镇工业产值占全部工业产值的比重由 1985 年的 60.61％上升到 78.08％，成

---

① 厦门市、漳州市、泉州市统计局：《闽南三角地区社会经济概况——1991》，第 28 页，中国统计出版社，1991。

为泉州经济中的一大支柱。① "八五"期间泉州农业总产值 98.84
亿元，平均增长 10.4％，乡镇企业总产值连续三年保持全省第
一，1995 年达到 726 亿元，年均增长 70.8％。晋江市被评为全
国乡镇企业先进县市。② 进入 21 世纪，泉州农业进一步发展，
农业结构调整稳步推进。2005 年是"十五"计划的最后的一年，
全年农林牧渔业完成总产值 169.02 亿元，比上年增长 2.2％，
"十五"年均增长 2.8％。③

二、工业

新中国成立前，泉州工业几乎一片空白，新中国成立以来，
经过几十年的建设，到 20 世纪 80 年代中期前后，已经初步形成
了以泉州市为中心，以轻工业为主体，国家、集体、个体、合资
等多种经济类型并存的工业体系。其中的纺织、食品、电子、建
材、机械、化工等工业已经初具规模。④ 1985 年，工业总产值
50819 万元，占闽南区的 9.14％，在区内各县市中居第三位。食
品工业是泉州最大的工业部门，1985 年产值 14.375 万元，占全
市工业总产值的 28.29％，占闽南区食品工业产值的 8.92％，是
区内第三大食品工业中心。食品工业以罐头、制糖和味精生产为
主。机械、化学、纺织工业也是本市重要的工业部门，但技术设

---

① 厦门市、漳州市、泉州市统计局：《闽南三角地区社会经济概
况——1991》，第 59～60 页，中国统计出版社，1991。

② 《闽西南区域经济合作与发展规划》工作组：《闽西南区域经济合
作与发展战略研究》，第 269～270 页，厦门大学出版社，1996。

③ http://www.fjqz.gov.cn/88/2006-03-24/32930.htm。

④ 张瑞尧、卢增荣：《福建地区经济》，第 514～515 页，福建人民出
版社，1986。

备水平低，规模较小，布局零散。①

　　泉州现代工业已经形成了以轻工业为主体的门类比较齐全的工业体系，主要行业有食品、纺织、服装、制鞋、机械、化工、电子、建材、陶瓷等。许多工业产品，如晋江和石狮的服装与鞋帽、源和堂蜜饯、安溪乌龙茶、惠安石雕、德化瓷器、永春老醋、南安"金鹿"蚊香以及泉州运动鞋、人造花工艺美术品等在国内外享有盛誉。如德化 1.92 米瓷塑滴水观音荣获中国工艺美术百花奖最高奖——金杯（珍品）奖。总投资 10.33 亿元、年加工原油 250 万吨的福建炼油厂已投入建设，为福建省石油化工的发展做出重大的贡献。②"八五"期间泉州工业总产值 693.2 亿元，比 1990 年增长 8.7 倍，年平均增长 57.5％。③

　　进入 21 世纪，工业增长势头强劲，2005 年全年实现工业增加值 859.5 亿元，比上年增长 14.0％，工业对经济增长的贡献率达 60.0％，完成工业总产值 2978.34 亿元，其中规模以上工业完成 2113.18 亿元，分别比上年增长 17.5％和 23.7％。"十五"期间，年均分别增长 16.2％和 25.1％。在规模以上工业中，轻工业产值 1304.45 亿元，重工业产值 808.73 亿元。在各经济类型中，国有工业产值 237.88 亿元，现价增长 14.5％；集体工业产值 28.19 亿元，增长 22.3％；外商及港澳台商投资工业 1214.37 亿元，增长 31.1％；股份制工业 497.91 亿元，增长 27.5％；股份合作制工业 65.74 亿元，增长 22.7％。五大传统

①　陈佳源、黄公勉：《福建省经济地理》，第 468 页，新华出版社，1991。

②　厦门市、漳州市、泉州市统计局：《闽南三角地区社会经济概况——1991》，第 27 页，中国统计出版社，1991。

③　《闽西南区域经济合作与发展规划》工作组：《闽西南区域经济合作与发展战略研究》，第 269 页，厦门大学出版社，1996。

优势产业及两大主导产业较快增长，在规模以上工业中，纺织鞋服、建筑建材、工艺制品、食品饮料、机械制造等五大传统产业完成产值 1336.17 亿元，现价增长 28.6%，占全市规模以上工业的 63.2%。石油化工和电子信息两大主导行业完成产值 286.29 亿元，现价增长 21.7%，占规模以上工业的 13.5%。其中石油化工业完成产值 261.24 亿元，现价增长 21.7%；电子信息业完成产值 25.05 亿元，现价增长 22%。①

三、商业

早在宋元时期，泉州府就以繁荣的商业著称于世。"市井十洲人"是其生动的历史写照，明清以后日渐衰落。新中国成立后，建立了以国营商业为主，国营、集体、个体商户互相补充的商品购销网。到 20 世纪 80 年代中期，还建立了购物中心、超级市场和农副产品批发市场，使城乡商品交流更加活跃，市场更加繁荣，已经发展成为福建省城乡商业经济最繁荣的地区之一。晋江县石狮镇成为闻名全国的"小香港"。与此同时，个体商业发展相当迅速。②

20 世纪 90 年代以来，随着社会主义商品经济的发展，泉州商业进入了一个新的发展阶段。各种经济类型的商业企业迅速增加，商业网点迅速扩大，形成了四通八达的商业网络和遍布全市的专业市场。石狮市以其"有街无店不经商，铺天盖地万式装"的独特风格，领导着服装新潮流，成为全国瞩目的服装市场。泉

①　http://www.fjqz.gov.cn/88/2006-03-24/32930.htm。

②　张瑞尧、卢增荣：《福建地区经济》，第 515～516 页，福建人民出版社，1986。

州市已成为福建省乃至全国商业经济最繁荣的地区之一。[1] 到 1998 年前后，泉州的商业、饮食业机构有 72776 个，集贸市场 232 个，专业批发市场 100 多个，其中，石狮服装、磁灶建陶、德化日用工艺瓷、石井石材、崇武石雕、官桥粮食专业批发市场等等辐射全国。泉州的消费品零售总额达到 250.2 亿元，批发和零售贸易、餐饮业增加值 87.3 亿元。[2]

进入 21 世纪，泉州消费品市场稳中趋旺，居民消费热点突出。2005 年全年社会消费品零售总额达到 562.40 亿元，比上年增长 12.8%。 "十五"期间，社会消费品零售额年均增长 11.8%。分城乡看，城市消费品零售额 263.79 亿元，比上年增长 16.2%；县及县以下消费品零售额 298.61 亿元，增长 9.9%。分行业看，批发零售业零售额 484.05 亿元，增长 13.4%；住宿餐饮业零售额 68.25 亿元，增长 10.9%；其他行业零售额 10.10 亿元，增长 1.2%。[3] 沃尔玛、家乐福、麦德龙、国美、苏宁等大型商贸集团已落户泉州。泉州市被《福布斯》杂志评为 2005 年中国内地最佳商业城市（地级市）第七位。[4]

四、对外经济贸易

新中国成立后，泉州对外经济贸易是在中共十一届三中全会后才开始大发展的。到 20 世纪 80 年代中期，采取了一系列方便、优惠、灵活的措施，积极吸引外资、侨资，开展"三来一

---

① 厦门市、漳州市、泉州市统计局：《闽南三角地区社会经济概况——1991》，第 28 页，中国统计出版社，1991。

② http://www.fjqz.gov.cn/invest/tzhj/hgjj/gmjj.html。

③ 《泉州市 2005 年国民经济和社会发展统计公报》。

④ 福建社会科学院：《2005—2006 年福建经济社会发展与预测蓝皮书》，第 361 页，福建人民出版社，2006。

补"，引进先进技术，努力发展出口商品生产，开拓国际市场，促进侨乡经济繁荣。① 进入 20 世纪 90 年代以来，对外经济活动继续取得显著成绩。"八五"期间，全市出口商品值 15.15 亿美元，比 1990 年增长 4.61 倍，年均增长 41.2%；已开发的 18 个外商成片土地开发区已完成投资 27 亿元，建成投产项目 123 个，形成年产值 20 亿元的生产规模。内联经济实体由 1990 年的 125 个发展到 1995 年的 902 个，引进资金累计达 30.74 亿元。② 21 世纪以来，泉州对外经济活动进一步活跃，出口保持高位运行，招商引资形势良好。"十五"期间，全市累计出口 105 亿美元（海关口径），比"九五"翻一番；实际利用外资 48.09 亿美元，比"九五"增长 39.3%。③

五、交通与邮电

新中国成立前，泉州的交通设施非常落后，港口破败，公路崎岖不平，交通工具以人畜力为主，铁路、航空更谈不上。新中国成立后，泉州的交通状况得到了改善，交通业取得很大发展。20 世纪 80 年代中期前后，有简易及小型码头 14 处，形成了 100 万吨的吞吐能力。港口建设促进了水运的发展，全市有 31 家航海企业，125 艘机动船，总吨位 1.3 万吨，驳船 8 艘 1180 吨，拖轮 5 艘 1590 马力，木帆船 512 艘 1.2 万吨，年运输能力 35 万吨。公路运输发展也很快。福厦公路横贯其境，其支线连接全市

---

① 张瑞尧、卢增荣：《福建地区经济》，第 518 页，福建人民出版社，1986。

② 《闽西南区域经济合作与发展规划》工作组：《闽西南区域经济合作与发展战略研究》，第 270 页，厦门大学出版社，1996。

③ 《"十五"时期泉州经济成果回顾》，http://www.qzcc.org。

各县。并实现了乡乡通公路,形成了比较发达的公路网络。① 20
世纪 90 年代,交通运输稳步发展,运输紧张状况得到缓解。"八
五"期间,国道 324 线和省道 305 线、306 线泉州段拓宽改造等
骨干项目建成并投入运营;漳泉铁路铺轨至惠安,晋江机场基本
建成;泉厦高速公路、刺桐大桥等也加快建设步伐。以市区为中
心,通往各县(区、市)的公路和国道 324 线等一批公路干线的
改造任务基本完成,至 1995 年年底,全市公路通车里程达 7953
公里,高级、次高级路面达 1696 公里;大中小码头 19 座,港口
吞吐量能力达 1195 万吨。②

新中国成立后,邮电业有了明显的发展,到 20 世纪 80 年代
中期前后,有市县邮电局 7 家、邮电支局 35 家、邮电所 84 处、
长途线务站 1 个、邮政汽车站 10 个、邮电职工 2090 人、邮政汽
车 14 部、自办二级汽车邮路 14 条、单程长度 560 公里。已经建
成了以泉州为中心,联结各县的电报传输网络,开放泉州至晋
江、南安、惠安、德化等县和泉州至福州、厦门、三明、莆田市
的载波电路,装有高频载波机 12 端,市境内装 46 部电传机,形
成了以泉州为中心的电信网。拥有市内电话装机 6380 门,泉州
市的自动电话、农用电话逐步普及。1984 年全区邮电通信总量
达 836.45 万元,邮电业务收入 1146.68 万元。③ 20 世纪 90 年
代,邮电通信事业发展较快。"八五"期间,程控电话容量 100
万门,无线寻呼容量 100 万门,移动电话 8.5 万门,电话普及率

---

① 张瑞尧、卢增荣:《福建地区经济》,第 516 页,福建人民出版社,
1986。

② 《闽西南区域经济合作与发展规划》工作组:《闽西南区域经济合
作与发展战略研究》,第 270 页,厦门大学出版社,1996。

③ 同①,第 517 页。

为 5.6％。①

经过"八五"、"九五"两个五年计划的建设，泉州的交通、通讯等基础设施建设发生了根本性的变化，陆、海、空立体交通网络基本形成。全市公路通车里程达 9006 公里，公路密度为每百平方公里 82.9 公里，居全省之冠。福厦高速公路泉州段已全线通车，漳泉肖铁路已建成并投入运营。泉州晋江机场 1996 年通航，目前已经开通国内外包括香港、菲律宾马尼拉包机航线在内的十几条航线，跨入全国 40 个吞吐量最大的空港之列。全市 1998 年年底有港口码头 24 座、泊位 39 个（包括一类口岸 3 个、二类口岸 7 个），年吞吐能力 1581 万吨。邮电通讯超前发展，建成全国第一家市、县、乡三级联网配套的程控电话本地网，1997 年年底实现了村村通程控电话。全市程控电话和无线寻呼容量均超过 100 万门，移动电话交换容量达到 80 万门，邮电通讯业 1998 年创增加值 14.5 亿元。②

进入 21 世纪，泉州的交通和邮电事业取得了前所未有的成就。到 2005 年，全年共新建、改建公路 737 公里，全年各种运输方式完成货物运输量 7810.71 万吨，比上年增长 9.8％，货物周转量 287.93 亿吨公里，增长 33.7％。各种运输方式完成旅客运输量 9910.88 万人次，比上年增长 2.7％，旅客周转量 70.21 亿人公里，增长 2.3％；港口完成货物吞吐量 4046.16 万吨，比上年增长 30.8％；集装箱吞吐量完成 63.15 万标箱，增长 16.4％。各类民用车辆拥有量持续增加。全市民用汽车保有量达

---

① 《闽西南区域经济合作与发展规划》工作组：《闽西南区域经济合作与发展战略研究》，第 270～271 页，厦门大学出版社，1996。

② 林培煌：《古城重振雄风经济迅速崛起——记泉州 50 年发展历程》，《福建画报》1999 年第 11 期。

到 19.28 万辆，比上年增长 18.4%。完成邮电业务收入 58.80
亿元，比上年增长 15.0%。全市城乡固定电话用户达 314.28 万
户，移动电话用户 314.08 万户。年末数据及多媒体用户 60.22
万户，增长 6.5%；其中，宽带接入用户 33.88 万户，增长
43.7%；互联网拨号用户 25.45 万户，下降 21.6%。①

六、文教、科技、卫生、体育等事业

（一）文化教育

新中国成立后，特别是改革开放 20 年以来，泉州的文化事
业欣欣向荣。充分发挥历史文化名城优势，大力组织实施"百花
计划"、"芳草计划"和"海峡西岸文化走廊"建设，成功组织了
南音大会唱、木偶节、南少林武术节、广场民间艺术节等大型国
际性文化艺术交流活动。戏剧创作持续繁荣，《金魁星》、《玉珠
串》等 4 台剧目获"文华奖"、"五个一工程奖"，《大汉魂》等 5
个剧本获曹禺戏剧文学奖。文化设施得到较大改善，新建各级博
物馆、图书馆、文化馆（站）、剧团团址及文化中心等新址 65
座。投资 4 亿多元，建成一批如海交馆、泉州市文化艺术中心、
万维生邮票中心、晋江大剧院、南安文化中心、李成智图书馆、
石狮图书馆等文化形象工程。② 进入 21 世纪，泉州的文化得到
全面发展。截至 2005 年年末，全市共有各类艺术表演团体 13
个、影剧院 8 个、群众艺术馆 1 个、文化馆 8 个、公共图书馆
10 个、博物馆 10 个、乡镇文化站 126 个。文化系统各类艺术表
演团体艺术演出 1710 场，观众 83 万人次。《董生与李氏》入选

---

① 泉州市统计局：《泉州市 2005 年国民经济和社会发展统计公报》，
http://www.fjqz.gov.cn/88/2006-03-24/32930.htm。
② 同上。

国家舞台艺术精品工程十大精品剧目。《钦差大臣》入选国家舞台艺术精品工程 30 台初选剧目。泉州南音被列为我国申报联合国非物质文化遗产备选名录的第一位。[①] 同时泉州中国闽台缘博物馆落成并开馆，更具深远意义，它于 2006 年 5 月 27 日正式开馆，是国家级唯一对台的专题博物馆。该馆位于泉州清源山下，是展示祖国大陆与宝岛台湾历史关系，集收藏、展示、教育、研究、交流和服务等功能为一体的对台博物馆，是全国性的对台宣传基地和爱国主义教育基地，总投资 1.8 亿元，占地 154.2 亩，主体建筑分 4 层，面积为 23332 平方米，高度为 43 米。从决策到竣工历时一年半，速度一流，建设一流，体现了中国风格、中国气派，体现了闽台特色、福建精神。中国闽台缘博物馆采用"天圆地方，中华一统"的设计理念，展厅总面积为 7355 平方米。其中二楼为主题馆，是整座博物馆陈列的核心，通过闽台"五缘"关系，以丰富的文献资料、实物展示、场景模拟等生动的手法，全方位地展示福建与台湾深厚的历史关系，体现了海峡两岸一衣带水的地理渊源，充分凸显了宝岛台湾是祖国不可分割的一部分，两岸同祖、中华一统的深刻内涵。三楼为"乡土闽台"专题馆，展厅面积 2889 平方米，按照春、夏、秋、冬四个时节，展示闽台两地共同的民俗、风俗、习性，深入表现闽台关系。[②]

　　新中国成立之初，泉州教育水平落后，在党和政府的领导下，教育事业得到蓬勃发展，截至 2005 年，全市拥有高等学校 15 所，比 2000 年年末增加 11 所，其中本科高校 3 所，高职高专 12 所。高校在校学生 7.76 万人，是 2000 年年末的 4 倍；招

---

① 《泉州市 2005 年国民经济和社会发展统计公报》。
② 《中国贸易报》，2006 年 6 月 8 日，第 5 版。

生 2.94 万人，比上年增长 29.1％；毕业生 1.15 万人，增长 26.2％。全市中等职业学校 84 所，普通完全中学 125 所。高中阶段在校学生 22.82 万人，增长 9.5％；普通初中 260 所，初中在校学生 37.90 万人，招生 12.92 万人。初中毕业生升学率 83.1％，比上年上升 16 个百分点；小学 1813 所，在校学生 61 万人。小学毕业生升学率 100％，适龄儿童入学率 99.8％；幼儿园 714 所，在园幼儿 17.14 万人，招生 8.29 万人，幼儿适龄人口入园率 80.5％；特殊教育在校学生 9650 人。当年各级各类高校录取我市高考考生 3.97 万人，比上年增加 4859 人，录取率 74.1％。[①]

（二）科技

中共十一届三中全会以来，迎来了科学的春天，到 20 世纪 80 年代中期前后，泉州科技事业已有一定基础，有 13 个专业科研机构，自然科技人员从新中国成立前的 139 人发展到 1984 年的 1.2 万人，中级以上技术人员 1075 人。同时也成立了各类专业学会、学术研究小组以及乡镇的科普学会。[②] "八五"期间，科技事业长足发展，科技进步对经济增长的贡献率达 43％，取得市级以上科技进步奖的科技成果有 172 项，组织实施各类科技计划项目 1500 多项，民营科研机构发展到 401 家，晋江市、鲤城区获全国"科技工作先进市、区"称号；环保工作得到加强，晋江水资源保护、市区排水排污工程建设、陶瓷窑炉烟尘污染整治等都取得较大成效。[③] 到 1998 年科技对经济增长的贡献率超

---

① 《泉州市 2005 年国民经济和社会发展统计公报》。

② 张瑞尧、卢增荣：《福建地区经济》，第 521 页，福建人民出版社，1986。

③ 《闽西南区域经济合作与发展规划》工作组：《闽西南区域经济合作与发展战略研究》，第 271 页，厦门大学出版社，1996。

过 49%。科技队伍不断壮大，专业技术人员达 13.4 万人。全市建立了 4 个星火技术密集区、37 个科技示范乡镇。民营科技迅速崛起，民营科技企业发展到 619 家，累计实施各类科技计划项目 1614 项，落实科技经费 7 亿多元。科技投入力度加大，初步建立了与社会主义市场经济体制相适应的科技投入体系，形成以企业为主体、金融为支撑、财政为引导、社会投入为补充的多渠道、多元化的科技投入新体系。[1]　进入 21 世纪，泉州的科技事业得到长足发展，"十五"期间，泉州市实现了全国科技进步先进城市五连冠，组织实施了五大国家级科技示范工程，全市高新技术产业共实现产值 522.69 亿元，年均增长 33.6%，成为拉动泉州市经济发展中最有活力的产业之一，科技对泉州经济发展的贡献率多年来均高于 50%。[2]

(三) 卫生

新中国成立以前，泉州医疗卫生水平极低，疾病流行，瘟疫成灾。新中国成立后，卫生事业迅速发展，到 2005 年，全市共有各类卫生机构 290 个，比 2000 年增加 60 个，其中医院 61 个、卫生院 142 个、预防保健机构（含妇幼所、院）24 个。全市共有卫生技术人员 13928 人，其中医生 6027 人，分别比 2000 年增加 2546 人和 1184 人。卫生机构实有病床 14259 张，农村有医疗点的村数占总村数的 98.7%，乡村医生和卫生员 5223 人。[3]

(四) 体育

新中国成立后，特别是改革开放 20 年来，泉州的群众性体育和竞技性体育协调发展。到 1998 年，全市现有市级行业体协、

---

① 　http：//www.fjqz.gov.cn/invest/tzhj/hgjj/gmjj.html。
② 　《泉州晚报》，2006 年 11 月 16 日，第 1 版。
③ 　《泉州市 2005 年国民经济和社会发展统计公报》。

单项运动协会 25 个，各种俱乐部、武术馆校 60 多个，功拳操辅导站 200 多个。鲤城区、丰泽区、洛江区、石狮市、晋江市被授予 "全国武术之乡" 的称号。南安市、晋江市、永春县被授予 "全国体育行进县" 称号。体育竞赛蔚然成风，全市共举办 5 届市运动会、多届市职工运动会、农村运动会，先后成功主办、承办国际性竞赛 9 次，全国性、区域性竞赛 12 项 30 次。1998 年成功承办福建省第十一届运动会。泉州运动员在国内外重大比赛中共夺得 373 枚奖牌，其中金牌 155 枚，涌现出多名世界冠军。体育场馆设施建设日臻完善。全市共有体育场地 2670 处，标准体育馆 13 座，体育场 13 座，位居全省前列。① 截至 2005 年，泉州体育发展有以下成绩：参加第十三届省运会比赛成绩居全省第二；承办四国女足锦标赛及全国、全省几项重大比赛；组织 49 名运动员代表福建省参加全国十运会，取得 3 银 5 铜、30 人次进入前八的好成绩。成功举办第九届全民健身节，开展了 "五个百万人" 健身活动。全市共有标准化体育场地 4141 个，占地面积 864 万平方米、建筑面积 41 万平方米，非标准化体育场地达 2187 个。②

　　新中国成立后，特别是改革开放以来，在中国共产党的领导下，泉州的农业、工业、商业、交通、教育等事业都得到了长足的发展，取得了举世瞩目的成绩。这是泉州人艰苦奋斗的结果，在新的世纪，泉州人民正以求是、团结、务实、创新的泉州精神，为重振 "海上丝绸之路"，重振古港雄风，为建设美丽富饶的社会主义侨乡而努力奋进！

---

① http：//www.fjqz.gov.cn/invest/tzhj/hgjj/gmjj.html。
② 《泉州市 2005 年国民经济和社会发展统计公报》。

第四节　闽南与台湾的交流

福建是中国诸省市中距离宝岛台湾最近的省，"半屏山，半屏山，山连水来水连山，一半在福建，一半在台湾"，两地山水相连。但半个世纪以来，两地的人们却咫尺天涯，无法交通往来。一直到 20 世纪 90 年代初期，福建提出了在"三通"以前先进行"小三通"的构想，即"两马先行"（马祖和马尾）和"两门对开"（金门和厦门海上直航），两岸关系才有所松动。

一、厦门与台湾

（一）经济方面

厦门与台湾，只隔着一道窄窄的台湾海峡，两岸相距最近的地方直线距离不到 100 海里。厦门与高雄之间的航线为 165 海里。厦门是闽南民众开发宝岛台湾的重要出海口之一，是海峡两岸经济区的龙头。同时，台湾一直是福建最大的投资来源地之一，是福建最重要的贸易伙伴。而厦门更因与台湾隔海相望，成为台商投资祖国大陆最密集的地区之一。作为台商进军大陆第一波登陆前沿，厦门一直被视为台商的"天堂"。2001 年全国第一座台商会馆——厦门台商会馆竣工并开始招商。2002 年厦门台商投资项目数和合同台资数额首次超过港商投资，跃升排名榜第一位，成为厦门利用外资的主要来源。自 2005 年 5 月以来，厦台交往气象日新。亲民党主席宋楚瑜、新党主席郁慕明、两岸共同市场基金会董事长萧万长等重量级人物接踵而来，台商、台胞民间来访络绎不绝。两岸党际交流"首航"厦门，两地产业对接，科教文卫交流与合作等方面，动作连连，突破频频。例如，自从 2005 年祖国大陆允许台湾水果零关税"登陆"以来，厦门最先掀起了台湾水果热。从 2005 年 5 月 28 日到是年年底，厦门市共有 8 家贸易公司进口 31 批次的台湾水果，共有菠萝、芒果、番石榴、槟榔、橘、柚、木瓜、杨桃、莲雾、柿子、枣等 11 个品种 203 吨，货值 17.8 万美元。① 同时厦门与台湾的民间交流进展也很快，2006 年 4 月 7 日，高雄市中小企业协会理事长李重德带着 13 位团员到鹭岛，与厦门市总商会一起把高雄市中小企业协会厦门办事处的牌匾挂了出来，这是台湾城市商会首次在祖国大陆设立联络机构。②

（二）交通运输方面

1. 厦门与高雄货运通航。

1997 年 4 月 19 日凌晨，厦门轮船公司"盛达号"货轮从东渡码头起航直奔台湾高雄港。这是海上货轮直航台湾的破冰之航。从此厦门港与高雄港开辟了定期对开货运航班，成为两岸海上货运试点直航之一。厦门乃至周边地区台商货运运输有了一条直接通道，并得到了台商的普遍好评。"厦门—高雄"航线开通至 2005 年 9 月底的 8 年时间里，总货运量已达到 291 万标箱。货通，人也要通。在海峡两岸同胞共同推动下，厦金直航得以实现。③

2. 厦金海上直航。

金门与厦门，一水之隔，其方言、建筑、风俗习惯相近或相同。金门位于福建东南沿海的厦门湾内，由大小 16 个岛屿组成，面积约 178 平方公里。历史上金门曾隶属同安县，目前其居民只

---

① 《厦门日报》，2006 年 1 月 26 日屯，第 7 版。

② 《厦门：狂飙突进，跨越发展》，《福建日报》2006 年 9 月 29 日，第 4 版。

③ 同①。

有 5 万人左右，多数祖籍在厦门、泉州、漳州。金门与厦门相距最近的地方只有 1000 多米，但两地民众却不能直接往来。半个世纪以来，金门同胞要到大陆都得取道台湾、香港，辗转三天三夜，尝尽旅途的辛苦。因此两门对开、相互直行是两地人民共同而迫切的心愿。2001 年 1 月 2 日，金门"太武号"突破坚冰，实现了两地间首次直航。同年 2 月 6 日，来自福州、厦门、漳州、泉州等地的 75 名 65 岁以上在闽的金门同胞乘坐"鼓浪屿号"客轮，由厦门和平码头直航金门的料罗湾。这是半个多世纪以来第一个从祖国大陆直航金门的探亲团，是继 2001 年 1 月 2 日金门民众直航厦门之后，两岸之间的又一民间交流活动。两门终于实现对开。① 据《厦门日报》2006 年 1 月 26 日电：从 2001 年厦金航线开通，到 2005 年出入境旅客的数量，由 2 万人次增加到 50 万人次以上。进入 2006 年，闽台交流有了进一步的发展。统计显示，2006 年上半年取道厦金航线往返海峡两岸的台商、台胞达 28.4059 万人次，比去年同期增长 11.5%。7 月 1 日起，厦金航线由原来 6 进 6 出往返 12 班次增加到 10 进 10 出往返 20 个班次。据统计，7 月 1 日至 6 日出入境旅客 11015 人次，日均 1800 多人次，比以往日均 1500 人次增加 300 多人次。通过比较可以看出厦金直航的意义所在，它为闽台交流开辟了道路。为推动两岸顺利实现"三通"迈出了关键的一步。厦金直航在某种程度上也为两岸春节包机奠定了基础。

3. 两岸春节包机。

两岸春节包机是在两岸直接"三通"尚未实现、空中直航无法进行的情况下，由广大台商和岛内有识之士提出，祖国大陆考

---

① 陈永成：《新福建——八闽档案撷拾》，第 259～260 页，福建省档案馆供稿件，2004。

虑到广大台商切身利益而务实促成的一项在春节期间运送台胞往返两岸的个案。台商春节包机从 2003 年开始，截至 2006 年两岸实现了三次通航，其中在 2004 年，由于台湾当局坚持"经停第三地"、拒绝两岸双向对飞，并以政治分歧干扰和拖延春节包机的正常沟通，最终没能继续实行台商春节包机。从 2005 年开始，这一倡议再次被启动。这次台商春节包机首次实现"共同参与、多点开放、直接对飞、双向载客"，祖国大陆民航飞机在两岸分隔 56 年后，首度以正常途径降落在台湾。2005 年，执行春节包机任务的中国大陆航空公司之一的厦门航空公司，起飞地点不是在厦门，而是在广州机场。2006 年的春节包机增加厦门航点，这是厦门继 2001 年开通厦金海上直接往来航线后，首次作为两岸春节包机的新增航点。1 月 25 日两岸春节包机厦门航点首个航班起飞，上午 8 时，厦门高崎国际机场，航班号 MF881 的厦门航空公司波音 757 客机飞向海峡彼岸的台北。20 分钟后，另一架航班号为 MF883 的厦航包机也飞往高雄港。这是 57 年来厦门台湾两地的首次通航。同时 2006 年 1 月 25 日上午 10 时 50 分左右，台湾复兴航空公司 GE305 航班顺利降落在厦门高崎国际机场，完成其厦门航点的首航。这是 57 年来首个飞抵厦门的台湾航空公司航班。

二、漳州与台湾

漳州是台胞的祖籍地之一。《漳州简史》载："其与台湾一水相连，是福建省距台湾最近的地区之一。东山岛距澎湖仅 98 浬，距高雄 163 浬。漳州市又是台胞的重要祖居地。据 1984 年台湾人口普查，现在台湾 1800 万人口中，祖籍福建的占 82.5%，其中祖籍漳州的占 35.2%，漳州还是福建省台胞台属居住最集中的地区之一。现全市有去台人员 12000 多人，其中在漳直系亲属

7300 多人；有台胞 570 多户，人口 3000 多人。漳州的台属和台胞的人数分别占全省台属、台胞的七分之一和三分之一，是同台湾同胞进行直接接触的一个重要桥梁。"①

进入 20 世纪 90 年代以后，漳州市委、市政府确定了"以对台合作为重点的开放加开发"的农业发展战略，敞开大门欢迎台胞来漳州进行农业技术合作交流，并加强改善投资环境，对台商实行"同等优先，适当放宽"的政策倾斜。漳台农业的交流合作，推动了漳州农业的转型，并出现引进一个品种，带出一片基地，搞活一方经济的喜人景象。东山县引进台湾十多个芦笋新品种，并请来台湾 50 多位农业专家推广先进种植技术。1997 年东山就已经成为全国最大的芦笋生产基地，年产量达 3 万多吨，年创产值超亿元。2000 年长泰村民林峥嵘创办了长晖芭乐基地，引种 3000 多棵台湾珍珠二号芭乐，当年 12 月果实开始上市后，行情渐涨。"一棵芭乐果顶得上 5 公斤柑橘"引起了社会的广泛关注，厦门、广东等省内外的客户也前去取经。漳州也积极引进台资企业，如茶香飘万里的天福集团，是台商李瑞河先生于 1993 年 2 月在漳浦创建的企业。目前天福集团已经成为全国乃至全世界规模最大的茶叶自产、自制、连锁经营的企业集团。2002 年初，李瑞河在漳浦县的盘陀镇投资兴建了世界上规模最大的茶博物院，每天都吸引海内外众多的游客来感受浓浓的茶文化气氛。天福集团创造了一个农产品种植、加工、销售的完美典范。同时漳台农业合作还发挥"嫁接"作用，这将漳州的农业资源与国际市场衔接起来，如台商在龙海市兴办"亚细亚"等十几家速冻、冷冻食品加工

①　陈再成主编：《漳州简史》，第 242 页，漳州建州 1300 周年纪念活动筹委会办公室编印，1986。

企业，进行国内加工、国外销售，从而逐渐形成了较为稳定的出口创汇的渠道。①

截至 1994 年底，漳州共引进农业及农副产品加工企业 398 家，其中台资企业 217 家，合同外资 1.51 亿美元，实际到资 7685 万美元。几年来，漳州从台湾引进农业优良品种 400 多个，筛选推广 40 多种，30 多万亩。漳州试验区的农业科技交流中心已快速建成并投入使用，漳浦长桥农业园艺科技合作园区成功举办了四届花卉博览会。②

2006 年，漳州迎来两位重要乡亲：国民党荣誉主席连战、国民党副主席江丙坤先后回漳州寻根谒祖。漳州抓住这一契机大力推进两岸在经贸、文化等方面的双向对接，打响祖籍地的品牌。台湾农业居世界领先位置，与台湾气候相近的漳州，以本地农业资源为基础，实行资金、技术、品种、市场、设备等"一揽子"引进，成为全国农业利用台资最多的设区市。在 2006 年 4 月的两岸经贸论坛上，农业部、国台办批准漳浦设立台湾农业创业园，并宣布了 15 项惠台政策，有力推进了漳台农业合作基地的建设，台资农业开始成为漳州农业的新引擎。③

除了进行农业合作外，漳州还大力开展对台贸易，《漳州简史》载："福建省人民政府批准建立东山台胞接待站和'东发'、'龙祥'两个对台贸易公司，同时又在漳浦增设台湾商船停靠点，

---

① 陈永成：《新福建——八闽档案撷拾》，第 267～269 页，福建省档案馆供稿件，2004。

② 何绵山：《闽台经济与文化论集》，第 58 页，厦门大学出版社，2002。

③ 《漳州：乘海西春潮而上》，《福建日报》2006 年 10 月 9 日，第 1 版。

前来洽谈贸易的台胞人次越来越多。"① 以东山为例，它是新时期全国沿海最早开放的岛县，是福建沿海四大国家级一类对外口岸之一，具有不可多得的地理优势和优良投资环境。因此成为台湾同胞首先进入祖国大陆的商贸口岸和投资园区。1980 年已有小批台轮进入东山进行小额贸易。1982 年国务院正式批准东山口岸对外开放，东山口岸海关联检机构及港务码头管理服务设施相继配套完整。此后每年来东山经商的台轮逐渐增多至一二百艘。1984 年至 1985 年间，一度出现外国籍或台湾籍大型船舶运输大宗货物往来台湾与东山。1995 年以后是东山对台小额贸易最为兴盛的时期，最高全年进入贸易的台轮 1024 艘（次），最高每年小额贸易额达 2400 万美元，成为全漳州对台小额贸易创汇最高的县份。从 1980 年至 2000 年，东山对台小额贸易累计创汇 12636 万美元。②

三、泉州与台湾

1949 年，国民党统治集团退踞台湾，在台湾海峡制造人为藩篱。两地渔民仍然以同海区作业时而接触，泉州的空飘、海漂飞越海峡。1979 年，全国人大常委会发表《告台湾同胞书》，两岸局势逐渐走向缓和，许多台胞不讳犯禁来信与家人联系，甚至绕道秘密来泉。由于两地在人文、地理上的特殊关系，泉州人民在推进祖国和平统一大业中发挥了重要作用，被看成两岸交往的"晴雨表"和"窗口"。在现代的两岸交往史上记载着泉州的不少"第一"：1971 年的第一艘台轮来靠；1979 年的首开两岸小额

---

① 陈再成主编：《漳州简史》，第 243 页，漳州建州 1300 周年纪念活动筹委会办公室编印，1986。
② 刘小龙：《东山与台湾》，第 15 页，海风出版社，2002。

贸易；1983 年因移送空难台湾飞行员遗体与台湾红十字组织在海上首次接触以及第一个往台定居；第一个赴台探亲等等。特别是近几年，在"和平统一、一国两制"方针指引下，两岸关系不断朝着有利于祖国统一的方向发展，泉州人民与台湾人民共同致力推进着扩大交流交往和实现直接"三通"的进程。2000 年 4 月，泉州市高甲戏剧团赴金门展演，实现了祖国大陆 50 多年来首次交流团组直航金门；同年 6 月台湾云林县麦寮乡光大寮聚宝宫 385 名萧太傅信众乘"金门快轮"从高雄港出发，经金门直抵厦门，来泉州富美宫祖庙进香，实现了两地之间的个案海上直接往来；2001 年 8 月 28 日至 9 月 4 日，晋江商会组团从泉州港直航赴金门举办"晋江市名优特产品（金门）展销会"，实现祖国大陆 50 多年来首次在台湾地区举办商品展销会；2002 年 7 月 23 日至 8 月 11 日，澎湖县各界人士 460 多人（次）乘"超级星"号客轮，4 航次从澎湖马公港直接往来泉州后渚港，迎送泉州天后宫妈祖赴澎湖会香，泉州方面组织 18 人的护驾团随行。这次泉州与澎湖之间民间民俗文化交流活动，是祖国大陆妈祖庙首次跨海到澎湖岛会香，也是 50 多年来澎湖岛与祖国大陆之间民众首次乘客轮从海上直接往来。泉台两地民间人员往来、经济合作以及各种交流活动日愈热络。前来寻根、谒祖、探亲、旅游的台胞多时一年七八万人。泉州人往台探亲、定居等因私赴台数量逐年上升，从 1997 年起每年保持 4000 人次以上。两地各项交流从单向到双向、从一般性互访到实质性合作交流。来泉参加文化、学术、科技、经济等各种交流活动的台胞超过 800 项、达数万人次。泉州赴台交流从 1992 年以来至 2004 年已有 300 项、3000 多人。从 1983 年第一家台资企业落户到连续 6 届在石狮市举行"海峡两岸服装纺织品博览会"，泉台经贸合作渐入佳境，已经成了泉州市新一轮经济发展的一个新增长点。到 2003 年，泉州已累计批准台资企业 1200 多家，总投资超过 15 亿美元，协议台资 12 亿美元，投产开业台资企业 600 多家。①

四、台胞寻根闽南

中华民族是一个重根的民族，这与传统中国社会的"安土重迁"的思想有很大关系。叶落归根，人之常情，一个长期漂泊在外的人日夜都在思念故乡，希望有一天能够踏上故乡的土地。诗人余光中以一首《乡愁》，道出了海峡东岸同胞的思乡之情，引起了无数离家儿女的共鸣。这是余光中的乡愁，也是所有台湾同胞的乡愁，更是海峡东岸对祖国大陆的思念。

（1）1989 年开放两岸探亲后，台湾吕氏宗亲计 300 余人（次）已先后七八次组团返乡祭祖会亲。1990 年台湾开放居民到祖国大陆探亲的第二年，时任台湾桃源县县长的吕秀莲以妇女会的名义，回到福建漳州南靖县书洋乡田中村祭祖寻根。她返乡时，曾按习俗喝了龙潭楼内古井的井水。漳州书洋乡的吕氏家族，是 500 年前由山西省永济蒲州族镇，因避战乱而南迁的。300 多年前，吕氏族人在田中村修建了一座宏伟的土楼，命名为龙潭楼。此楼至今犹存，它成为漳州吕氏家族的祖屋。1740 年吕氏第 11 代孙吕廷玉带着妻子离开龙潭楼，东渡到台湾谋生，如今枝叶茂盛。1993 年 7 月 18 日，吕秀莲的哥哥吕传胜带领 71 名族人返乡祭祖，拿出 60 多万元重建祖祠、维新龙潭楼、铺设水泥路和自来水管；同时用 4 万元人民币设立奖学金，奖励在校读书成绩优秀的吕氏子孙。

（2）1991 年 7 月 18 日祖籍泉州的台湾知名人士辜振甫托其

---

① 《合作新篇》，人民网，http://unn.people.com.cn/GB/22220/60205/60207/60216/4206935.html。

胞弟辜宽敏到泉州寻根问祖。当了解到台湾辜氏祖籍地是在永春儒林后庙，后离开永春到泉州打锡巷，并由惠安跨海入台定居台湾彰化鹿港这段历史后，辜先生欣然表示："适时将举家回乡拜祖。"2004 年 2 月 10 日辜振甫夫人严倬云携女儿首次踏上故土泉州，严倬云乃清末大思想家、翻译家严复的孙女。此前，严倬云在福州参加了纪念严复诞辰 150 周年大会，受辜振甫先生委托，严倬云携女儿及侄子一行专程前往泉州，代表辜振甫探望泉州的辜氏乡亲，受到乡亲们的热情欢迎。泉州辜氏宗亲还向严倬云女士赠送了家乡特产，并与严倬云一起合影留念。①

（3）《乡愁》的作者余光中于 2003 年 9 月 18 日回到了他魂迁梦绕的、儿时玩耍的祖屋——永春县桃城镇洋上村，圆了他长达半个世纪的故乡梦，这次回故乡是为了祭祖归根，省亲叙旧。他的乡愁不仅是对童年居住过的家的思念，还是对祖国大陆文化的探寻、求索。因为，台湾文化的根在大陆，华夏千年灿烂的文化是台湾文化的根之所在。② 2006 年 4 月 6 日是厦门大学 85 周年华诞，余光中先生也从台湾回来参加母校的生日庆典，同时再一次演绎他那首千古绝唱——《乡愁》。

（4）2005 年 11 月 28 日上午，福建省龙海市白礁村王氏宗祠"世飨堂"，台湾"立法院长"王金平的胞兄、岛内昱庆实业股份有限公司总裁王珠庆带着儿子王峻邦、王峻良，在这里虔诚地焚香跪拜。袅袅青烟中，高雄王姓望族终圆萦绕心中多年的祖国大陆寻根梦。在连战、宋楚瑜相继访问祖国大陆之后，王金平也藉由其兄长完成大陆的寻根之旅。

---

① 陈永成：《新福建——八闽档案拾撷》，第 279 页，福建省档案馆供稿件，2004。

② 同上书，第 270～271 页。

（5）2006 年 4 月 19 日，带着连家数代人的期盼，中国国民党荣誉主席连战偕家人到祖籍地福建省漳州市龙海市马崎村祭祖。连家祖先原居住在马崎村，1628 年迁移到台湾，到连战时已繁衍至第九代。这是在祖先迁台 300 多年后，连战一家首次返回祖籍地祭祖。

（6）2006 年 5 月 21 日，回乡祭祖的中国国民党副主席江丙坤来到了祖籍地——闽南漳州市平和县大溪镇江寨村。他说，他的父亲曾回到彰化寻根，可惜没找到，这次他终于找到了自己的根。能完成父亲的愿望，让多年的寻根有了一个圆满的结局，他非常高兴。江丙坤希望大家有机会也到台湾岛看看，看江家的子孙在台湾发展的情况。宗亲们向江丙坤赠送了江寨村的全景图、鸿江族谱以及家乡的五谷和井水，希望他永远牢记自己是平和大溪江寨江氏的传人，永远不忘原乡故土。江丙坤回赠给江寨村乡亲的礼品中有一本《拼命三郎》，是写他的书。江丙坤在抵达漳州之前还曾走访泉州和厦门，在厦门参观了中埔台湾水果集散中心和台资企业春保钨钢，游览了鼓浪屿。①

五、文化交流

（一）方言

台湾的闽籍移民来自闽南漳州、泉州的占 80% 以上，一些讲客家方言和土著语言的台湾人，也通晓闽南语言。台湾省内的闽南话有泉州腔和漳州腔之别，大体上北部的台北、基隆、淡水一带和南部的高雄至恒春一线主要通行泉州腔；中部的南投、嘉义一带和东北部的宜兰、罗东苏澳等地主要通行漳州腔；西部台南、台中，东部新城、花莲等地，泉州腔和漳州腔两种口音相互

---

① 新华网漳州，2006 年 5 月 21 日。

穿插也相互影响，多数人所说的闽南话也像厦门话那样综合泉、漳两种口音，其中以泉州腔略占优势。台湾的闽南话和本土的闽南话的语音系统几乎没有差别，声母都是 15 个，声调 8 种，不论是泉州腔或是漳州腔，所有的韵母都没有超出本土闽南话已有的范围，因此，闽南方言为闽台人民的交流提供了便利条件。除闽南话外，福建方言中的客家话、福州话、莆仙话也随移民传到台湾，但影响不大，几乎淹没在闽南方言的海洋中。语言是文化的载体，闽南方言成为台湾人民日常生活中主要的交流工具，使闽南文化乃至整个福建文化沉淀于方言中，在台湾广为传播。[①]

（二）戏剧与音乐

戏剧交流是文化交流的重要组成部分。台湾的戏剧大多源自福建，更准确地说，大多来自闽南。如布袋木偶戏、梨园戏、高甲戏、芗剧都流行于泉州、厦门、漳州等闽南方言区和台湾等地。[②] 特别应该注意的是芗剧，又名歌仔戏，流行于芗江流域和厦门方言区以及台湾省和东南亚华侨旅居地。它是由闽南的民间艺术锦歌发展而来，郑成功收复台湾后，传入台湾，而且迅速流行，并吸收了东鼓、采茶等民间小调和梨园戏、高甲、京剧等表演艺术，从而形成了新的剧种——歌仔戏。1928 年传回闽南。歌仔戏源于大陆，产生于台湾，是中国 300 多个剧种中，唯一横跨海峡两岸并根植于两岸民众之中的古老的著名地方剧种。2001 年 8 月 29 日，福建省闽台文化交流中心与台湾廖琼枝歌仔戏文教基金会在闽台两地首次轮流举办"百年歌仔——2001 年海峡两岸歌仔发展交流研讨会"。研讨会于 2001 年 8 月 29 日在台湾宜兰县拉开序幕。赴台与会的祖国大陆学者和演员一踏上祖国宝

① 汪征鲁：《福建史纲》，第 486～487 页，福建人民出版社，2003。
② 同上书，第 241～243 页。

岛的土地，就受到媒体的广泛关注，纷纷以《两岸国宝级艺师同聚一堂》、《两岸歌仔戏对唱，既熟悉又陌生》等为题进行报道。在宜兰举办的开幕主题音乐会上，漳州市芗剧作曲家陈彬任指挥，漳州演员任主弦，厦门演员任主鼓，与台湾乐队一起演奏了歌仔戏百年来音乐演变的各种曲调。两岸 30 多名歌仔戏高手相继登场，依年代远近，一路酣唱，40 多种曲调，如七字调、大七字、七字正、都马调、都马哭、广播调、电视调等等，完整地表现百年来歌仔戏风格、形式的演变历程。继在宜兰、台北之后又在漳州、厦门举办的几场研讨会上，代表们共提交论文 30 多篇，涉及歌仔戏的起源、生态现象、艺术教育、语言特色等诸多方面。两岸歌仔戏界人士畅所欲言，各抒己见，从台湾到福建，一路研讨下来，依然意犹未尽。交流研讨活动期间，两岸歌仔名角你方唱罢我登场，纷纷献艺。台湾河洛剧团、明华园剧团、陈美云歌剧团、漳州芗剧团、厦门歌仔戏团都拿出了各自的拿手好戏。无论是在台湾还是在闽南，从乡间草台到华丽舞台再到 VCD 电子媒体，歌仔戏总能找到适合自己生存的空间。这就是深深扎根于闽台土壤的歌仔戏得以发展的力量所在。9 月 15 日晚，厦门歌仔戏团大型神话剧《白鹭女神》，以独特的创意、恢宏的场面、优美的旋律，为历时半个多月的"2001 年海峡两岸歌仔戏发展交流研讨会"系列活动画上了圆满的句号。[①]

　　除戏剧外，台湾的很多传统音乐也来自闽南。南音就是其中一例，它又称为南曲、南乐、南管等，流传于闽南和广东潮汕以及台湾、香港和东南亚华侨旅居地，明末，南音随闽民传入台湾。台湾南音现存的几种主要指谱，如《高焕堂初刻指谱》，是

---

① 刘丽英：《百年歌仔情系两岸——记海峡两岸歌仔戏发展交流研讨会》，《福建画报》2001 年第 12 期。

清咸丰七年（1857 年）在厦门刊印的；《泉南指谱重编》，是清末厦门人林霁秋编纂的。《南曲指谱》的编者林祥玉是厦门南乐界的著名大师。[①] 至新中国成立前，泉州和台湾的民间交流一直未有间断，此后三十余年间因海峡两岸关系紧张，民间交流中断，改革开放后始得恢复。1984 年 2 月，泉州市举行第三届南音大会唱，台湾汉唐乐府创会会长、台湾南音研究所负责人陈美娥等三位台胞应邀参加。1989 年 2 月，台湾音乐界知名人士许常惠、徐瀛洲、陈茂萱三人一道访泉，共同切磋南音艺术；4 月，陈美娥、台湾大学中文系教授曾永义、台湾汉唐乐府晋谒黄帝陵演出团全体成员到泉访问，返台后曾永义撰文《南音之都》在台湾《联合晚报》发表；9 月，台北市汉唐乐府、闽南乐府、台南市南声国乐社三团体参加泉州市 1989 年金秋海内外弦友南音大联欢。台湾现有南音社团 70 多个，遍布台北、台南、高雄、基隆、鹿港等地。[②] 2004 年 3 月 24 日，台湾台北市松山奉天供南乐团和高雄串门南乐团在丰泽东海镇石头街进行访泉的首场演出，两团 30 多位演职人员组成的访问团，应邀在泉州、厦门和漳州进行多场演出。演出的曲目包括传统的泉州南音"指、谱、曲"、唐宋诗词、台湾古调和毛泽东诗词。在传统的泉州南音表演中，演出了传统南曲《满空飞》等，用南音的形式进行表演的毛泽东诗词有大家熟悉的《沁园春·雪》和《咏梅》等。[③] 此外台湾的福佬系民歌，是用闽南语演唱的，起源于福建漳州、泉州一带的褒歌、采茶歌等山歌，最初由闽南移民到台湾，主要在西部平原、兰阳平原和恒春地区流行。

---

① 汪征鲁：《福建史纲》，第 490 页，福建人民出版社，2003。
② 资料来源于泉州市鲤城区人民政府公众信息网。
③ 泉州网，2004 年 3 月 25 日。

　　闽南与台湾有着极深的渊源，双方除进行上述交流外，还有其他方式的交流合作。如开展人道救援工作，《漳州简史》载："近年来……到港口避风求助的台湾渔民日益增多。从 1980 年至 1985 年，漳州市共接待台轮 1270 多人次，接待台渔民、商人各界人士 7300 多人。"① 仅仅漳州东山，从 1978 年到 2000 年的 20 多年来，共接待台轮 8116 艘（次）36877 人（次），抢救遇险台轮 36 艘，遇险台胞 138 人，为台胞排忧解难，治病解危办实事 400 多起，许多台胞感激东山，热爱东山，他们说：东山是台湾渔民同胞海峡西岸温暖的家。② 闽（南）台两地的红十字会也展开多方合作共同解决海难、渔业纠纷等问题，在很大程度上起了沟通两岸的作用，维护了台湾海峡祥和的气氛。同时中国红十字会和福建红十字会先后在惠安崇武等地，建立红十字台胞救护站，在厦门上屿岛建立红十字海上救护站，几年来，为台胞诊病、治病，提供服务数万次。③

---

　　①　陈再成主编：《漳州简史》，第 243 页，漳州建州 1300 周年纪念活动筹委会办公室编印，1986。

　　②　刘小龙：《东山与台湾》，第 16 页，海风出版社，2002。

　　③　陈永成：《新福建——八闽档案撷拾》，第 262～263 页，福建省档案馆供稿件，2004。

后 记

　　本书由我的博士研究生和硕士研究生分工编写：王雪岩负责第一、二章，潘文杰负责第三、四章，王彬负责第五章，孙键负责第六、七章。全书由我和原台湾大学历史系主任、台湾暨南大学代理校长徐泓教授审阅定稿。

施伟青

2006 年 12 月 20 日

图书在版编目（CIP）数据

闽南区域发展史/施伟青，徐泓主编. —福州：福建人民出版社，2007.10

（闽南文化丛书）

ISBN 978-7-211-05597-5

Ⅰ.闽… Ⅱ.①施…②徐… Ⅲ.①地区经济－经济发展－经济史－福建省②地区经济－经济发展－经济史－台湾省Ⅳ.F129

中国版本图书馆 CIP 数据核字（2007）第 152975 号

（闽南文化丛书）

闽南区域发展史

MINNAN QUYU FAZHANSHI

作　　者：施伟青　　徐　泓
责任编辑：黄须友
出版发行：福建人民出版社　　　　电　　话：0591-87533169（发行部）
网　　址：http://www.fjpph.com　电子邮箱：211@fjpph.com
地　　址：福州市东水路 76 号　　　邮政编码：350001
印　　刷：福建省天一屏山印务有限公司
地　　址：福州铜盘路 278 号　　　　邮政编码：350003
开　　本：890 毫米×1240 毫米　　　1/32
印　　张：10.25
插　　页：2
字　　数：241 千字
版　　次：2007 年 10 月第 1 版　　2007 年 10 月第 1 次印刷
印　　数：1—4000
书　　号：ISBN 978-7-211-05597-5
定　　价：24.00 元